践行产融之路

PRACTICING THE FINANCIAL-INDUSTRIAL INTEGRATION

主编：张伟
副主编：刘颖　倪婷　杨建　张艳
策划：周园　于波　王冰　张原野　范晔　王建

经济日报出版社

序

经过在神州大地多年的生动实践，财务公司已为企业集团深化产融结合成功搭建了“金融之桥”。作为服务企业集团的内部金融平台，财务公司是服务实体经济最为直接、与产业融合最为紧密的金融机构，不仅在推动企业提升竞争优势、放大产业协同效应等方面发挥了重要的作用，同时也在支持集团走向国际化、助力新兴产业发展等方面奏响了时代的强音。

岁月荏苒，作为北京市属国有企业最早组建的财务公司，京能财务已走过十二载春秋。在京能集团“能源为主、适度多元、产融结合、协调发展”的战略规划指引下，京能财务准确定位，扎根实业，以服务于集团整体战略和实体经济发展为己任，为集团保障首都能源安全、产业协同发展做出了重要贡献，其所发挥的作用也深受集团和成员单位的认同。

近年来，我国财务公司行业保持平稳较快发展，机构数量、资产规模、盈利水平等指标均有明显增长。京能财务作为亲历者和见证者，励精图治，发奋图强，经营效益持续增长，服务水平不断提升，多次蝉联中国财务公司协会行业评级 A 级单位，在为京能集团成员单位做好传统金融服务的同时，近年来又在产业链金融、外币资金归集等方面取得了新的突破和进展，经营范围不断拓展，业务经验不断积累，对财务公司行业发展的把握与认识也越来越深入和清晰。

多年来，京能财务早已形成了鼓励思考、支持创作的良好企业文化，每年都会有不同主题的精品文章面世。“不积跬步，无以至千里；不积小流，无以成江海。”本文集收录的多篇优秀作品，汇总了京能财务每一位员工近年来的辛勤笔耕，既有传统金融业务的总结与提炼，又有创新金融业务的探索与思考；既有监管引领的合规经营规划，还有改革发展的求新求变实践；既有传统能源的服务效率提升，更有绿色能源的服务升级拓展。字里行间，无不闪耀着孜孜以求的智慧火花，生动描绘出时代发展的精彩华章。相信通过阅读，各位读者朋友不但能得到知识的滋补，更能引起深入的思考。

在我国经济结构持续优化调整、金融体制改革不断深化的新的历史时期，财务公司在实际发展中也将面临着新的机遇与挑战。展望未来，京能财务仍将秉承“立足集团，服务集团”的发展宗旨，充分挖掘现有业务的潜力，创新金融服务手段，拓展金融服务领域，不断提高金融服务水平。

“逝者如斯夫，不舍昼夜。”京能集团融合改革发展的号角已经吹响，站在新的起跑线上，财务公司广大干部员工必将众志成城，团结奋进，为企业的发展贡献更多的努力和智慧。伴随京能财务的茁壮成长，也必将结出更多凝聚心血和汗水的科研硕果！

值此十二周年公司庆典之际，衷心祝愿京能财务更上一层楼！再次感谢各位辛勤工作的同事们！因为你们，世界如此美好而生动。永远祝福你们！

二〇一八年五月十九日

目录

CONTENTS

第一篇　管理与创新

第二篇　研究与探讨

第三篇　业务与实践

PRACTICING THE FINANCIAL-INDUSTRIAL INTEGRATION

第一篇

管理与创新

大型能源投资集团财务公司资金池备付体系的构建与实施

京能财务课题组

摘　要：作为集团内部银行，财务公司从资金源头抓起，统筹账户集中管理模式，配合集团进行成员单位银行账户清理与核定，借助信息系统、协同系统和决策系统的支持，固化流程以确保资金池备付的线上控制，强化预算来提高资金池备付的调度效率，捋清特点界定资金池备付的安全底线，实现资金存量、流量与增量的高效管理，达到营利资产和结算负债所需资金的均衡配置，充分发挥财务公司资金池聚集的最大合力。

关键词：财务公司、资金池、备付管理

京能集团财务有限公司（以下简称："财务公司"）是北京能源集团有限责任公司快速发展过程中，为实现实体产业和金融产业紧密结合而设立的一家非银行金融机构，是北京市国资委系统第一家财务公司，也是中国投资协会地方电力委员会会员单位的第一家财务公司。

财务公司牢固树立"依托集团，服务集团"的企业发展宗旨，将创建"一流的金融服务、一流的风险管理、一流的经营业绩、一流的业务发展、一流的专业团队"作为企业发展目标，充分发挥"资金归集平台、资金结算平台、资金监控平台、金融服务平台"功能，为集团发展提供强有力的保障。作为集团内部银行，面对复杂多变的内外部形势，既要配置营利资产的资金，又要留足结算负债的资金，实现资金存量、流量与增量的高效管理，资金池备付体系构建至关重要。

一、实施背景

（一）日趋严格的监管要求

资金的流动性是金融机构的生命线，流动性风险亦是金融机构面临的重

要风险，因此，监管机构在现场检查及非现场监测的常规监管中，均将其列入监管对象的检查重点。

根据当前“强管理、控风险、回本质”监管要求，季度MPA考核、支付压力测试以及相关文件的密集下发，昭显了监管机构对于流动性管理安全底线的提升。这些监管要求决定了财务公司资金池备付管控的宽度。

（二）产融结合的集团定位

集团公司通过财务公司实现产业资本和金融资本的互动，要求财务公司以资金为纽带提升集团的管控水平、整合水平和管理精细化程度，为集团战略提供金融动能。

为资金池定位满足企业集团资金资源的优化配置，实现财务公司对集团内部资金运动的时间差和空间差的高效利用，发挥资金池聚集形成的最大合力。这些功能定位要求决定了资金池备付管控的深度。

（三）稳健发展的公司需要

在为成员单位提供资金支持和服务的同时，安全而高效的资金池备付，既能使财务公司获得最大的盈利又能保证其安全运转，并为其各项经营管理工作创造充分的发展空间。

建设一体化的资金调度体系，围绕资金要素，提高资金效率，实现流动性、盈利性、安全性的动态平衡，决定了资金池备付管控的本质。

二、资金池备付体系的内涵和特点

（一）内涵

财务公司从资金源头抓起，统筹账户集中管理模式，定期配合集团进行成员单位银行账户清理与核定，摸清资金池的存量与流量，借助信息系统、协同系统和决策系统的支持，固化流程确保资金池备付的线上控制，强化预算提高资金池备付的调度效率，捋清特点界定资金池备付的安全底线，内外联动实现资金池备付的信息共享，推进绩效考核提升资金池备付的实施效果。财务公司不断提升备付管理的广度与深度，全面发挥资金池聚集的合力效应，助推财务公司在集团的资金集中管理、金融服务、财务调控的平台功效，实现流动性、盈利性、安全性的动态平衡。

构建资金池备付管理的“两大两全四统一”：“两大”是指大部分账户在线监控，大部分资金流在线运行。“两全”指全面预算在线执行，全面资金风险在线监测。“四统一”是指资金计划统一标准，资金结算统一平台，资金平衡统一策略，备付资金统一运用（见图 1）。

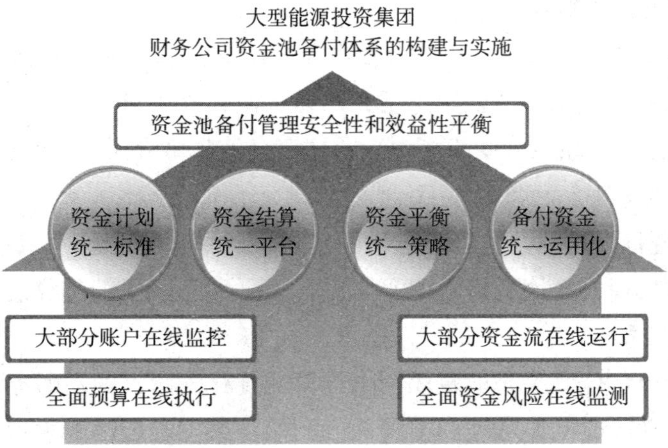

图 1

（二）特点

1. 平衡协调

建立健全资金池备付管理中信息共享机制、沟通联动机制和持续稳定机制，实现预算与结算的衔接，实现资金安全性、盈利性与流动性的动态平衡。

2. 科学调度

坚持一盘棋原则，集调度于资金信息共享、预算执行分析、现金实时监控和存量资金配置于一体，实现资金来源、使用、去向的科学筹划、科学配置和科学运作。

3. 高效运用

以银行账户的监测管理为源头，以资金归集管理为基础，以外源融资为补充，以预算对接为关键，以统一调度为手段，来提高资金使用效率，增加资金运用效益，确保资金安全。

4. 风险可控

提高风险监测的实效性与信息化水平，提高资金管理风险意识的全员培养，确保业务产品风险防范的全方位覆盖，实现风险与业务发展协调一致。

三、资金池备付体系的主要做法

（一）借助不同账户模式，奠定备付管理基础

成员单位资金存放于账户中，因此财务公司紧牵这个资金管理的“牛鼻

子”，统筹账户的集中管理，通过监测和管理成员单位的各类账户，了解成员企业资金状况和存量资金分布的情况，分析成员单位流量资金的运行、方向和特点，进而从全局掌握集团总体资金状况，就备付资金留存做出合理的风险控制和正确决策。

1. 统筹账户的集中管理

账户模式是资金池备付管理的基础，根据现有成员单位的账户模式选择，分析其收支规律，汇总形成备付资金管理的底层数据。目前集团成员单位现有账户模式 SWOT 分析列示如下：

单一账户模式：

优势： 收入支出在一个账户 账户数量较少	劣势： 仅适用二级账户模式 收支不分明
机会： 解决支出户滞留资金的问题，可以更快地归集资金 财务公司容易控制成员单位账户，便于管理资金	威胁： 不利于账户模式之间的转换 不便于异地企业采用该归集模式 需要要求银行能够提供交易明细，具备完整的对方信息

二级联动账户模式（收支两条线）：

优势： 赋予成员单位一定的用款自主权 实时归集和存取 成员单位拥有自己的银行账号，可以用自己的名称、印鉴及银行结算工具进行对外结算 充分利用外部银行的结算系统	劣势： 成员单位在财务公司的内部账户为虚拟账户，直接对应二级联动户 成员单位之间内部转账业务也必须通过银行办理 二级联动户使用费用较高 成员单位可以在银行主动付款
机会： 成员单位容易接受该模式 资金归集效率高 当成员单位涉及法律纠纷时，不会影响整个财务公司体系的正常运作及对外形象 财务公司可利用银行的结算优势，摆脱繁冗且附加值低的结算业务 成员单位付款实名制 成员单位账上显示银行存款，一定程度上避免了上市企业关联交易的限制	威胁： 财务公司办理业务对银行依赖性比较大 内部转账受制于银行系统 需要支付较高的手续费 不利于财务公司对成员单位用款进行控制

代理汇兑账户模式：

优势：	劣势：
在财务公司和银行开立的都是实体账户 内部转账不通过外部系统 成员单位用款必须经过财务公司系统，财务公司可设定归集规则	成员单位没有付款自主权，对外付款必须通过财务公司 不能实现实时归集和存取，对系统依赖程度高 成员单位账上显示财务公司存款
机会：	威胁：
便于实现集团成员单位之间的内部转账 财务公司可以控制内部转账和结息的时间 并且节约汇划费用 财务公司对集团成员单位的资金控制力度强，归集程度高 成员单位付款实名制	成员单位接受程度较低，需要依赖集团的行政力推动 需要建立公司完善的服务网络 财务公司需要通过系统实现每日定时归集 不利于规避关联交易的限制

如上所见，财务公司现有的三种账户模式，其中收支两条线和代理汇兑模式中，成员单位支付资金需要提请取款指令，财务公司具有很大的主动权，备付资金管理可控。而单一账户模式中，成员单位可自主动用资金，不通过财务公司平台结算，因此备付资金占款比例较高，因此，成员单位选择单一账户模式的数量越多，存款可控性越小。

财务公司根据成员单位资金留存量、支付结算频率及日常业务需要等，结合内部管理实效，就成员单位账户管理提出建议，从源头布局备付管理基础。

2. 启动账户的清理核定

统筹账户管理模式后，为实现对成员单位存量账户的持续监测，新增账户的有效管理，引导资金流量与流速，确保备付安全充足，在集团公司的支持领导下，财务公司自成立配合集团开展了 4 次账户清理与核查工作，就各成员单位的开户银行、开户数量以及特殊性质账户滞留的资金数量进行了核定。

针对各单位的银行账户使用及管理情况，从账户使用频率和用途入手，通过支付结算方式、网银支票使用情况的摸底，延伸至账户开立及注销程序，对照各成员单位提供的《银行账户结算清单》，结合其申报的留存额度情况，完成对成员单位银行数据的收集与分析，具体工作措施如下：

启动成员单位银行账户信息申报；

启动重点单位银行账户检查；

分析成员单位银行账户数据信息；

摸清成员单位账户的整体情况；

协助集团就各成员单位账户进行清理与账户余额核定；

通过账户清理与核定，提高了财务公司对各成员单位银行账户监测的范围，尽可能多的实现在线监测的账户源头控制，为资金池的备付管理界定了明确的范围。

截至目前为止，集团成员单位账户总数1127户，其中在财务公司开户的账户数量59户，归集户的账户数量189户，监控的账户数量532户，其他账户数量为347户，财务公司通过统筹账户集中管理，定期协助集团进行账户清理与核定，有效地实现了对成员单位账户的监测。

（二）严格资金调度控制，实施备付全要素管理

分析资金池运作，其备付管理主要受到以下几个方面因素影响：

1. 资金计划

财务公司作为集团内部银行，成员单位资金计划报送的准确性、及时性直接影响到其资金池的备付头寸额度及调度效率。成员单位每周报送资金计划，是财务公司资金池调度的直接依据。

2. 存款结构

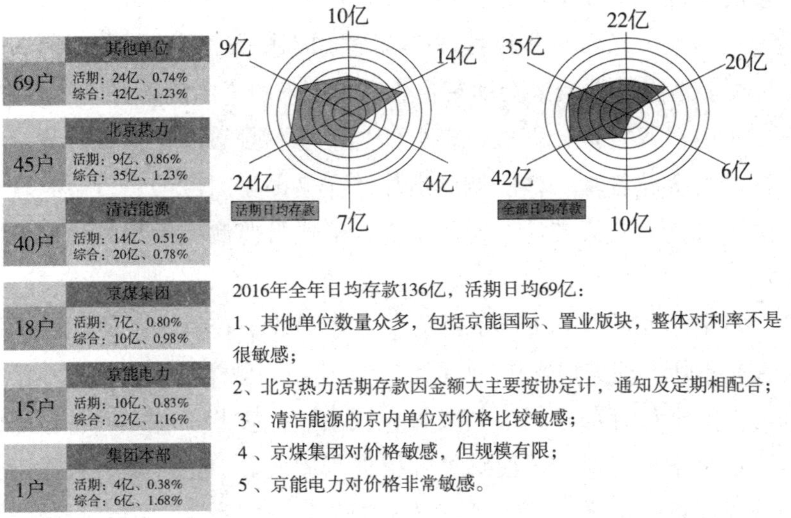

图2　2016年存款结构分析

活期存款、通知存款、定期存款于负债端的占比及结构，直接决定了资金池中存量资金甚至是沉淀资金的底线、流量资金的流速。如说仅存款稳定

性而言，定期存款最强、通知存款次之，活期存款居末，即在财务公司存款结构中，定期存款和通知存款占比较大者，备付头寸所需较少。

以 2016 年存款结构为例，财务公司综合分析资金负债来源的情况下，结合客户类型与经营周期，调整次年预算规模，匹配资产运作，科学备付管理。

3. 客户类型

在客户结构中，成员单位的所处行业、发展阶段、职能定位直接影响着存款稳定性。比如经营期的电力行业成员单位资金流入主要为电费，资金流出则主要为燃料，收入与支出具有明显的大进大出特点；再如建设期、施工期的单位存款流主要为资本金及贷款资金流，支出则因受项目建设与审批进度影响；还有具有一定职能定位的成员单位虽然在资金池整体负债占比不一定大，但其资金调拨有体内循环、个别时点大额快进快出的特点，直接影响财务公司的备付安全。

4. 货币环境

当期的货币政策和监管政策，决定了成员单位和财务公司外部融资的规模、难易、价格，进而影响到资金池的来源、使用、备付，特别是在紧缩情况下，财务公司面临的问题不仅是资金池容量的下滑、增量的递减，更重要的是流量的不确定性，即财务公司不仅面临着市场货币政策的直接冲击，而且接受着集团单位经营对备付管理提出重大的挑战。因此需要时时关注外部环境，尽可能地降低因政策变动对企业集团带来的资金池备付风险影响。

综上所述，备付资金管理集资金信息汇总、预算刚性控制、现金流实时监控和存量资金配置为一体的调度运作，需借助于财务公司资金管理的信息系统、协同系统和决策支持系统的支持，形成日监测周汇报月总结的资金管理模式。

（1）固化业务流程，加强备付资金业务的线上控制，按照相互牵制原则和层级管理原则合理进行操作，确保资金安全、高效运行。

每日由资金计划部根据公司吸收存放余额，按照 13.5% 的备付率匡算出一个结算备付率理论值，再由结算部根据当周成员单位计划与大额支付进度提供一个建议备付资金，资金计划部根据当日到期资金、结合目前结算实际备付资金提出建议运作资金规模（见表 1）。

表 1　资金头寸计划调度表单

	项目	金额	备注	填写部门
1	吸收存款余额			资金计划部
2	结算备付率	13.5%		资金计划部
3	结算备付资金			资金计划部
4	今日期初结算备付资金			资金计划部
5	目前结算备付资金			结算部
6	结算建议备付资金		此处可填写原因	结算部
7	可从结算调出备付资金			资金计划部
8	今日期初活期资金余额			资金计划部
9	今日到期资金			资金计划部
10	留存结算资金			资金计划部
11	行政备付及存款准备金备付			资金计划部
12	分配给业务部门的资金		此处可填写期限	资金计划部

（2）依据职能分工，推行备付资金要素管理，实行支付总额和分项控制，加强预算管理，牢固树立资金时间价值理念和计划理念。根据职能分工由资金来源部门提交并汇总成员单位存款及收支计划，资金使用部门提供贷款、投资、同业存放计划，资金平衡部门汇总存、贷款、同业资金信息，实现增强流动性、提高盈利性、确保安全性的备付资金管理。

（3）捋清资金特点，根据不同资金计划项目设定资金流向，实施大额对外收付款支付对象锁定管理，进而划定备付资金的安全底线。立足京能网银系统，结合集团各版块资金流特点，分环节加强收入资金的过程监控，筑牢资金回收的“蓄水池”，通过成员单位于资金管理系统的支付，实现集团内成员单位的跨行结算资金快速支付，保障资金流向的“出水渠”，既而保障资金沉淀的备用池。

（4）建立内外联动的沟通机制。对内严格执行备付资金管理程序，建立完善涵盖备付资金业务的所有控制环节、整个收支程序、操作岗位制约。对外以资金计划为基础，确保与成员单位协调联动的沟通渠道的顺畅，对重点单位做到“每周有沟通，沟通有结果”，及时掌握集团大额融资安排及重要项目进展情况。

（三）充分利用信息化平台，强化备付预算管控

财务公司作为集团内部银行，成员单位资金计划报送的准确性、及时性直接影响到其资金池的备付头寸额度及调度效率。为了改善成员单位自主填报式的预算模式，财务公司在集团 ERP 上线实施过程中，借助信息化手段参与集团预算信息化管理，提高预算备付管理（见图 3）。

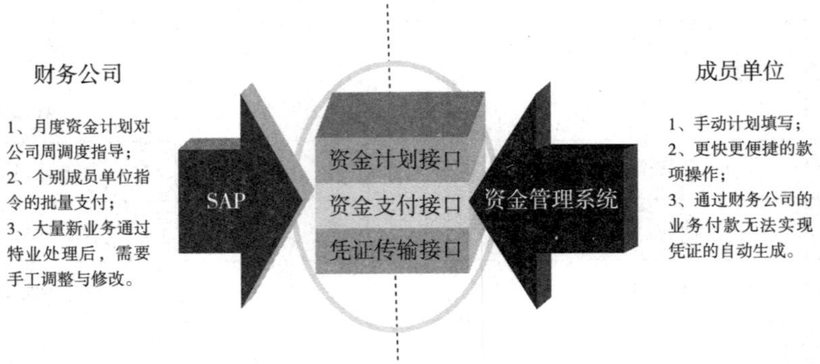

图 3

一方面，从集团 SAP 导入成员单位月预算作为其填报周预算的补充。按照集团公司资金调度的总体要求，围绕现金流预算执行的刚性控制重点，按月制定资金计划，强化现金流预算执行控制。把成员单位在 ERP 系统中经审批后的资金月计划，传输至财务公司的资金管理系统，作为资金池日常调度与计划安排的重要依据，不仅提升了预算的准确性与执行的刚性，而且延长了计划的周期性与备付的安全性。

另一方面，通过信息系统中设置不同层级的备付资金预算编制流程，推行资金预算控制下的备付资金要素管理，实现依据项目大类的分项控制，实现依据支付对象的锁定管理、实时控制、在线审批等业务，合理调度闲散资金，加速备付资金循环周转，形成由“决策层－管理控制层－核算操作层”的自上而下备付资金集中管理体系和监控信息网络。

财务公司抓住集团信息化建设的契机，通过参与 ERP 系统的建设，既满足了集团管控“一盘棋”的要求，又满足了各成员单位在预算编制、资金支付面的个性需求，还实现财务公司自身经营发展的要求（见图 4）。

京能集团	京能集团ERP试点流程设计	流程编号	FIN 02.07.04	版 本	V3.0	页	2/2
	流程名称	资金计划编制流程		日 期	2011-04-28		

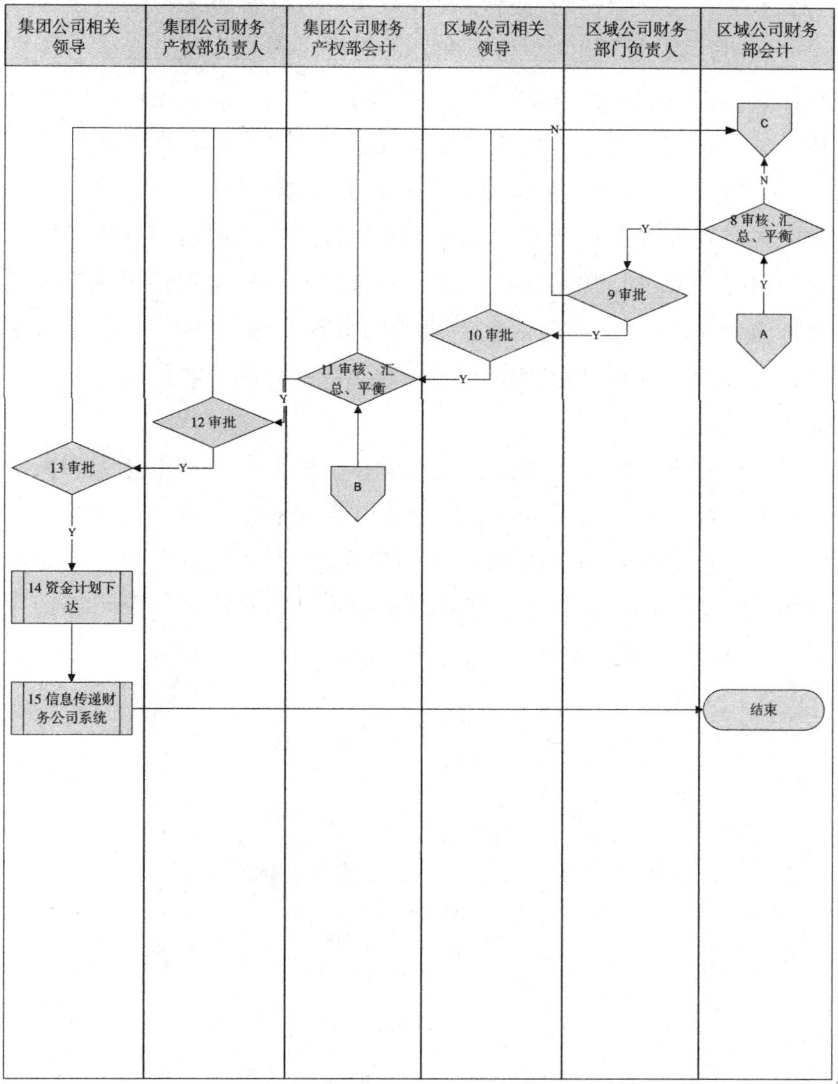

图 4

（四）提供流动性保障，构筑备付安全“防火墙”

基于归口管理理念，统筹备付体系实施。事前计划，在集团即有的年度资金收支预算基础上，接收成员单位向财务公司抄报资金月度计划，汇总编制周计划。事中控制，以成员单位报送资金周计划作为本周资金池备付控制依据，办理资金支付结算。事后评价，京能财务定期对资金归集和周计划执行情况进行分析并报送集团公司财务主管部门，作为监督评价成员单位财务工作的管理依据。

基于平衡管理理念，提升备付管理效率。寻找资金来源与资金运用在变异过程中规律，通过协调内源融资和外源融资手段来实现资金的总体平衡。将集团各成员单位的银行授信额度在集团层面统一使用，通过集团统一授信管理和财务公司授信调剂，划出财务公司“信用池”，界定财务公司“资金池”，平衡各成员单位的资金来源、保障集团备付链安全。

基于客户管理理念，加强备付数据收集。财务公司密切关注成员单位的资金变动情况，通过日常结算收付款、资金计划、资金走势预测等多层次、多渠道加强对成员单位资金信息的收集与分析，全力获取大额资金流动信息，尤其是大额投融资资金收付情况，为存款备付和公司流动性管理提供数据支持。

基于流程管理理念，固化备付规范操作，财务公司从资金管理来源、运用、计划、平衡各环节入手，完善资金头寸管理制度，统一并规范资金头寸上报程序，健全配套各项管理标准与工作流程，在备付资金管理层面由粗放式管理向精细化管理模式转变，使备付资金头寸管理有“法”可依，在控风险的基础上最大程度提升资金使用效率（见图5）。

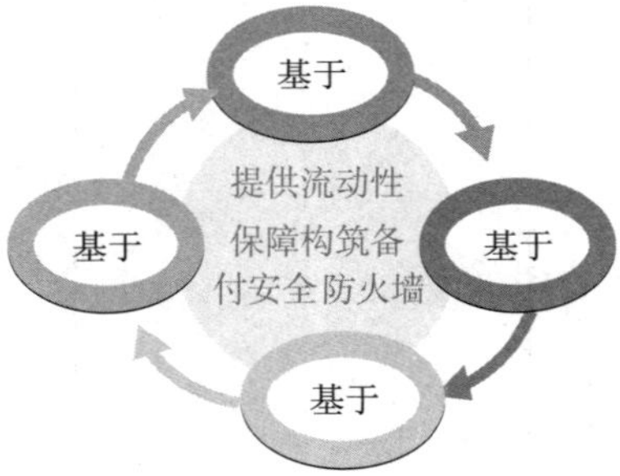

图5

（五）推进绩效考核评价，促进备付管理提升

以集团公司预算管理“逐级负责、分层控制、按月考核”的监督考核机制为主线，进一步完善具有执行力和控制力的备付资金管理长效机制。

一是明确备付资金管理量化指标。结合经营和发展需要，认真分析现有技术支撑和管理手段下，资金管理各环节所应追求的极限目标，形成备付资金管理的量化指标。

二是落实不同管理层面的工作考评机制。对外根据集团公司定期公示预算执行情况通报，优化成员单位资金计划填报管理，培养资金管理人员良好的收付款资金计划报送习惯；对内结合财务公司掌握大额资金来源、变动、去向的普遍规律，根据备付资金最低的原则倒算结算备付资金指标，纳入对相关部门的目标责任书，明确各岗位管理目标和质量要求，根据考核结果实施奖惩兑现（见表 2）。

表 2

流动性比例	流动性资产 / 流动性负债 ×100%
存贷款比例	各项贷款（不含贴现）/ 各项存款
结算备付率	备付资金 / 存款总额
资金动用率	配给业务部门的资金 / 可分配给业务部门的资金
人民币超额备付金率	（超额准备金存款 + 现金 + 存放同业）/ 各项存款

通过对备付管理的指标进行目标责任管理和考核挂钩，促进成员及财务公司上下盯紧每一天的收入，抓好每一笔的支出，减少每一分不合理的占用，降低每一分非正常的利息支出，促进备付管理效率。

四、资金池备付体系的实施效果

（一）流动性管理取得实效

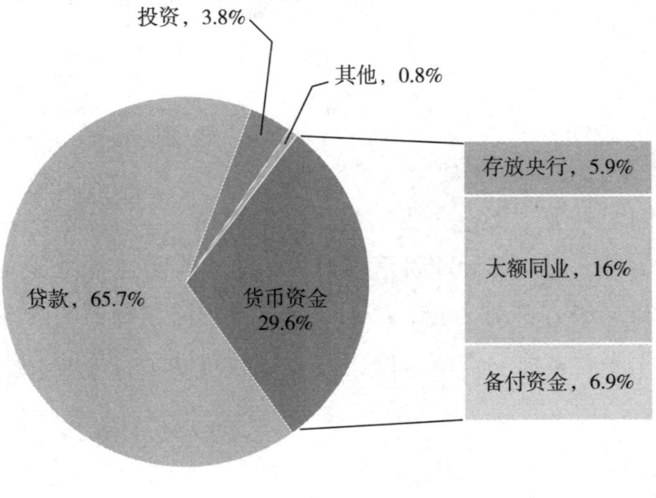

图 6　2016 年末资产构成情况

通过资金池备付的有序管控，实现了存款计划、信贷投放、投资运作、期限匹配、同业询价、银行存放等多个环节的无缝衔接，提升了财务公司通过时间与空间驾驭集团内部资金的能力。截至 2016 年 12 月 31 日，财务公司年末资产 182 亿，资金池 53 亿，但扣除法定存款准备金及大额存放同业后，备付资金仅有 14亿，不足总资产的7%，最大效能的发挥了资金池聚集的合力（见图6）。

（二）盈利性管理再上台阶

财务公司作为企业集团内部金融机构，做好集团资金池管理，做实备付安全底线，实现资金来源、资金平衡、资金运作的高效流动，发挥连接集团与外部金融市场的桥梁和纽带作用，全面提升金融服务能力的同时，探索多元化的盈利模式。2006 年至 2016 年财务公司累计实现内外部收益 46 亿元，其中：外部收入 12 亿元，内部收益 34 亿元（见图 7）。

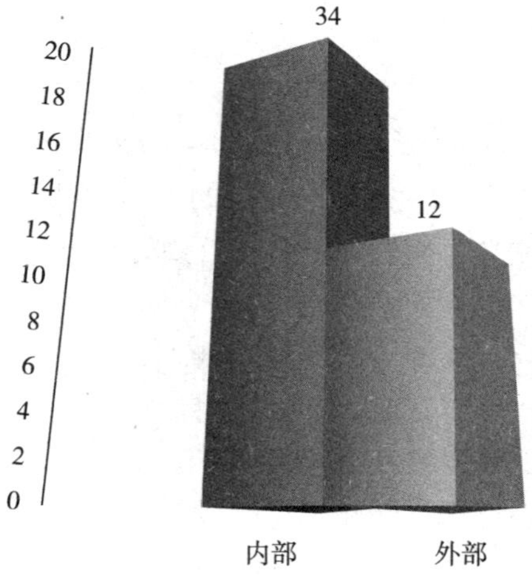

图 7

（三）安全性管理逐步健全

财务公司对外变“资金归集”为“资金筹集”，多渠道、多层次收集成员单位资金信息，对内明确职责清晰边界，建立起涵盖备付资金管理的拟订 13 个管理标准、12 项工作标准，按月进行相关风险指标值的内部披露。不仅经受了十一年来日常流动性缺口的压力考验，而且连续获得了辖内监管评比良好成绩。

作者简介：

张伟，男，1968 年出生，中央财经大学财务与信用专业，京能集团财务有限公司总经理。

刘颖，女，1974 年出生，高级会计师，现任京能集团财务有限公司副总经理。

周园，女，1979 年出生，北京工商大学会计学专业毕业，现任京能集团财务有限公司结算部经理。

赵敏，女，1979 年出生，中央财经大学财政学硕士，高级职称，现任京能集团财务有限公司稽核部经理。

大型企业集团财务公司内部融资管控体系的构建与实施

京能财务课题组

摘　要： 内部融资管控是降低集团整体融资成本的有效手段，京能财务是京能集团内部融资管控的最佳平台，是京能集团管理融合的重要抓手，而做好内部融资管理也是京能财务的天然使命。

京能集团的内部融资管控是以资金集中化管理为前提，通过把成员单位的沉淀资金集中到京能财务，对集团内部资金进行整合与统筹调配；在资金管控过程中，实施一系列管理行为，对结算、计划、资产负债管理、监控、服务、资产增值等进行管控，通过对成员单位现金流状况准确把握，有效参与金融货币市场等行为，发挥京能财务现金集中的规模效应，减少现金持有量，确保支付结算安全、及时；京能财务将汇集的资金合理运用，把集团内部沉淀资金借给需要资金的成员单位，形成集团内部借贷，使得企业集团不需要进入市场进行融资，从内部通过调节资金余缺实现总体效益的提升，降低集团整体融资成本，优化资产负债率指标，最终实现京能集团的内部融资的目标。

关键词： 内部融资，管控

京能集团财务有限公司（以下简称：京能财务）成立于2006年，是京能集团快速发展过程中，为实现实体产业和金融产业紧密结合而设立的，是北京市国资委系统第一家财务公司，也是中国投资协会地方电力委员会会员单位的第一家财务公司。截至2016年底，京能财务总资产182亿元，净资产37亿元，表外受托资产153亿元。京能财务秉承“以人为本，追求卓越”的核心价值观，“依托集团、服务集团”为宗旨，致力于发挥集团资金归集、融资、金融服务、财务调控四大平台功能，努力实现“一流的金融服务、一流的风险管理、一流的经营业绩、一流的业务发展、一流的专业团队”的发展目标。京能财务成立近十年来，多次获得人民银行、北京银监局、京能集团等机构颁发的优秀奖项，是中国财务公司行业协会评定的A级单位。

一、实施背景

（一）内部融资管控是降低集团整体融资成本的有效手段

我国利率市场化后，市场融资方式和定价都发生了巨大转变，而随着资本市场的发展，金融脱媒也渐渐成为一种趋势。为此，企业集团需要坚持适中杠杆、适度信贷，秉承稳健、安全的财务资本结构，加强内部融资管控，增强集团金融保障能力和抗风险能力，企业集团应进一步发挥财务公司金融资源管理运作优势，拓展金融服务领域，创新金融服务方式，为集团及成员单位提供更加优质的金融服务，通过财务公司进行集团内部融资集约化管控，实现集团范围内资金的整合与调控，盘活资金存款，调剂资金余缺，加速资金周转，降低融资成本。

（二）财务公司是企业集团内部融资管控的最佳平台

当前，我国经济已经结束了大跨越发展阶段，进入了适度、理性、高质量，可持续发展的新常态。新常态下有效配合国家的宏观战略，是企业集团的历史使命，也为企业集团在新常态下的改革发展提供了重要机遇。企业集团财务公司是持有金融牌照的独立法人，拥有专业队伍，接受金融监管，具有资金归集、结算、监控、金融服务功能，通过财务公司进行集团内部融资管控可以优化资金配置，提升资金控制力和效率效益，服务集团战略发展目标，所以说，财务公司是企业集团实现内部融资管控目标的最佳平台。

（三）财务公司是企业集团管理融合的重要抓手

随着国有企业改革进程的加快，企业集团间的重组与合并保持了强劲的势头，企业集团重组后，需要对并购企业进行有效融合，以使其与企业集团的整体战略、经营目标协调一致，互相配合。财务融合便是融合管理的重要环节之一，这其中资金融合又成为财务融合的重要抓手。财务公司通过提供存、贷款等金融服务，“柔性”管理新合并企业的资金，将新企业的资金迅速融入企业集团的资金链，使其与企业集团建立更为紧密的联系，有助于新企业与企业集团进行整体融合。

（四）做好内部融资管控是财务公司的天然使命

做好企业集团内部融资管控工作是财务公司存在的根本。大型企业集团通常由若干个分、子公司构成，这些分、子公司分别承担了集团的主业与辅业，由于行业间存在着不同的经济周期，成熟产业与新兴产业的发展也存在着较大的不平衡，致使集团内的经济体存在着不同的资金状况，难免出现存贷双高的局面。财务公司可以运用市场化方式平衡集团内资金余缺，同时兼顾金融行业的投融资优势，通过提供内部化的金融服务，提高企业集团资金集约化水平和内部资金运营效率，为企业集团提供高效和全方位的金融服务（见图 1）。

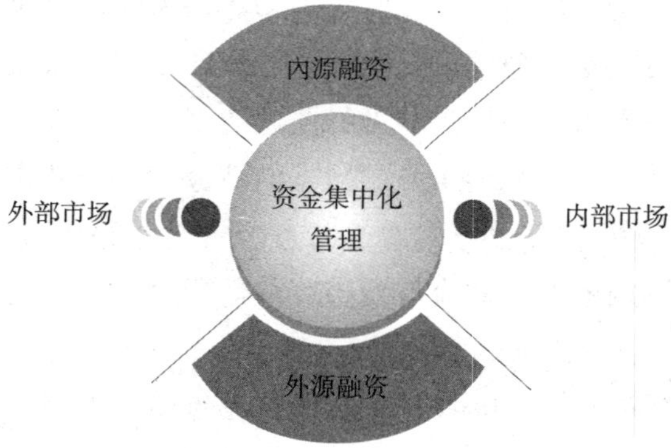

图 1　资金集中化管理模式

二、内部融资管控的内涵

京能财务的内部融资管控是以京能集团资金集中化管理为前提，通过把集团及成员单位的沉淀资金集中到京能财务，进而对集团内部资金进行整合与统筹调配；在资金管控过程中，京能财务实施一系列管理行为，对结算、计划、资产负债等进行管控与服务，通过对集团及成员单位现金流状况的准确把握，发挥京能财务现金集中的规模效应，减少现金持有量，确保支付结算安全、及时；京能财务将汇集的资金合理运用，把集团内部沉淀资金借给需要资金的成员单位，形成集团内部借贷，使得企业集团不需要进入市场进行融资，从内部通过调节资金余缺实现总体效益的提升，降低集团整体融资成本；此外，京能财务还积极发挥金融牌照优势，结合资金状况和收益率水平，有效参与金融货币市场交易，与金融同业开展资金合作，在保证集团资金链安全的同时提升集团整体收益，努力实现降低集团整体资产负债率的目标。

京能财务作为京能集团内部融资管控的抓手，对企业集团的货币资产、流动性、金融风险等进行统一管理。一方面落实集团资金集中管理和安全管理意图，另一方面为成员单位及实体经济提供综合金融服务，帮助企业集团集中管理资金、降低成本、提高效率、控制风险，创新财务公司的产品和服务，全方位支持企业集团发展目标的实现（见图 2）。

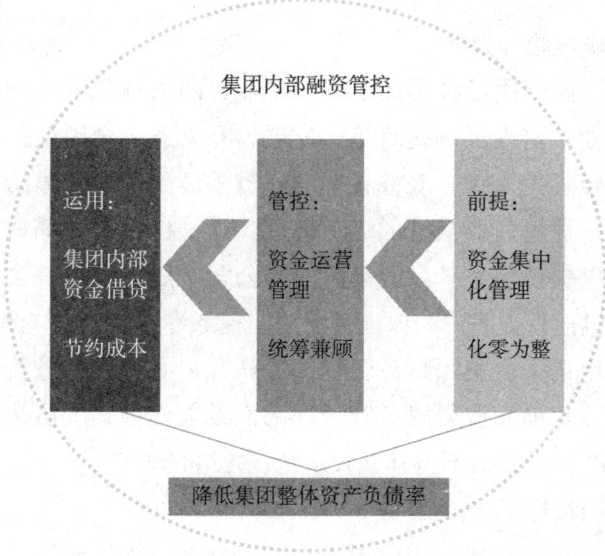

图 2　内部融资管控内涵图

三、主要做法

（一）全方位多角度实施资金集中管理

发挥集团内部资金效益的前提，是把集团及成员单位的沉淀资金集中起

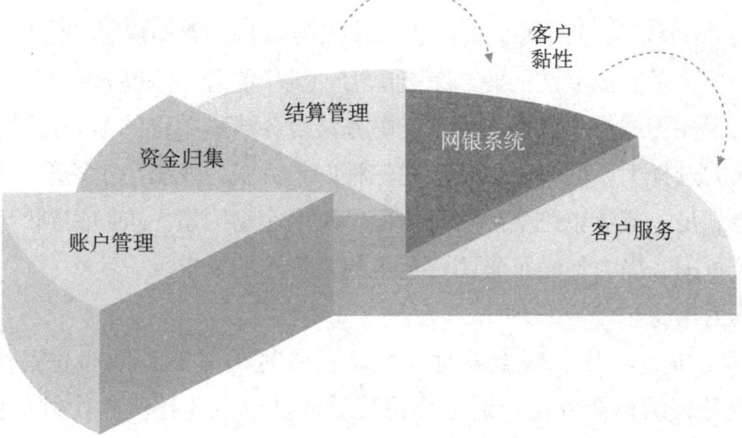

图 3　资金集中管理构成

来，京能财务通过科学合理的账户管理、灵活的资金归集、高效的支付结算、实时处理的网银系统、个性化的客户服务等措施，对集团资金进行集约化管控，变资金归集为资金筹集，在保证成员单位结算需求的同时对集团内部资金进行整合（见图 3）。

1. 科学的账户管理架构

现阶段，京能集团已经形成了“四主业、四培育”等八个业务板块的大型能源集团企业，实现了快速跨越式发展，并具备了全国性公司的基础。为了有效开展资金管控工作，服务各地的成员单位，京能财务的资金管控以账户管理为基础，通过商业银行的账户管理产品，搭建了内部资金管控账户体系，向成员单位提供服务。京能集团的子公司按照集团统一要求申请开立相关银行账户（包括收支账户、保证金账户、税务专户、贷款户等），需向集团公司提出书面申请，由集团财务管理部确认开户必要性并进行书面批复。子公司开立银行账户前需取得财务管理部书面批复文件，严格按规定使用银行账户。未经允许，子公司不得开立归集范围之外的账户。

2. 灵活的归集模式

京能集团的资金归集工作由集团财务管理部负责，通过财务公司具体实施。资金归集指京能财务将集团及所有下属成员单位的资金归拢聚集到财务公司指定账户的过程。资金归集模式包括收支两条线、收支一条线和资金监控模式。一般选择收支两条线的集团公司集权力度较大，基本控制了成员单位几乎所有的现金流量；选择收支一条线的集团公司相对来说集权力度一般，允许成员单位在支出户中留存部分资金，成员单位对外自主支付；崇尚分权的集团公司多采用资金监控模式，只监控成员单位资金流量很小的专户。京能集团投资遍布国内 25 个省、自治区、直辖市，并在澳洲和非洲实现了“走出去”战略的突破，培育了京能清洁能源、京能电力、昊华能源、京能置业四个上市公司平台，为了便于成员单位操作，京能财务结合各成员单位的不同情况，在资金归集模式的选择上，同时采取了上述三种归集方式，既满足了资金归集的总体要求，也满足了成员单位实际管理情况，对因客观因素无法归集到的资金也纳入了监控范围，极大地满足集团资金集约化管控的要求。

3. 高效的支付结算管理

结算是资金集中、现金管理、流动性管理的基础，同时也是财务公司的核心业务，结算业务是指财务公司接受成员单位委托代收代付，从付款单位存款账户划出款项，转入收款单位存款账户，以此完成经济之间债权债务的清算或资金的调拨。为了平衡结算效率与资金安全的问题，京能财务借助资金管理信息系统，优化了资金结算业务流程，减少资金流转环节，合理配置财务公司在各银行的资金头寸，在为成员单位尽快办理资金收支业务的同时，提升了集团整体资金使用效率。

4. 实时的网上结算系统

京能财务通过搭建"京能网银"，即京能财务网上银行系统，与工行、农行、建行建立银企接口，实现了结算体系从"收支两条线"的资金归集模式，转变成"收支两条线"与"集团统一结算"相结合的资金筹集模式，打通了"客户－京能财务－银行"的资金结算链条，实现对集团内资金的交易额、余额及交易量进行实时监控。

5. 提升服务水平增加存款黏性

京能财务以提供集约化资金服务为核心，在开展资金归集业务时，淡化京能集团的行政手段，强调自身的服务功能，提升成员单位将资金存放在财务公司意愿，主动接受财务公司的服务，增加其对财务公司的黏性，减少资金波动。为了提升客户服务的水平，京能财务专门成立了客户服务机构，从组织创新实现资金归集服务创新。京能财务坚持"以市场为导向，以客户为中心"的经营理念，从业务部门抽调人员到客户服务中心，实行客户经理制，明确客户经理的职责，确保客户信息通过客户服务中心得到充分的收集、沟通和反馈，从而保障客户需求到及时优质满足。

（二）高效精准的资金运营管控

财务公司管理着企业集团的大量资金，对于企业集团至关重要，甚至可以说影响着企业集团的生死存亡。为保证京能集团归集资金安全，最大限度的发挥资金使用效益，京能财务承担着复杂的现金流预测、利率管理、现金水平优化、现金余缺管理，以及资产负债管理和风险管理等资本运营管控工作（见图 4）。

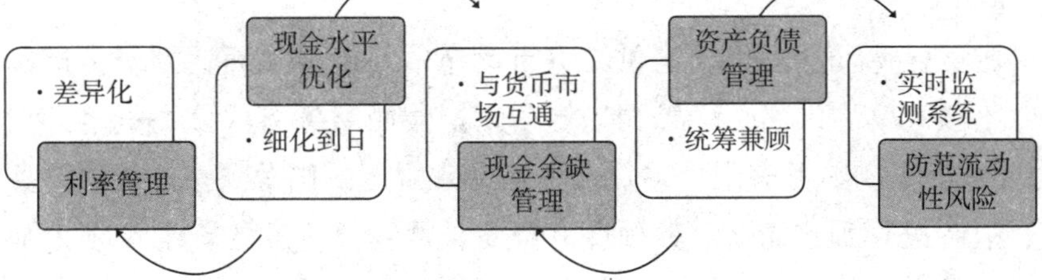

图 4　资金运营管控过程

京能财务建立了资金管控的组织架构，明确区分了资产管控的决策、执行与监督检查职能。决策层按重要性程度划分为董事会和总经理办公会两个层级。董事会是最高管理决策机构，负责审批年度资金计划、年度资金计划执行情况、年度同业授信计划和对金融机构授信；总经理办公会是日常管理机构，对京能财务的资金计划、资金运作、资金平衡、资金调度等日常工作进行审批和管理。执行层各业务部门按照职能划分，资金计划部作为资金管控的主责部门，负责京能财务整体资金的平衡调整、资金运作以及及时解决资金平衡过程中出现的问题，对京能财务资金来源及运用情况进行分析、研究、管理和监督。结算部负责吸收存款等相关业务的资金计划和操作。业务发展部负责信贷业务的计划和操作。投资部负责投资等相关资金业务的计划和操作。风险管理部负责实收资本、利润分配等相关业务资金计划的编制和管理。综合管理部负责固定资产与在建工程项目等相关业务资金计划的编制和管理。稽核部负责进行稽核评价。

1. 层次清晰的现金流预测管理

由于企业集团本身特点，财务公司吸收存款客户仅限于集团成员单位，与银行相比，财务公司客户数量少，存款集中度高；大客户业务类型相似，资金波动规律相似，资金池内资金具有共振效应，使得财务公司资金池波动剧烈、振幅明显。为了平衡资金运用效率与流动性安全的问题，协助集团推行全面预算管理，严格控制事前、事中资金支出，保证资金的有序流动，按照京能集团管控要求，京能财务在集团成员单位中开展了资金计划管理工作，严格按资金计划审核划转资金。京能财务通过信息化手段收集成员单位的资金计划，将核心业务系统与集团财务系统 SAP 对接，搭建了财务、计划和支付三大接口，实现了核心业务系统接收成员单位月度计划和 SAP 付款指令的功能。京能财务通过收集的资金计划，预测未来的现金流情况，全力保证集团资金安全，同时合理备付资金，提供更多资金用于业务开展，提高整体资金使用效率。

京能财务将资金的需求与供给进行动态的匹配，从而达到资金运作规模的最大化和效率的最高化。公司制定《京能集团财务有限公司资金计划管理办法》《京能集团财务有限公司资金平衡管理规定》以及《京能集团财务有限公司资金调拨管理规定》，对每日、每周、月度及年度的资金计划、平衡和调拨进行了详细规定。对资金计划影响最大的成员单位的用款需求和计划，建立了与成员的良好沟通机制，实时了解成员的资金情况，尤其是对于集团重点单位、平台企业以及成员单位通过发债等外部融资方式获取的大额资金重点关注。资金运作方面，首先确保成员单位计划内资金使用到位，其次安排同业业务和投资业务，最后安排计划外资金。通过这样的方式，在资金按计划运作的基础上，保证资金运作规模的最大化以及计划外资金运作的合理化，将服务集团与资金效益最大化有机结合。

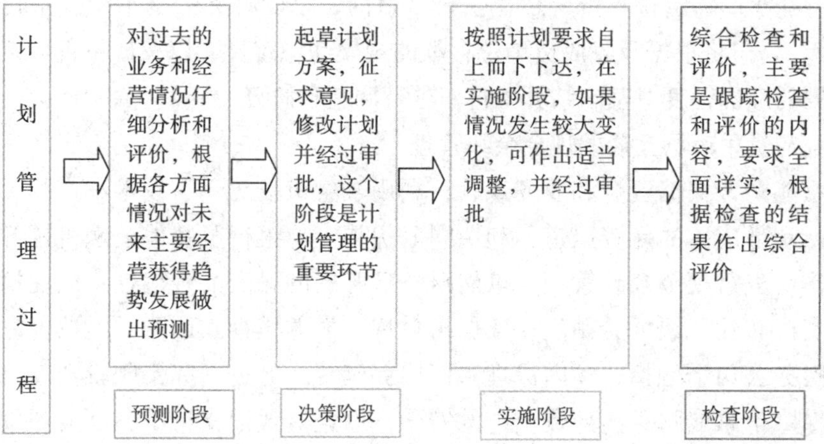

图 5　资金计划管理过程图

2. 差异化利率管理

随着我国利率市场化改革的逐步深化，财务公司吸收存款的成本也逐步上升，利润空间受到挤压。为此，京能财务以市场利率为导向，运用价格手段持续有效调动成员单位的积极性，保证集团及成员单位资金安全；通过差异化的定价管理手段，提高财务公司专业化运营能力，提升存款利率对成员单位的吸引力，促进资金集中度和资金归集效率的提高。在存款定价方面，以市场为导向，以行业自律和合规化管理为原则，以集团及公司内部管理为目标，以客户资金归集率和存款量贡献度为基础，结合不同存款期限，进行存款利率的差异化、精细化定价管理；在贷款利率定价方面，以支持集团发展为核心，以公司稳健经营与发展为目标，逐步与市场利率接轨，合理确定贷款价格，服务集团客户，提高资金使用效率。

3. 细化到日的现金水平优化

京能财务可运作的资金主要来源于吸收成员单位的存款，为了保证成员单位的支付结算需求，需要保留一部分作为结算备付。结算备付金保留不足，会造成财务公司无法满足成员单位的结算需求，引发资金的流动性风险，而结算备付金保留过多，则会导致资金的闲置，降低资金的收益率。京能财务根据吸收成员单位存款的规模和稳定性以及成员单位资金收支计划的准确程度，研究确定了合理结算备付率，形成了以结算备付率为核心的头寸管理模式。通过分析吸收存款的规模，按照结算备付率确定备付资金限额，并根据实时资金状况和成员单位资金计划进行适当调整，制定每日《资金头存单》，确定每日资金运作安排。目前，京能财务的基本结算备付率为13.5%。公司将根据吸收成员单位存款的规模和稳定性，以及成员单位资金收支计划的准确程度对基本结算备付率进行调整和修订。

4. 与货币市场互通的现金余缺管理

京能财务根据资金和业务现状，利用金融市场工具、技术和产品，开辟了多元和低成本的融资渠道，利用同业优势，与银行及其他金融机构开展资金合作，进行现金余缺管理。京能财务已开展的融资品种包括：同业拆借、信贷资产转让、票据转贴现、票据再贴现、债券质押式回购、财票保贴、卖断型财务公司金融债、国内保理和国内保函等。通过开辟集团融资新渠道，不仅保障了京能财务内部资金链的安全，而且有效地支持了各项业务发展，缓解了集团整体资金压力。“十二五”期间公司累计取得银行授信 84.5 亿元，累计开展外源融资 74.6 亿元，融资成本不足 3%，为集团及成员单位节约融资成本 387 万元。

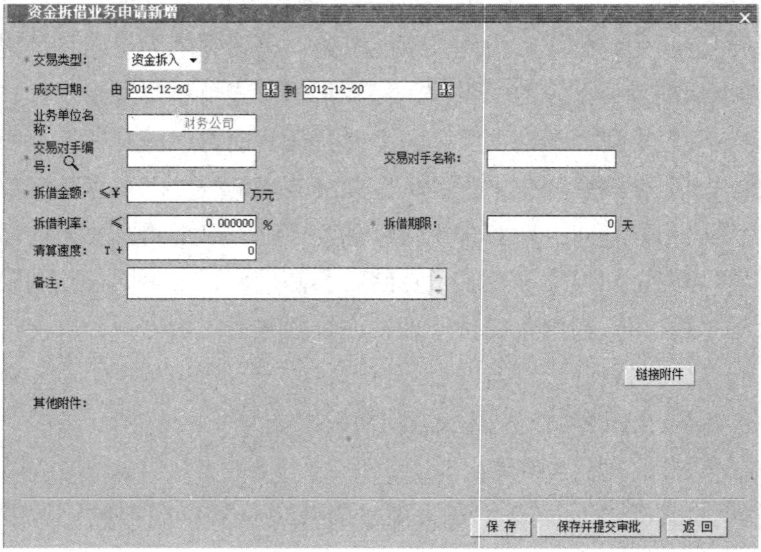

图 6　资金拆借业务信息化图

京能财务在核心业务系统中搭建同业拆借模块，实现了同业拆借业务的询价记录、审批、合规性审查、交易记录、还款提醒、可用额度控制，日常进行授信对象维护、交易员权限管理，账户管理、查询、汇总、报出、分析等功能，实现了实时信息透明与及时传递。

5. 统筹兼顾的资产负债管理

京能财务在业务经营过程中，对各类资产和负债进行预测、组织、调节和监督，以实现资产负债总量上平衡、结构上合理，从而达到最大效益的目标。京能财务将资金来源进行长短期分配，努力通过业务组合实现最佳效益，短期资金来源用来保证流动性和短期投资，长期资金来源配合集团长期投资战略。从资产的收益性实现经营目标，从负债管理来保证流动性需要；从资产负债平衡的角度来协调安全性、流动性和收益性。京能财务定期对资产和负债进行管理，对负债结构、资产结构进行合理性监测，对收入、成本和利润进行效益管理，按月进行滚动测算，为经营决策提供保障，为企业创造价值。

6. 建立流动性风险实时监测系统

流动性风险是财务公司面临的最重要的风险，流动性风险也是监管机构对财务公司监管的一项重要指标。京能财务根据巴塞尔Ⅲ协议及宏观审慎监管的要求，选取了流动性比率、流动性缺口、资本充足率、杠杆率等一系列指标，按照日、月、季、年进行实时监测，并按月编制流动性报告，开展流动性管理工作，通过提高资金流的透明度，实现更准确的现金流预测及更有效的风险控制。

京能财务通过信息化手段，将合规风险和操作风险在系统中进行刚性控制。风险模块借助系统中关于资金风险数据的收集、统计功能，进一步分析风险诱因，实现对集团资金风险的动态管理。

表1　资金头存单

年 月 日

项目	金额	期限								
		O/N	1W	2W	1M	2M	3M	6M	9M	1Y
吸收存款余额										
结算备付率										
结算备付资金限额										

续表

项目	金额	期限								
		O/N	1W	2W	1M	2M	3M	6M	9M	1Y
今日期初结算备付资金										
目前结算备付资金										
结算建议备付资金										
可从结算调出备付资金										
目前活期资金余额										
今日到期资金										
留存结算资金										
行政备付及存款准备金备付										
分配给业务部门的资金										

（三）极尽所能的内源融资支持

京能财务从企业集团利益出发，充分利用财务公司既是金融机构，又接受企业集团的管理；既链接企业集团内部各子公司，又是内部市场和外部市场纽带的特点，从企业集团的整体利益和发展战略出发，积极发挥集团内源融资管控作用，紧紧围绕资金集中管理的核心功能和企业集团的发展需要，做专做精业务，支持集团主业发展。

1. 确定资产管理的基本原则

第一，贷款业务优先原则。京能财务作为集团内部的内源融资管控平台单位，服务成员单位、满足集团内部资金需求是财务公司最基本的职能，也是成立财务公司的初衷所在。京能集团规定，“子公司在同等融资条件下，应优先使用财务公司的信贷资金”。自营贷款及类贷款业务作为面向集团成员单位开展的主要业务，在京能财务资金安排上给予优先满足。在贷款业务中，按照集团总体战略部署，优先安排集团重点项目、科技环保项目，扶持困难企业。

第二，流动性与收益性匹配原则。同一时点，资产的流动性与收益性成反比，流动性越强的资产，收益性越差。京能财务结合负债期限结构情况，将资金在不同期限和收益率的资产中进行合理分配，同时，通过询价和谈判，在相同期限的资产中取得最优的收益，以达到资产的最优组合。

第三，监管合规与市场化兼顾原则。财务公司作为非银行金融机构，监管机构通过各类监管指标对其进行监管，如流动性比例、资本充足率、宏观审慎（MPA）监管体系等等，京能财务的资产管理要符合监管机构的相关要求，同时，随着资金市场化水平的不断提高，积极掌握资金市场动态也是资产运作的基础要求。

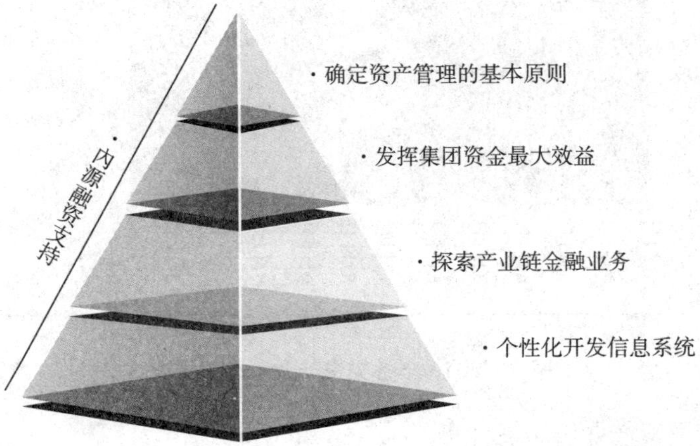

图 7　内源融资支持方式

2. 充分发挥集团资金最大效益

京能财务的资产管理与运作主要包括三个部分，第一部分为自营贷款及类贷款业务，如应收账款保理业务、票据贴现业务等，业务开展对象为集团成员单位。自营贷款包括短期贷款和中长期贷款，其中短期贷款的期限为一年以内（含一年期），中长期贷款的期限为一年以上。票据贴现及保理业务主要集中在短期。贷款业务周期较长，占资产比重较大，也是京能财务营业收入的主要来源；第二部分为同业业务，主要包括大额存放同业业务和同业拆借业务，同业业务的开展对象为与公司开展了授信的同业机构，其中同业拆借业务在银行间市场开展。大额存放同业业务包括 7 天、14 天、1 个月、3 个月、6 个月及 1 年等不同期限的产品，其收益率水平与期限成反比。同业拆借业务期限为 7 天及 7 天以内，流动性较强，收益率也相对较低，开展的规模较小。大额存放同业业务和同业拆借业务均受金融市场短期资金情况的影响较大。第三部分为投资业务，主要是债券类投资业务。投资业务较同业业务的流动性稍差，但收益率略高。在进行资产运作财务结构管理的过程中，抓住资金流动性和收益性平衡这一关键点，才能充分发挥集团资金最大效益。

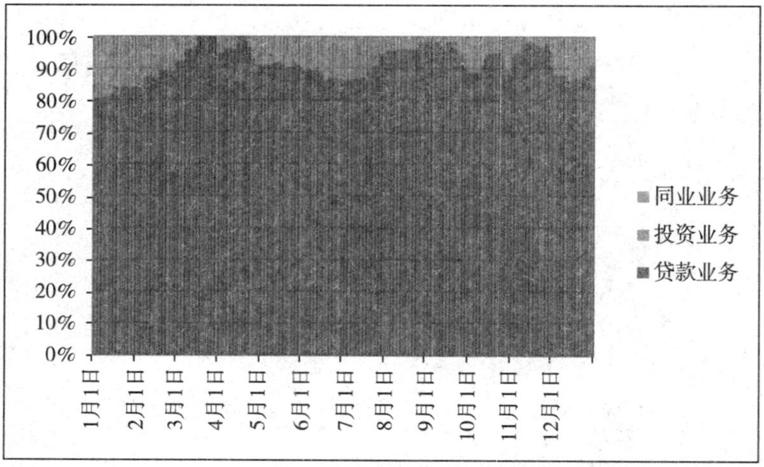

图 8　2016 年各类资产业务比重情况

3. 创新探索产业链金融业务

为了提高集团内成员单位关联交易往来的流动性，京能财务充分挖掘集团产业特点，推进产业链金融业务，开展了票据贴现、应收账款保理等一系列较贷款更加灵活、流动性更好的业务。京能财务还不断探索和丰富资产品种，在投资和同业业务中发掘新的收益点。京能财务与包括银行、财务公司在内的多家金融机构开展了互授信，为同业业务和产业链融资的延伸开展打下了良好的基础，与同业机构间建立良好的合作关系，通过开展联合贷款业务，将成员单位产业链上下游企业紧密联系在一起，拓宽了成员单位的融资渠道，提高成员单位贷款的议价能力，打通了上下游企业的融资瓶颈和障碍，降低了成员单位融资成本，是内部融资管控的有益延伸。

4. 个性化开发信息系统

京能财务在核心业务系统个性开发了资金运用相关模块。通过信用评级模块设置评级标准方案，自动构建集团成员单位信用评价体系；通过贷款管理模块设置贷款利率、到期业务提醒、贷款类型分类和授信管理，实现了自营贷款、委托贷款、贴现贷款以及特殊业务的全流程管理，满足了集团资金再分配的需求，有力支持集团主业发展，提高了集团资金使用效率。

四、实施效果

京能财务通过内部融资管控体系的构建与运行，实现了京能集团产融结合的融资战略，降低了财务费用，促进了资金的优化配置，提高了资金的使用效率，实现了“去杠杆、降风险”的管理目标，集团资产负债率始终保持在 65% 左右，大幅低于五大电力 80% 左右的资产负债率水平。

（一）资金协同作用成效显著

通过有效的内部融资管控，京能集团资金协同作用显著增强。京能财务以集团资金管理办法为指导，变“资金归集”为“资金筹集”，将集团内成员单位的闲置资金变成财务公司的存款，汇集成集团的资金池，截至 2016 年底，在财务公司开户的成员单位共计 184 户，公司日均存款金额为 136.82 亿元，与上年同期日均存款 122.97 亿元，增长 13.85 亿元，增长幅度为 11.26%，实现了连续五年持续增长。京能财务积极支持集团在建项目融资需求，在信贷业务方面谋求增量，2016 年日均贷款规模 113.89 亿元，较 2015 年增长了 34.1%。信贷业务增幅是吸收存款增幅的 3.02 倍，京能财务内部融资管控能力可见一斑。

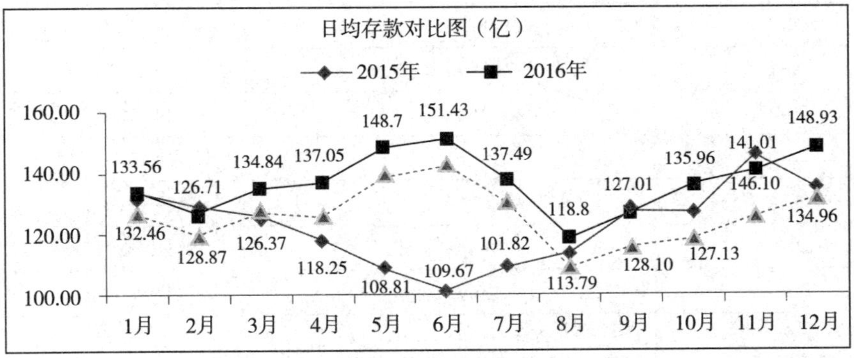

图 9　2015–2016 年日均存款对比图

（二）确保集团资金链条安全

京能财务充分拓展融资渠道，实现内外并举。流动性水平处于财务公司同业中上游水平；对外充分挖掘金融牌照，2016 年公司累计拆入资金 32 笔，金额 151 亿元，在弥补资金头寸不足的同时，实现资金业务创收 782 万元，创利 96 万元。京能财务在夯实传统融资方式的同时，还积极盘活资产拓展新兴渠道，公司成立以来，京能财务实现外部融资 641.31 亿元，总体平均融资成本控制在 3% 以内，在确保集团资金链安全的同时，有效地支持了各项业务发展，整体闲置资金余额逐年减少，资本结构持续优化。

（三）降低集团整体融资成本

京能财务经过持续不断地进行资金的集约化管控，已经形成了京能集团内源融资的重要渠道，资产综合收益率逐年提升。2016年京能财务自营贷款日均规模较2015年增长了34.1%，抵消了贷款平均利率同比下降20.75%的不利冲击，全年实现贷款利息收入49,194万元，较2015年44,813万元增加了4,381万元，增幅为9.78%。2016年京能财务营业利润率为56.19%，比2015年53.57%增加4.89%。几年来，京能财务累计实现贷款利息收入316,199.48万元，降低集团整体融资成本226,538.05万元。

表2　2006年–2016年降低集团融资成本情况

时间	贷款利息收入（万元）	节约融资成本（万元）
2006年	4,598.20	2,911.35
2007年	18,470.68	13,091.10
2008年	29,979.30	21,247.83
2009年	19,240.76	13,636.89
2010年	20,413.14	14,467.81
2011年	27,006.70	19,141.00
2012年	28,191.91	19,981.02
2013年	32,109.53	22,757.63
2014年	42,182.69	29,896.98
2015年	44,812.66	31,760.97
2016年	49,193.91	37,645.47
合计	316,199.48	226,538.05

（四）实现集团战略重组中资金快速融合

京能集团2012年以来先后吸收合并北京热力、京煤集团，按照集团融合发展的战略，京能财务认真落实集团资金归集要求，主动出击，克服重重困难，千方百计在集团融合过程中建功立业。在京能集团与北京热力合并的第一年，京能财务实现归集北京热力本部及分公司资金141,481万元，可归集资金归集率达81%，促成两个资金池的实质性融合，再创北京市属企业合并即资金归集的历史第一。2016年，京煤资金归集作为集团资金融合的关键，京能财务通过行政性手段和市场化手段并重的措施，实现了京煤集团所属72%的单位直接或间接参与归集，截至2016年末，财务公司归集京煤资金27亿元，全部资金归集率达到55%，超额完成了年度任务目标。

京能财务积极支持北京热力和京煤集团的重点项目建设，截至2016年底，京能财务为北京热力提供贷款 3 亿元，为京煤集团发放贷款 10.7 亿元，充分发挥了财务公司的资金融通功能。京能财务参与分销 4 亿元昊华能源公司债（京煤集团下属企业），占其债券发行规模的 26.67%，此举一方面可以支持成员单位通过债券市场直接融资，另一方面由于京能财务参与债券发行的竞标，有效地降低了债券的发行利率，降低了企业的融资成本。

（五）产业链金融业务实现突破

京能财务作为企业集团内部金融机构，努力为集团提供产业链金融服务，积极发挥连接集团与外部金融市场的桥梁和纽带作用，不断探索多元化的金融服务模式，认真研究业务新品种，满足集团成员单位日益多元的内部融资需求，增加客户对财务公司服务的黏性，以应对金融业的激烈竞争。2016 年，京能财务为集团成员单位提供了 500 万元应收账款保理融资，并签订了 2 亿元的联合贷款合同，这两项创新业务，在降低融资成本的同时，有效提升了成员单位资金和运营管理的效率，将成员单位产业链上下游企业紧密联系在一起，打通了上下游企业的融资瓶颈和障碍，使京能集团的财务状况、经营业绩更加稳健、安全。

作者简介：

张伟，男，1968 年出生，中央财经大学财务与信用专业，京能集团财务有限公司总经理。

刘颖，女，1974 年出生，高级会计师，现任京能集团财务有限公司副总经理。

王申，女，1972 年出生，会计学专业，高级会计师，现任京能集团财务有限公司资金计划部经理。

熊涛，男，1982 年出生，高级会计师，主要研究方向企业资金管理、成本管理。

张捷，女，1988 年出生，天津工业大学会计学研究生，现任京能集团财务有限公司资金主管。

王雪莹，女，1989 年出生，对外经济贸易大学会计硕士研究生，现任京能集团财务有限公司资金主管。

杨艳，女，1986 年出生，会计学专业，原京能集团财务有限公司资金主管。

大型企业集团财务公司适应利率市场化的融资服务管理

京能财务课题组

摘　要：京能财务为落实集团资金集中管理和安全管理意图，实现集团对成员单位资金统一管理的目标，帮助集团集中管理资金、降低成本、提高收益、控制风险，创新利率市场化产品，为成员单位及实体经济提供综合金融服务，全方位支持企业发展，采取了一系列有效措施。京能财务利用现代科技金融技术对集团内部资金进行全方位整合与集中，以此为基础，开展风险识别、计量、控制与监控，高效精准地进行资产负债、现金流动等管理，有效控制、规避与转移风险，为成员单位开发个性化的融资产品，开展贴身式的金融服务，提高融资服务的适用性、促进产品的多样性、实现产品的多元性，在降低集团整体融资成本，实现总体效益的提升的同时，保证京能集团的健康持续发展。主要做法包括：资金集中管理，奠定融资服务基础；精准资金管控，保证稳健运营；合理资产管理，实现保值增值；定制金融服务，助推集团发展；严格风险管控，确保融资服务安全；以客户为中心，提升服务质量；开发信息平台，提供保障支持。

关键词：利率市场化，融资服务

京能集团财务有限公司（简称京能财务）成立于2006年，是京能集团快速发展过程中为实现实体产业和金融产业紧密结合而设立的，是北京市国资委系统第一家财务公司，也是中国投资协会地方电力委员会会员单位的第一家财务公司。京能财务秉承“以人为本，追求卓越”的核心价值观，以“依托集团、服务集团”为宗旨，努力实现“一流的金融服务、一流的风险管理、一流的经营业绩、一流的业务发展、一流的专业团队 ”的发展目标，紧密围绕京能集团产融结合发展战略，发挥集团资金归集、融资、金融服务、财务调控四大平台功能，开展融资服务创新，实现了集团产业资本和金融资本的有机融合与相互驱动。自成立以来，多次获得人民银行、北京银监局、京能集团等优秀奖项，是中国财务公司行业协会评定的 A 级单位。截至 2016 年底，京能财务总资产 182 亿元，净资产 37 亿元，表外受托资产 153 亿元，2016 年实现营业收入 65,091.25 万元，实现利润总额 36,577.56 万元。

一、大型企业集团财务公司适应利率市场化的融资服务管理背景

（一）适应利率市场化，降低集团整体融资成本的需要

京能财务隶属的京能集团为大型能源行业，资产负债率较高是该行业的显著特点，多年来，京能集团一直致力于寻找降低集团整体融资成本的有效途径。2016 年末，京能集团银行贷款余额为 542 亿元，应付债券余额为 131 亿元，为保证集团资金链不发生断裂，融资工作是重中之重，集团一方面要充分利用集团整体资金存量，提高内部资金使用效率；另一方面要适应外部金融环境，做好资金增量的规划。近几年，我国金融市场不断发展变化，自 1996 年起，人民银行按照先货币市场和债券市场利率市场化，后存贷款利率市场化进程，开展有步骤、渐进地层层推进的改革。利率市场化改革是市场经济发展的必然，也是我国经济体制改革的必然趋势，利率市场化后，我国市场融资方式和定价都发生了巨大转变，而随着资本市场的发展，金融脱媒也渐渐成为一种趋势。为此，京能集团一方面需要坚持适中杠杆、适度信贷，秉承稳健、安全的财务资本结构，增强集团金融保障能力和抗风险能力，另一方面更需要充分发挥京能财务金融资源管理运作优势，拓展金融服务领域，创新金融服务方式，为集团及成员单位提供更加优质的金融服务。

（二）行使职能手段，实现集团资金一体化管理的需要

京能集团成立财务公司以前，由于 80% 以上的成员单位历史比集团长，诸侯割据体制思想根深蒂固，成员单位多头开户情况严重，户头多达 200 多个，年资金流量 600 亿。资金流信息不明，用途不可控，各成员单位管理模式不统一，管理水平参差不齐，融资分散，集团融资管理缺乏统筹计划，总部对整体资金运行的集中管控能力不强，在宏观调控期间，部分成员单位资金链频频告急。京能集团急需通过京能财务进行资金一体化管控，发挥京能财务融资服务平台优势，优化资金配置，提升资金控制力和效率效益，实现集团整体战略发展目标。几年来，京能集团经历了多次重组，先后吸收合并北京热力、京煤集团、京能集团重组合并后，需要对并购企业进行有效融

合，以使其与集团的整体战略、经营目标协调一致，互相配合。财务管控是融合管理的重要环节之一，这其中资金融合又成为财务管控的重要抓手，京能财务便是京能集团资金融合的重要平台。京能集团需要京能财务通过提供存、贷款等金融服务，“柔性”管理新合并企业的资金，将新企业的资金迅速融入企业集团的资金链，使其与企业集团建立更为紧密的联系，使得新企业与京能集团有机整合。

（三）发挥集团融资服务平台作用，服务集团战略发展的需要

目前，京能集团业务总体划分为8类，即4类主营业务：电力生产和供应，热力生产和供应，煤炭生产和销售，房地产开发经营及物业管理；4类培育业务：节能环保（能源技术咨询与服务），投资与资产管理（能源、金融股权投资），新型化工（煤制油、民爆），石油、天然气勘探开发、储运及贸易。京能集团下属的各分、子公司分别承担了集团的主业与辅业，由于行业间存在着不同的经济周期、成熟产业与新兴产业的发展也存在着较大的不平衡，致使京能集团内的经济体存在着不同的资金状况，难免出现存贷双高的局面。京能集团需要京能财务利用金融牌照，一方面在外部货币市场为集团融入新资金，另一方面运用京能财务市场化手段平衡集团内资金余缺，此外，依托京能财务金融行业人才的投融资经验，通过提供内部化的金融服务，提高企业集团资金集约化水平和内部资金运营效率，防范集团整体资金管理风险。

基于上述需求，自2007年起，京能财务为满足集团整体战略需求，以市场供求为基础，以实施经营发展战略为基本要求，充分考虑企业集团发展大局，在市场竞争中准确定位，开展适应利率市场化的融资服务管理创新。

二、大型企业集团财务公司适应利率市场化的融资服务管理内涵和主要做法

京能财务为落实集团资金集中管理和安全管理意图，实现集团对成员单位资金统一管理的目标，帮助集团集中管理资金、降低成本、提高收益、控制风险，创新利率市场化产品，为成员单位及实体经济提供综合金融服务，全方位支持企业发展，采取了一系列有效措施。京能财务利用现代科技金融技术对集团内部资金进行全方位整合与集中，以此为基础，开展风险识别、计量、控制与监控，高效精准地进行资产负债、现金流动等管理，有效控制、规避与转移风险，为成员单位开发个性化的融资产品，开展贴身式的金

融服务，提高融资服务的适用性、促进产品的多样性、实现产品的多元性。在降低集团整体融资成本，实现总体效益的提升的同时，保证京能集团的健康持续发展。主要做法如下：

（一）资金集中管理，奠定融资服务基础

京能财务通过建立完善的组织体系、科学合理的账户管理、灵活的资金归集等措施，对集团资金进行集约化管控，变资金归集为资金筹集，在保证成员单位结算需求的同时对集团内部资金进行整合。

1. 建立完善的资金管理组织体系

京能财务建立资金管控的组织体系，明确区分资产管控的决策、执行与监督检查职能。董事会是最高管理决策机构，负责审批年度资金计划、年度资金计划执行情况、年度同业授信计划和对金融机构授信；总经理办公会是日常管理机构，对京能财务的资金计划、资金运作、资金平衡、资金调度等日常工作进行审批和管理。执行层各业务部门按照职能划分，资金计划部作为资金管控的主责部门，负责京能财务整体资金的平衡调整、资金运作，对京能财务资金来源及运用情况进行分析、研究、管理和监督。结算部负责吸收存款等相关业务的资金计划和操作。业务发展部负责信贷业务的计划和操作。投资部负责投资等相关资金业务的计划和操作。风险管理部负责实收资本、利润分配等相关业务资金计划的编制和管理。综合管理部负责固定资产与在建工程项目等相关业务资金计划的编制和管理。稽核部进行稽核评价（见图 1）。

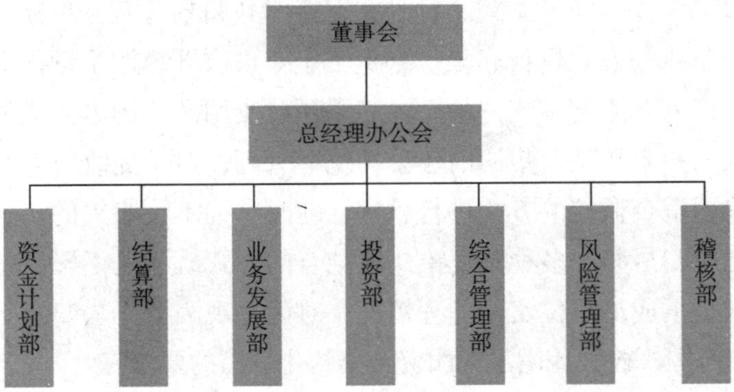

图 1　资金管理体系组织架构图

2. 构建科学的账户管理架构

为了有效开展资金管控工作，服务各地的成员单位，京能财务的资金管控以账户管理为基础，通过商业银行的账户管理产品，搭建内部资金管控账户体系，向成员单位提供服务。自2007年以来，京能财务配合京能集团先后开展过三次成员单位账户核定与清理工作，按照先摸底，再核定，最后清理的程序开展各企业银行账户的清理工作。通过账户开立的资金归集源头管理，促进集团建立高度集中、安全高效、监管到位的资金管理体系，充分发挥集团整体优势，确保资金运转的安全、及时、规范、高效。在2016年京煤资金归集的过程中，京能财务通过协助集团开展账户摸底与核定工作等多种措施，实现了京煤集团72%的单位直接或间接参与归集。截至2016年末，归集京煤资金27亿元，全部资金归集率达到55%。目前，京能集团对下属企业实施了严格审批的账户管理模式，要求子公司需向集团公司提出书面申请，按照集团统一要求开立相关银行账户（包括收支账户、保证金账户、税务专户、贷款户等），由集团财务管理部确认开户必要性并进行书面批复。此外，要求子公司严格按规定使用银行账户，未经允许，不得开立归集范围之外的账户。

3. 设计灵活的资金归集模式

京能集团的资金归集工作由集团财务管理部负责，通过财务公司具体实施。京能集团投资遍布国内25个省、自治区、直辖市，并在澳洲和非洲实现了“走出去”战略的突破，培育了京能清洁能源、京能电力、昊华能源、京能置业四个上市公司平台。为了便于成员单位操作，京能财务结合各成员单位的不同情况，在资金归集模式的选择上，结合成员单位原有账户开户行的不同，采取了多种的归集方式。对于在京能财务归集行有基本账户的企业，采用收支一条线的方式进行归集，减少了企业再次开户的手续；对于在京能财务归集行以外开立基本账户的企业，采用收支两条线的方式进行归集，保证将源头收入户直接纳入集团财务公司统一管理；对于受政策限制不可归集的账户，采用资金监控的方式进行管理，随时掌握不可归集的资金是否超出限额，做到应归尽归。多种归集模式相结合的方式既满足了资金归集的总体要求，也满足了成员单位实际管理情况，对因客观因素无法归集到的资金也纳入了监控范围，极大地满足集团资金集约化管控的要求。

（二）精准资金管控，保证稳健运营

为保证京能集团归集资金安全，最大限度的发挥资金使用效益，京能财务承担着复杂的现金流预测、支付结算、现金水平优化、现金余缺管理等资本运营管控工作。

1. 实施层次清晰的现金流预测管理

由于企业集团本身特点，京能财务吸收存款客户仅限于集团成员单位，与银行相比，财务公司客户数量少，存款集中度高，大客户业务类型相似，资金池内资金具有共振效应，资金池波动剧烈、振幅明显。为了平衡资金运用效率与流动性安全的问题，按照京能集团管控要求，京能财务在集团成员单位中开展了资金计划管理工作，严格按资金计划审核划转资金（见图2）。

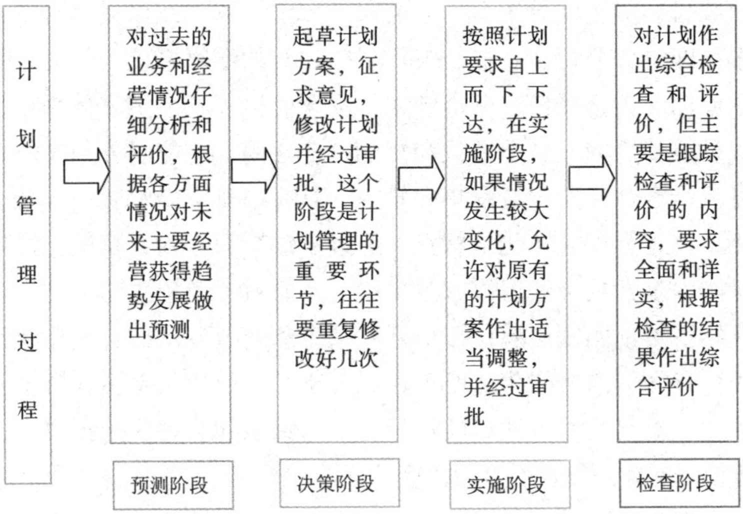

图2　资金计划管理过程图

京能财务制定《京能集团财务有限公司资金计划管理办法》《京能集团财务有限公司资金平衡管理规定》以及《京能集团财务有限公司资金调拨管理规定》，对每日、每周、月度及年度的资金计划、平衡和调拨进行详细规定。对资金计划影响最大的成员单位的用款需求和计划，建立了与成员的良好沟通机制，通过京能财务邮箱、客户经理“QQ”群、微信群等随时随地的与客户密切沟通，实时了解成员的资金情况，尤其是对于集团重点单位、平台企业以及成员单位通过发债等外部融资方式获取的大额资金重点关注。每周四统一收集各成员单位的账户情况和下周资金计划，形成京能财务结算客户汇总周计划，为公司整体流动性安排提供坚实的信息保障。京能财务实时了解成员的资金情况，尤其是对于集团重点单位、平台企业以及成员单位通过发债等外部融资方式获取的大额资金重点关注。资金运作方面，首先确保成员单位计划内资金使用到位，其次安排同业业务和投资业务，最后安排计划外资金。通过这样的方式，在资金按计划运作的基础上，保证资金运作规模的最大化，以及计划外资金运作的合理化，将服务集团与资金效益最大化有机结合。

2. 打造高效多维的结算体系

京能财务依托公司自有结算系统，在京能集团内统一进行结算银行管理、成员单位账户管理、资金归集管理、资金计划管理、结算凭证管理，以及结算对账管理等，从而防范资金风险，加强集团内源融资建设，全面实现集团款项收付的资金清算平台。京能财务多维结算体系以具有自主知识产权的财企银（即财务公司、企业、银行）一体化的结算系统为核心，将网上结算、电子单据、银企接口、资金计划、资金监控等功能纳入体系中，实现各个结算成员单位之间、成员单位和京能财务之间、京能财务与结算合作银行之间信息流、资金流的全过程集中管理，具有结算资金流转一体化、客户操作便捷化、流程管理立体化的特点。通过多维结算平台，京能集团内部沉淀在各银行的内生性现金流得以有效集中，京能财务及集团财务部门可以通过多维结算体系对集团成员单位账户开立信息和资金流动信息进行统计分析和监测，使得资金信息透明化，便于客观公正的评价成员单位在资金方面对集团的贡献度和对集团发展战略的执行力，为集团和管理决策提供全面而准确的参考数据，使集团管控力度得以强化。

3. 细化现金水平管理

京能财务可运作的资金主要来源于吸收成员单位的存款，为了保证成员单位的支付结算需求，需要保留一部分作为结算备付。结算备付金保留不足，会造成财务公司无法满足成员单位的结算需求，引发资金的流动性风险，而结算备付金保留过多，则会导致资金的闲置，降低资金的收益率。京能财务积累多年客户存款变动数据，开展系统研究，发现京能集团受行业影响，吸收存款余额呈一条“微笑”曲线，即年初、年尾两头高，年度中期存款低，在此基础上计算出最低结算类存放同业金额以及合理的结算备付率。目前，京能财务的基本结算备付率为13.5%。公司将根据吸收成员单位存款的规模和稳定性，以及成员单位资金收支计划的准确程度对基本结算备付率进行调整和修订。京能财务每日制定《资金头存单》，在满足结算备付率的前提下，确定运作资金规模（见表1）。

表1 资金头存单

项目	金额	期限								
		O/N	1W	2W	1M	2M	3M	6M	9M	1Y
吸收存款余额										
结算备付率										
结算备付资金限额										
今日期初结算备付资金										
目前结算备付资金										
结算建议备付资金										
可从结算调出备付资金										
目前活期资金余额										
今日到期资金										
留存结算资金										
行政备付及存款准备金备付										
分配给业务部门的资金										

4. 搭建货币市场资金桥梁

京能财务根据资金和业务现状，利用金融市场工具、技术和产品，开辟多元和低成本的融资渠道，利用同业优势，与银行及其他金融机构开展资金合作，进行现金余缺管理，为京能集团提供系统外的资金融通渠道。京能财务已开展的融资品种包括：同业拆借、信贷资产转让、票据转贴现、票据再贴现、债券质押式回购、财票保贴、卖断型财务公司金融债、国内保理和国内保函等。通过开辟集团融资新渠道，不仅保障了京能财务内部资金链的安全，而且有效地支持了各项业务发展，缓解了集团整体资金压力。“十二五”期间公司累计取得银行授信 84.5 亿元，累计开展外源融资 74.6 亿元，融资成本不足 3%，为集团及成员单位节约融资成本 387 万元，在确保资金链的安全的同时，有效支持了各项业务发展。

（三）合理资产管理，实现保值增值

京能财务将资金来源进行长短期分配，并通过业务组合实现最佳效益，短期资金来源用来保证流动性和短期投资，长期资金来源配合集团长期投资战略。京能财务的资产业务管理主要包括三个部分。第一部分为自营贷款及类贷款业务，如应收账款保理业务、票据贴现业务等，业务开展对象为集团成员单位。票据贴现及保理业务主要集中在短期。贷款业务周期较长，占资产比重较大，也是京能财务营业收入的主要来源。第二部分为同业业务，主要包括大额存放同业业务和同业拆借业务，同业业务的开展对象为与公司开展了授信的同业机构，其中同业拆借业务在银行间市场开展。大额存放同业业务包括 7 天、14 天、1 个月、3 个月、6 个月及 1 年等不同期限的产品，其收益率水平与期限成反比。同业拆借业务流动性较强，收益率也相对较低，开展的规模较小。大额存放同业业务和同业拆借业务均受金融市场短期资金情况的影响较大。第三部分为投资业务，主要是债券类投资业务。投资业务较同业业务的流动性稍差，但收益率略高。基于上述业务特点，京能财务在进行资产运作财务结构管理的过程中，确定了以下原则：

第一、贷款业务优先原则。京能财务作为集团内部的内源融资管控平台单位，服务成员单位、满足集团内部资金需求是财务公司最基本的职能，也是成立财务公司的初衷所在。京能集团规定，“子公司在同等融资条件下，应优先使用财务公司的信贷资金”。自营贷款及类贷款业务作为面向集团成员单位开展的主要业务，在京能财务资金安排上给予优先满足。在贷款业务中，按照集团总体战略部署，优先安排集团重点项目、科技环保项目，扶持困难企业。

第二、流动性与收益性匹配原则。京能财务结合负债期限结构情况，将资金在不同期限和收益率的资产中进行合理分配，同时，通过询价和谈判，在相同期限的资产中取得最优的收益，以达到资产的最优组合。

第三、监管合规与市场化兼顾原则。财务公司作为非银行金融机构，监管机构通过各类监管指标对其进行监管，如流动性比例、资本充足率、宏观审慎（MPA）监管体系等等，京能财务的资产管理要符合监管机构的相关要求，同时，随着资金市场化水平的不断提高，积极掌握资金市场动态也是资产运作的基础要求。

（四）定制金融服务，助推集团发展

京能财务从企业集团利益出发，利用财务公司既是金融机构，又接受企业集团管理，既连接企业集团内部各子公司，又是内部市场和外部市场纽带的特点，从企业集团的整体利益和发展战略出发，紧紧围绕资金集中管理的核心功能和企业集团的发展需要，做专做精业务，支持集团主业发展。京能财务根据客户的需求特点，满足不同类型的客户以及客户不同发展阶段的融资需求，研发金融产品，实现融资模式多元化创新，让客户体会到融资渠道便利。

1. 创建差异化管理的自主利率机制

利率市场化下，京能财务不断完善自身定价能力，设计满足企业需要供公司发展的价格体系。京能财务建立利率定价组织架构，参考现代公司治理结构的“三会一层”，明确区分利率定价的决策、执行与监督检查职能，兼容原则以及保持利率定价机制的长效性与一贯性等原则。建立利率管理委员会和日常工作办公室，明确利率定价的决策机构，进行了权限划分，理清部门间的职责，形成前台报价、中台审核、后台支持的定价流程和体系。

2. 明确定价原则与策略

京能财务在确保集团及成员单位资金安全的前提下，秉承服务集团客户，适度兼顾市场风险，价格贴近市场，操作简单的定价原则，具体应包括以下几项原则：一是服务集团原则，二是市场化原则，三是匹配性原则，四是差异性原则，五是合规性原则。

3. 以资金归集度和存款规模作为存款利率差异定价的核心指标

为了应对银行同业的竞争，京能财务秉持“优服务为客户，保价格促发展”的业务理念，一方面摒弃以行政手段来扩大业务范围和规模的方式，取而代之的是通过提供更完善、更贴心的服务吸引集团成员单位在财务公司开展存款业务；另一方面公司的存款业务坚持以市场价格定价的原则，在央行准许的利率浮动范围内，按照公司对不同期限资金的需求程度合理确定存款利率水平，不搞存款价格一刀切，实现存款成本合理发生，确保公司的盈利水平。

京能财务的存款利率包括：存款内部指导利率、存款挂牌利率、存款实际执行利率。

存款内部指导利率按照公司可持续发展和合规管理的要求，确保负债成本和资产收益相匹配，形成资产和负债良性互动，实现企业集团综合效益最大化，内部指导利率按照存款期限品种划分，是实际执行利率的上限。

内部指导利率 = 存款资金运用净收益率 – 存款管理成本率 – 税金及附加率 – 存款产生的目标利润率

存款挂牌利率体现了公司市场化定价管理原则，挂牌利率是实际执行利率的基础。

存款挂牌利率 = 集团主要合作银行对公存款品种挂牌利率的算术平均数。公司存款挂牌利率应统一对外公布。

存款实际执行利率是根据不同存款产品的性质、金额、期限以及客户贡献度等因素，在挂牌利率的基础上，通过对客户综合贡献度、资金归集程度等因素加以综合量化，实行精细化、差异化的存款利率定价。存款实际执行利率是根据不同存款产品的性质、金额、期限以及客户贡献度等因素，在挂牌利率的基础上，实行精细化、差异化的存款利率定价。

存款实际执行利率 = 存款挂牌利率 × 存款利率调整点差，各项存款利率调整点差

4. 以客户信用风险评级作为贷款利率定价的核心指标

京能财务贷款定价以成本加成为基础定价方法，根据资金成本、经营费用、目标利润、市场竞争因素和客户综合贡献度等进行调整并确定贷款利率水平。贷款利率定价中风险溢价根据贷款期限、担保方式、行业状况及企业的分类评级等因素加以量化（见图 3）。

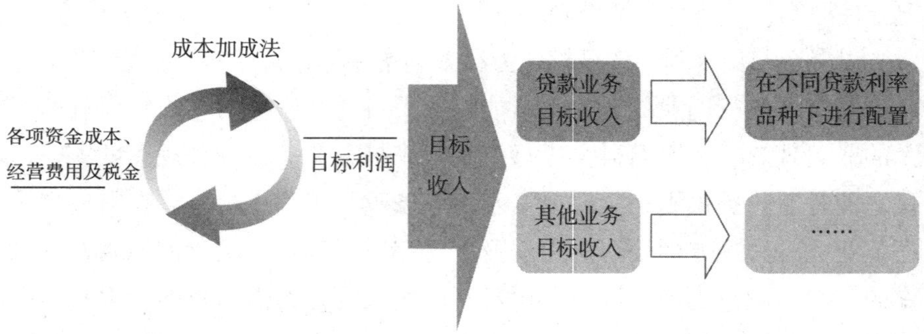

图 3　京能财务贷款利率定价成本加成法图

贷款利率的下浮分为四个档次利率来进行管理，从低到高依次为以人行同期贷款基准利率下浮 30%、下浮 20%、下浮 10%、下浮 5%；同时结合资金市场情况及和客户协商结果采用专项审定来确定下浮利率水平。原则上被京能财务资产分类分为“次级类、可疑类、损失类”贷款的贷款客户不可享受下浮利率。

5. 加快产品创新，实现产品多样性

随着利率市场化进程的加快，京能财务凭借着服务于集团总部的优势，比集团外部银行更能及时掌握成员单位的内部需求。京能财务抓住有利时机，根据客户的需求特点，以满足不同类型的客户以及客户不同发展阶段的融资需求，提供多样性的金融产品，让客户体会到融资渠道便利。

（1）开发项目周转贷款，弥补在建项目临时性资金缺口

京能财务针对集团部分在建项目银行授信办理迟缓，融资成本较高的情

况，及时推出项目周转贷款，提早介入项目的建设前期，一方面满足了项目建设阶段性资金需求，另一方面提高了成员单位与银行的议价能力，促进项目融资资金的及时到位，加速建设周期，同时有效降低项目造价成本。

（2）开发循环贷款品种，实现授信额度的循环使用

京能财务针对电力运营企业存在电费收入和燃气费支付因时间差导致的短期资金缺口的现象，推出循环贷款业务协助客户解决周期性资金短缺的问题。由于循环贷款性质上是短期流动资金贷款，多采用信用贷款形式，因此，京能财务针对信用级别较高的客户开展此项业务，既满足客户短期资金需求，又有效控制信用风险。

（3）加强同业合作，实现银团贷款业务的推出

京能财务将大型电力项目作为银团贷款业务拓展对象，联合银行为客户设计个性化的银团贷款方案，议价评判方面起到积极的引领作用，主导定价且给予更多的优惠，降低集团成员单位融资成本，满足项目整体融资需求。自 2014 年起，京能财务积极拓宽同业合作渠道，联合多家银行为成员单位筹组银团贷款，截至 2016 年底累计办理银团贷款 68,700 万元。通过银团贷款的方式，降低成员单位财务成本 5%–8% 左右。

（4）构建“票据池”，延伸产业链金融

京能财务“票据池”综合服务模式是集收票与代保管、出票与承兑、背书与贴现、质押与质出、转贴现与再贴现等各项业务为一体的统一管理的运作模式。京能财务“票据池”综合服务模式通过实现资金池与票据池之间的融通，纸票池和电票池之间的融通，票据池与业务单位的融通，票据池与银行同业的融通，以及跨区域融通，打通了成员单位上下游企业的资金链条，为企业拓展业务提供了有利的融资支持。2015 年起，京能财务通过自身在金融机构的授信，为成员单位及其供应商获得“票据池”外部融资 46,760 万元，为企业节约融资成本近 500 万元。

（5）借鉴贸易融资方式，创新保理业务

京能财务在分析电力行业客户的收款特点的基础上，将保理业务创新应用于电费回收结算过程中，利用电费结算与燃料采购存在时间倒差，通过保理方式为电力客户提供短期融资，可降低客户融资成本，提前兑现客户的应收账款，改善客户财务报表结构。2016 年，京能财务为电力后勤提供应收账款保理融资 500 万元，不仅使其财务成本较同期贷款基准利率降低了 23.22%，更重要的是盘活表内资产，将应收账款等债权转变为现金，最大程

度降低资金占压，加快资金周转速度，提高资金的使用效率。

（五）严格风险管控，确保融资服务安全

京能财务的风险管理具有以下特点：一是财务公司监管政策多，合规风险管理难度大；二是成员单位资金池具有共振效应，对流动性风险冲击大；三是贷款业务客户集中，客户类型同质化，信用高风险集中度高。京能财务为了防控上述风险，主要采取了以下措施。

1. 攻克关联交易难题，化解业务收缩风险

为实现“产融结合、协同发展”，京能集团不断优化资本结构，提高资产证券化水平，目前已经完成火电板块、清洁能源板块、房地产板块的重组上市。但是证券监管机构将上市公司在财务公司开展金融业务认定为关联交易，并对此作了一系列限制，如证监会要求，上市公司在财务公司的存款限额不超过其上年末总资产 5% 并不超过年末货币资金总量的 50%；香港联交所上市规则规定上市公司在财务公司的存贷款业务“须遵从申报、公告、独立股东批准等规定”，这些规定对公司资金归集产生了严重的影响。资金归集工作是财务公司一切业务的根基，若其资金归集量出现大幅减少，将直接影响公司各项业务的正常开展，进而出现严重的风险。

为此，京能财务创新业务规定和流程，以应对资金归集工作中复杂多变的外部环境，保证公司持续、健康、稳定地发展。为了配合集团资产证券化的步伐，从满足监管制度要求的角度出发，京能财务主要做了以下两方面的工作：第一，与上市公司签订金融服务框架协议和关联交易协议，协议经上市公司股东会审议通过后，对外予以披露；第二，配合上市公司定期披露与财务公司的关联交易事项和额度，以满足监管的要求。通过采取透明化的操作，使得财务公司与上市公司之间的交易能够被监管当局和第三人认可，可以在协议规定的额度内进行资金归集，有效地化解存款业务收缩风险。

2. 建立“信用池”，保障京能集团资金链安全

京能集团成员单位经营状况各异，资金需求、授信资源十分不均衡，出现有的企业资金短缺、有的企业资金充裕；同一企业基建期资金短缺，运营期资金充裕；这种不平衡性严重影响京能集团资金链的安全。作为内部银行的京能财务首创“信用池”管理模式，提出将集团各成员单位的银行授信额度在集团层面统一使用，互补余缺，通过集团统一授信管理和财务公司授信调剂，达到平衡各成员单位的资金来源、保障集团资金链安全的目的。（见图4）

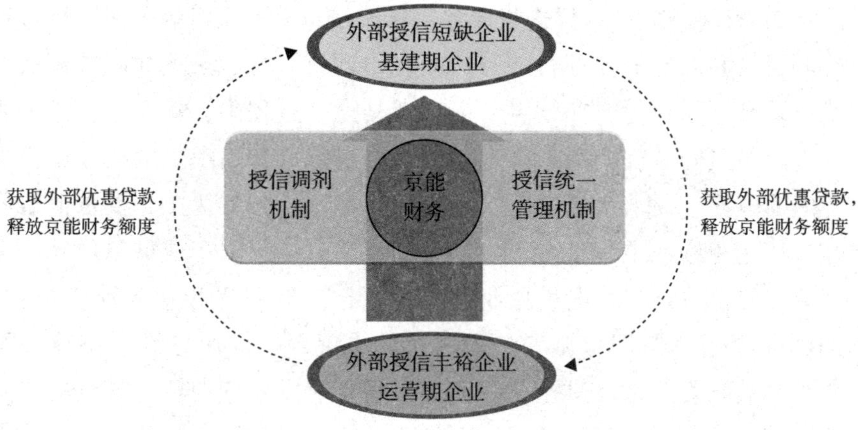

图 4　京能财务"信用池"管理模式

"信用池"链接内源融资平台和外源融资平台，能够实现京能集团信贷资金在财务公司与外部银行之间的融通。充分的信用池管理保证京能集团在外部资金紧张、内部资金有限的情况下资金链条的坚固完整，同时提高集团整体收益率，可谓是实现了资金流动性、安全性和盈利性的高效统一。

3. 建立流动性风险实时监测系统

京能财务根据巴塞尔Ⅲ协议及宏观审慎监管的要求，选取了流动性比率、流动性缺口、资本充足率、杠杆率等一系列指标，按照日、月、季、年进行实时监测，并按月编制流动性报告，开展流动性管理工作，通过提高资金流的透明度，实现更准确的现金流预测及更有效的风险控制。京能财务通过信息化手段，将合规风险和操作风险在系统中进行刚性控制。风险模块借助系统中关于资金风险数据的收集、统计功能，进一步分析风险诱因，实现对集团资金风险的动态管理。

4. 建立信用风险防线，平衡自身利益与客户利益

为平衡客户的利益诉求和自身安全经营需求，京能财务对新产品开发过程设置三道防线：第一道防线是新产品开发前期，对客户需求、同类产品、同业做法进行详尽调研；第二道防线是新产品设计过程中，谨慎设计产品要素，严控业务流程；第三道防线是对新产品的试行进行风险评估和后督稽核，严控客户信用风险。

京能财务电子商业汇票产品开发过程，全面体现了三道防线的信用风险管控要求。电票产品开发前期，从宏观环境到产品模式，开展了充分的调研工作，包括：对电票市场进行调研、对电票业务的基本情况和发展趋势进行

调研；对 26 家集团成员单位进行业务需求调研；对 5 家财务公司同行进行电票模式调研；对 8 家商业银行进行产品合作调研；对 3 家软件商进行信息系统调研；召开了票据业务座谈会。电票产品设计过程中，从产品要素和业务流程上进行了规范：在产品要素上，要求电票承兑和贴现额度纳入客户授信总量管理的范畴，要求票据规模以不超过贷款规模 10% 为限，要求电票承兑按照客户信用评级收取保证金，设定票据背书范围仅限于成员单位等；在业务流程上，要求修订《票据承兑业务管理规定》《票据贴现业务管理办法》，通过法律顾问起草票据承兑和贴现的相关协议，根据业务需求设计合同条款。电票产品开发后期，试运行期间，公司要求风险管理部开展电票产品风险识别评估，纳入风险五级分类；要求稽核部开展电票业务的专项稽核，从后督环节严控产品信用风险。

（六）以客户为中心，提升服务质量

1. 建立客户服务中心，增加客户存款黏性

为了提升客户服务的水平，京能财务专门成立了客户服务机构，从组织创新实现资金归集服务创新。京能财务坚持“以市场为导向，以客户为中心”的经营理念，从业务部门抽调人员到客户服务中心，实行客户经理制，明确客户经理的职责，确保客户信息通过客户服务中心得到充分的收集、沟通和反馈，从而保障客户需求到及时优质满足。京能财务主管业务的高层领导担任客户服务中心的主管领导，前台主管客户服务的部门经理担任中心主任，在前台业务岗人员中选拔客户经理，形成职责清晰、分工明确的组织体系。为了规范服务行为，提升服务水平，树立良好文明形象，京能财务制定了《京能集团财务有限公司客户服务管理办法》《京能集团财务有限公司客户经理服务规定》和《京能集团财务有限公司客户投诉管理办法》。将客户服务管理的组织机构与职责、任职条件和选用、工作内容、客户信息管理、客户经理的培训与考核、职业操守等，并制定相应的业务流程图及风险控制矩阵，通过管理标准固化客户服务管理流程。客户服务中心的主要工作内容包括信息收集与整理、信息共享、业务宣传、产品推介、内部协调和客户沟通六个方面。客户经理与集团成员单位间的无障碍信息交流与传递是客户服务的基础所在。客户信息管理的基本原则要求：客户经理应及时、准确收集并上报客户信息；客户经理做好客户信息的答疑反馈；客户经理应以文字或电子形式记录、保存传递信息。

京能客户服务中心建立定期会议、首问负责和定期拜访等工作机制，讨

论重点工作方案，安排相关工作，反馈收集的客户信息，及时、准确做好客户信息的答疑反馈，客户经理每季度实地拜访客户一次，每次不少于两家客户，做好客户维护与管理工作。京能集团各成员单位通过主动接受财务公司的服务，增加其对财务公司的黏性，减少资金波动。

2. 搭建多渠道的沟通平台，提升品牌知名度

为搭建集团公司与成员单位、京能财务与客户之间的沟通桥梁，进一步体现优质服务的价值理念，京能财务客户服务中心推出了一系列的客户服务平台化产品。

建立“京能网银”QQ 工作群，通过“京能网银”QQ 工作群，客户经理在线实时解答各成员单位在办理存、贷款业务及使用财务公司网银过程中遇到的各种问题，尤其是可以通过 QQ 终端的远程功能，可以帮助客户进行业务办理的工作流程演示及软件更新，大大提高了客户服务的亲和力和执行力。

在京能财务公司网站中单独设立的“客户服务”模块，该模块下设信息发布、客户交流、政策解读、内部交流及畅所欲言 5 个子版块。每年在客户服务中心年度工作方案中安排客户经理担任相应子版块的版主，每月进行更新和维护，负责发布政策产品信息、解答客户疑问等工作。

建立“京能财务微信公众号”，立足于展示业务、产品，深入专题研究，以及以提倡阅读为主的人生感悟，为京能集团财务人员提供了一个思考、交流、学习的平台。

3. 组织客户培训，提升财务公司影响力

为能准确分析经济环境，把握财经政策，提高京能集团财务人员对京能财务相关系统操作的熟悉度。京能财务每年结合公司发展规划及年度目标，对成员单位不同的人员结构进行客户培训。培训内容包括：融资筹划、财税管理、网银系统操作、结算解决方案以及信贷、结算业务操作程序注意事项等方面。

（七）开发信息平台，提供保障支持

京能财务为实现产融结合战略落地，支撑快速增长的业务量和客户不断提高的服务需求，自 2007 年起搭建一个安全稳定、业务品种全面的核心信息系统。几年来，该系统得到不断完善，并在京能财务运营管理、金融服务、风险控制等方面发挥积极作用。

1. 设计开发实时网上结算系统

京能财务运用计算机网络技术，融合结算管理工具，以网络信息化技术

实现多维结算系统。该系统通过INTERNET网上结算业务，实现各个结算成员单位之间、成员单位和京能财务之间、京能财务与结算合作银行之间信息流、资金流的全过程查询、提交、审核、控制、反馈，实现了结算业务的集中、结算数据的集中、审批流的集中和结算单据的集中，具有结算资金流转一体化、客户操作便捷化、流程管理立体化的特点。结算系统操作平台由三部分组成：财企系统，即京能财务的网上银行系统（简称“京能网银”），网银客户端将结算业务延伸到集团成员单位的电脑桌面；柜面系统，即京能财务结算业务系统，京能财务通过该系统为成员单位办理存款结算的业务系统；银财系统，即京能财务与各银行的银企直联系统（目前已经实现与工行、农行、建行的专线直联），是京能财务衔接结算合作银行的通道，以专线链接银行计算机系统。三大系统打通了“客户 - 京能财务 - 银行”的资金结算链条，为成员单位提供了便捷高效的结算平台，实现集团对系统内企业资金的交易额、余额及交易量进行实时监控（见图5）。

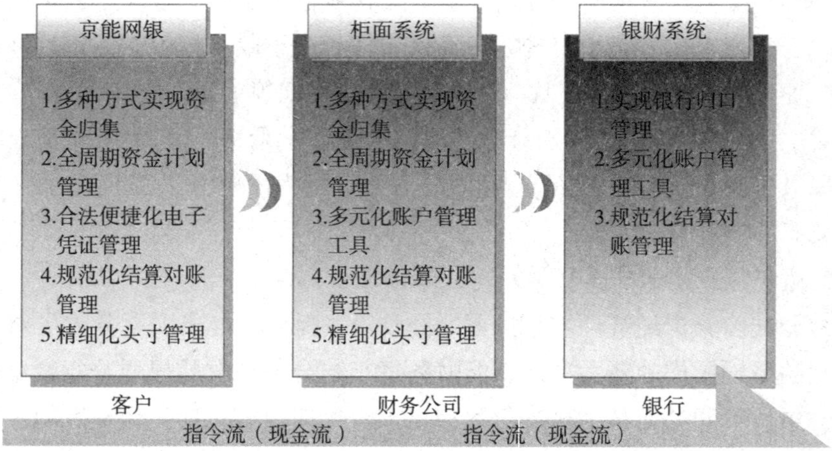

图5 结算系统操作平台示意图

京能财务通过信息化手段收集成员单位的资金计划，将核心业务系统与集团财务系统SAP对接，搭建了财务、计划和支付三大接口，实现了核心业务系统接收成员单位月度计划和SAP付款指令的功能。京能财务通过收集成员单位的资金计划，预测未来的现金流情况，全力保证集团资金安全，同时合理备付资金，提供更多资金用于业务开展，提高整体资金使用效率。

2. 开发贷款的风险监测和控制系统

为保证公司稳健运营，降低信用风险，满足利率市场化要求，京能财务开发了贷款的风险监测和控制系统，根据贷款客户的信用评级，合理确定贷款价格，服务集团客户，提高资金使用效率（见表2）。

表2　贷款风险监测和控制系统菜单列表

模块	功能点	
	一级菜单	二级菜单
领导查询	贷款报表	贷款期限结构统计表
		自营贷款统计表
		委托贷款统计表
		自营贷款变动表
		委托贷款变动表
		贷款情况明细表
		委托贷款明细表
		客户信用等级表
风险管理	风险监测指标	基础数据维护
		预警区间调整
		风险监测指标
	风险限额控制	贷审会决策录入
		贷审会决策审核
	资产风险分类	初分
		复审
		审定

通过信用评级模块设置评级标准方案，系统自动构建集团成员单位信用评价体系；在贷款管理模块设置贷款利率、到期业务提醒、贷款类型分类和授信管理，实现了自营贷款、委托贷款、贴现贷款以及特殊业务的全流程管理，满足了集团资金再分配的需求，有力支持集团主业发展，提高了集团资金使用效率。

三、大型企业集团财务公司适应利率市场化的融资服务管理效果

京能财务通过融资服务管理，实现了京能集团产融结合的融资战略，降低财务费用，促进资金的优化配置，提高资金的使用效率，实现了"去杠杆、降风险"的管理目标，集团资产负债率始终保持在65%左右，大幅低于

五大电力80%左右的资产负债率水平。经过几年的努力，京能财务为成员单位提供金融服务能力显著增强，各项业务显著增长，提升了集团整体财务管理水平。

（一）促进了京能集团产融结合

通过有效的融资服务，京能集团资金协同作用显著增强。几年来，京能财务累计实现贷款利息收入311,601.28万元，降低集团整体融资成本223,626.70万元（见表3）。

表3　2007年–2016年降低集团融资成本情况

时间	贷款利息收入（万元）	节约融资成本（万元）
2007年	18,470.68	13,091.10
2008年	29,979.30	21,247.83
2009年	19,240.76	13,636.89
2010年	20,413.14	14,467.81
2011年	27,006.70	19,141.00
2012年	28,191.91	19,981.02
2013年	32,109.53	22,757.63
2014年	42,182.69	29,896.98
2015年	44,812.66	31,760.97
2016年	49,193.91	37,645.47
合计	311,601.28	223,626.70

京能集团先后吸收合并北京热力、京煤集团以来，按照集团融合发展的战略，京能财务认真落实集团资金归集要求，主动出击，克服重重困难，千方百计在集团融合过程中建功立业。在京能集团与北京热力合并的第一年，京能财务实现归集北京热力本部及分公司资金141,481万元，可归集资金归集率达81%，促成两个资金池的实质性融合，再创北京市属企业合并即资金归集的历史第一。2016年，京煤资金归集作为集团资金融合的关键，京能财务通过行政性手段和市场化手段并重的措施，实现了京煤集团所属72%的单位直接或间接参与归集，截至2016年末，财务公司归集京煤资金27亿元，全部资金归集率达到55%，超额完成了任务目标。

（二）为成员单位提供金融服务能力显著增强

京能财务积极支持北京热力和京煤集团的重点项目建设，截至2016年底，京能财务为北京热力提供贷款 3 亿元，为京煤集团发放贷款 10.7 亿元，充分发挥了财务公司的资金融通功能。京能财务参与分销 4 亿元昊华能源公司债（京煤集团下属企业），占其债券发行规模的 26.67%，此举一方面可以支持成员单位通过债券市场直接融资，另一方面由于京能财务参与债券发行的竞标，有效地降低了债券的发行利率，降低了企业的融资成本。京能财务作为企业集团内部金融机构，努力为集团提供产业链金融服务，2016 年，京能财务为集团成员单位提供了 500 万元应收账款保理融资，并签订了 2 亿元的联合贷款合同，这两项创新业务，在降低融资成本的同时，有效提升了成员单位资金和运营管理的效率，将成员单位产业链上下游企业紧密联系在一起，打通了上下游企业的融资瓶颈和障碍。

（三）京能财务各项业务规模显著增长

京能财务经过持续不断地进行资金的集约化管控，已经形成了京能集团内源融资的重要渠道，资产综合收益率逐年提升。截至 2016 年底，在京能财务公司开户的成员单位共计 184 户，公司日均吸收存款金额为 136.82 亿元，与上年同期日均存款 122.97 亿元相比，增长 13.85 亿元，增长幅度为 11.26%，实现了连续五年持续增长。京能财务积极支持集团在建项目融资需求，在信贷业务方面谋求增量，2016 年日均贷款规模 113.89 亿元，较 2015 年增长了 34.1%。信贷业务增幅是吸收存款增幅的 3.02 倍，2016 年京能财务自营贷款日均规模较 2015 年增长了 34.1%，抵消了贷款平均利率同比下降 20.75% 的不利冲击，全年实现贷款利息收入 49,194 万元，较 2015 年 44,813 万元增加了 4,381 万元，增幅为 9.78%。

（四）锻炼了财务人员，提升了集团各单位财务管理水平

京能财务在融资服务管理过程中，充分发挥金融平台优势，提倡“选人、用人、育人、举人、留人”的人才兴企战略，把人才队伍建设摆到优先发展的战略地位。对内，通过内学外训、轮岗、考核激励等措施培养复合型人才，激励员工努力工作，打造一流团队。截至目前，全公司硕士以上的人数占比达到 62%，拥有中高级职称的占比达到 69%，成为了集团高级财务人员的培养基地；对外，通过举办“财务人员培训”“高端论坛”“银企财沟通推介会”等系列活动，提高了集团各单位财务管理水平，从不同层面巩固了与成员单位的合作关系，推动了京能品牌的打造，提升了企业价值。

作者简介：

张伟，男，1968年出生，中央财经大学财务与信用专业，京能集团财务有限公司总经理。

刘颖，女，1974年出生，高级会计师，现任京能集团财务有限公司副总经理。

杨建，男，北方交通大学（现更名为北京交通大学）经济系硕士，高级经济师，现任京能集团财务有限公司总经理助理兼工会主席。

王申，女，1972年出生，会计学专业，高级会计师，现任京能集团财务有限公司资金计划部经理。

熊涛，男，1982年生，高级会计师，主要研究方向企业资金管理、成本管理。

张捷，女，1988年出生，天津工业大学会计学研究生，现任京能集团财务有限公司资金主管。

王雪莹，女，1989年出生，对外经济贸易大学会计硕士研究生，现任京能集团财务有限公司资金主管。

大型能源集团财务公司“五维一体”融资服务体系的构建与实施

京能财务课题组

摘　要：财务公司作为集团内部金融服务平台，将“立足集团，服务集团”作为首要目标，充分发挥财务公司的职能和作用，创新金融服务手段，拓展金融服务领域，提高金融服务水平，不断壮大自身金融实力，并将其转化为集团的发展动力，在促进集团发展的同时，实现财务公司的自身目标。文章将围绕大型能源集团财务公司“五维一体”融资服务体系的构建与实施的背景，内涵与特点及实施效果来阐述。

关键词：“五维一体”融资服务体系，财务公司

京能集团财务有限公司（以下简称“京能财务”）是非银行金融机构，成立于2006年，经中国银监会批准，主要经营存贷款和资金结算业务，服务于北京能源投资（集团）有限公司（以下简称“京能集团”）。截至2015年底，京能财务总资产167亿元，净资产36亿元，表外受托资产129亿元。

京能集团成立于2004年，十一年来历经三次重组，截至2015年底，京能集团拥有控股企业269家，参股企业125家；总资产2344亿元，净资产928亿元。京能集团投资地域遍布北京、内蒙古、山西、辽宁、新疆、云南等20个省、自治区，涉及电力、煤炭、煤化工、供热、房地产多个领域，实现了快速跨越式发展并具备了全国性公司的基础。

京能财务是京能集团快速发展过程中，为实现实体产业和金融产业紧密结合而设立的，是北京市国资委系统第一家财务公司，也是中国投资协会地方电力委员会会员单位的第一家财务公司。京能财务秉承“以人为本，追求卓越”的核心价值观，以“依托集团、服务集团”为宗旨，致力于发挥集团资金归集、融资、金融服务、财务调控四大平台功能，努力实现“一流的金融服务、一流的风险管理、一流的经营业绩、一流的业务发展、一流的专业

团队”的发展目标。京能财务成立近十年来，多次获得人民银行、北京银监局、中国财务公司协会、京能集团评选的优秀奖项，是北京市纳税A级单位，银监会风险评级一级非银行金融机构。

一、“五维一体”融资服务体系构建背景

（一）财务公司作为集团内部金融服务平台的职责所在

财务公司作为集团内部金融服务平台，将“立足集团，服务集团”作为首要目标，充分发挥财务公司的职能和作用，创新金融服务手段，拓展金融服务领域，提高金融服务水平，不断壮大自身金融实力，并将其转化为集团的发展动力，在促进集团发展的同时，实现财务公司的自身目标。

（二）传统金融服务业务面临加速“金融脱媒”的现实问题

随着资本市场的发展，金融脱媒成为一种趋势，我国商业银行及像财务公司这样的非银行金融机构都会由此受到巨大挑战，一方面其资金来源的总量受到影响，负债结构呈现出短期化趋势；另一方面优质客户的不断分流，贷款规模被资本市场挤压，传统金融业务面临被替换和取代的风险。

（三）商业银行金融服务产品日益创新的紧迫需求

能够成立财务公司的企业集团都是资金状况相对较好，往往被视作优质客户而被各家金融机构竞相争夺的资源，其成立的财务公司只能生存在商业银行和证券公司的夹缝中，并面临外资金融机构大规模进入的压力，局限于传统业务必然没有出路。因此加强创新，开拓新业务是当前财务公司的发展方向。

（四）财务公司先天性客户资源有限的客观瓶颈

财务公司的服务范围仅限于集团内成员单位，在业务开展过程中，财务公司的资金主要来源和资金运用都以集团内成员单位为主，财务公司的经营发展与集团公司及成员单位具有很强的依附性，相对于商业银行而言财务公司的客户资源的局限性较大。

（五）金融资产结构平衡与资产质量提升的管理要求

目前财务公司仍呈现以信贷资产为主，同业资产为辅的资产分配格局。财务公司以信贷作为主要业务，符合财务公司的定位，有效发挥金融机构的功能。平衡配置金融资产的同时注重资产质量的提升，充分保证增强财务公司盈利能力及资金安全。

二、“五维一体”融资服务体系的内涵与特点

（一）内涵

财务公司在发展过程中，始终坚持立足企业集团，服务企业集团，在与外部金融机构合作的基础上，通过提供内部化的金融服务，提高企业集团资金集约化水平和内部资金运营效率，降低外部债务规模和资金成本，及时弥补外部金融机构的不足，为企业集团提供了高效和全方位的金融服务，为企业集团产业发展凝聚价值、管理价值、创造价值。

融资服务是财务公司的基本业务之一，也是财务公司服务企业集团的核心业务。财务公司开展融资服务，就是通过发挥财务公司金融纽带作用，为企业集团及成员单位及时提供资金支持，保证企业集团及成员单位生产经营的正常进行。财务公司将集团内部资金统一调配，可以提高企业集团资金使用效率，降低企业集团财务费用，同时，财务公司通过向集团及成员单位提供融资服务，可以充分发挥集团整体优势，助推企业集团战略目标的实现。

京能财务针对大型能源企业集团的特点，设计了“五维一体”融资服务体系，具体包括：授信管理、产品创新、客户服务、风险控制、信息技术五个维度，通过构建建立融资服务体系，实现了融资服务的一体化管理。

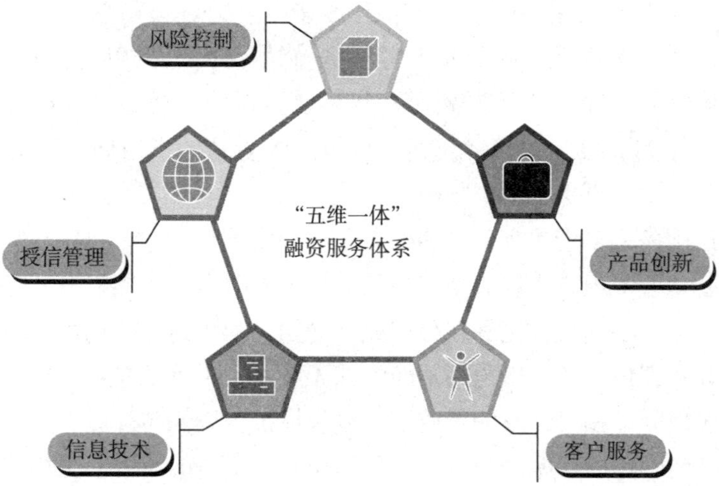

图 1　“五维一体”融资服务体系

（二）特点

1. 授信管理是融资服务的前提

授信管理是指，在融资业务开展前，对企业集团成员单位开展定量和定性分析，对企业的信用状况做出客观公正的综合评判结果并划分信用等级，再依据评价主体的信用评级，确定其授信产品价格的上浮与下浮区间，以评级结果指导授信产品价格。因此，京能财务通过建立全面、客观的融资授信管理体系，既是实现科学管理机制的重要组成部分，也是决策层衡量客户风险高低、开展融资服务的重要前提和依据。

2. 产品创新是融资服务的核心

财务公司作为集团内部融资平台，通过不断进行产品创新，满足成员单位各种金融需求，实现集团资金的有效运用，为集团主业发展服务。京能财务立足集团及成员单位实际，在监管机构批准的经营范围内，以产品创新作为融资服务的核心，为客户提供更为多元的融资服务产品，满足不同类型的客户以及客户不同阶段的融资服务需求，构建便捷的融资渠道，提高企业集团的资金使用效率，降低企业集团融资成本。

3. 风险控制是融资服务的保障

财务公司的经营活动与集团产业发展密切相关，财务公司是为企业集团及成员单位提供财务和金融服务的机构，财务公司所在集团产业的发展情况，以及集团对不同板块产业的支持程度影响着财务公司盈利能力及其风险状况。京能财务为保证公司融资服务业务持续健康发展，从公司治理、内部控制、风险文化三个方面为融资服务提供有力保障，通过设置风险识别、计量、监测、控制、报告、监督流程，构筑风险管理的三道防线，为企业集团的融资服务提供可靠保障。

4. 客户服务是融资服务的纽带

财务公司融资服务应以满足客户的需要为着眼点，京能财务的融资服务业务从无到有，从小到大。尤其在公司成立之初，由于财务公司人员较少，出现了客户业务和客户服务管理之间不匹配的矛盾，主要表现在：客户金融服务要求较高与客户服务相对粗放的矛盾；业务规模扩张较快与客服人员相对少的矛盾；业务部门管理职责明确与客户服务岗位职责不清的矛盾。为尽快解决上述矛盾，京能财务通过构建客户服务管理体系，组建服务机构，明确职责，提升客户服务质量，满足客户需求，实现财企和谐发展的目标。

5. 信息技术是融资服务的支撑

当今，金融领域的竞争无外乎产品、服务和技术三个方面的竞争，而信息技术水平的高低，又直接影响前两项的实现。信息技术作为融资服务的支撑，能直接帮助财务公司突破发展瓶颈、高度整合资源、规范工作流程、提升运营效率、控制运营成本、防范资金风险，提高财务公司资金管理能力。京能财务一直以来致力于资金管理信息系统的开发和创新，通过建立信息化平台促进融资服务开展与产品创新，保证融资服务的效率提升。

三、“五维一体”融资服务体系的主要做法

（一）结合集团所属行业，建立五级授信体系，实现授信额度统一管理

京能财务信贷客户群中 90% 为电力能源企业，针对电力能源企业特点，设计了“5+2+2”的管理体系，即：在五级信用等级框架基础下，以两种类别和两套指标体系为评价核心，以总量动态调整为手段的融资授信管理体系。将财务公司作为集团资金管理中心的特殊职能纳入评价要素，既体现了财务公司融资授信体系的通用性，也体现了内部银行的特殊性。

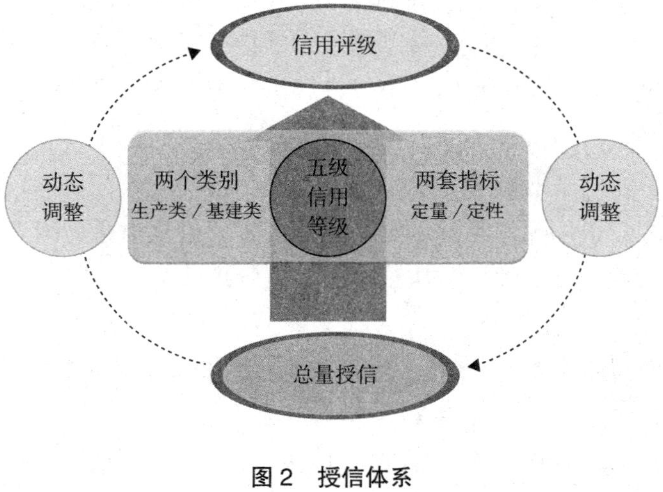

图 2　授信体系

1. 以五级信用等级为基础，建立两类企业信用等级划分标准

京能财务作为企业集团内部银行，面对电力能源行业企业集中度较高的特点，构建五级信用等级，即：AAA 级、AA 级、A 级、B 级、C 级。A 级以上信用等级企业属于授信目标群体，A 级以下则属于偿债风险较高等级，不属于授信目标群体。

电力能源企业按经营性质划分，可以划分为生产类企业和基建类企业。生产类企业是指已进入生产运营的独立核算的集团成员单位，基建类企业是

指因项目建设而设立并尚未进入生产运营阶段的独立核算的集团成员单位。依据两类企业的运营特点，分类建立五级信用等级。生产类企业主要从市场竞争力、资产流动性、管理水平等方面进行评定。基建类企业主要从集团公司支持情况、基建项目风险、项目管理水平和政府批复等方面评定。

2. 定量和定性分析相结合，建立两套信用测评指标

信用测评指标是通过评分方式体现企业信用评价指标与标准值之间的差异程度，各项信用评价指标评分总和为企业信用测评分数。各项信用评价指标满分总和为 100 分。

（1）生产类企业信用测评指标

生产类企业信用测评指标采取定量指标和定性指标相结合的方式，定量指标和定性指标各占 50 分，以确保测评结果的准确、客观。

定量指标通过财务指标分析，对客户的偿债能力、盈利能力、资金周转能力和发展能力四个方面进行测评。其中偿债能力是定量分析的重点，主要考察成员单位能否及时偿还到期债务，评估成员单位持续经营的能力和风险，有助于对企业未来收益进行预测。定性指标通过对经营管理水平、市场竞争力及发展前景、执行集团资金管理政策、与财务公司业务往来等方面的分析进行测评。

2. 基建类客户信用测评指标

基建类客户信用测评指标以定性指标为主，量化指标为辅。通过对集团控制及支持力度、项目评价、执行集团资金管理政策、与财务公司业务往来等方面的分析进行测评。

3. 以信用测评为基础，设定信用等级区间并建立调整机制

（1）设定信用等级区间

根据生产类企业和基建类企业信用测评分数（S）对信用等级进行评定，信用等级标准如下：

等级	级别	信用测评得分（S）区间
A 等	AAA 级	85 ≤ S<100
	AA 级	70 ≤ S<85
	A 级	55 ≤ S<70
B 等	B 级	40 ≤ S<55
C 等	C 级	0 ≤ S<40

（2）信用等级调整机制

根据企业在财务公司表内外信贷业务情况，设定信用等级调整条件，主

要针对企业是否有欠息、逾期等情况对信用等级进行下调和限制。

（二）以产品创新为核心，提升资金使用效率，拓宽集团融资渠道

1. 以产融结合为突破点，将产品创新向需求侧偏重

京能财务作为京能集团的金融平台，从最初的资金归集管理逐步发展到资金运用管理阶段。京能财务始终坚持“金融业务服务实体经济”这一产融结合理念，使“产业 + 财务公司”模式通过功能强大的资金管理中心，立足于集团内部金融业务，为资金充裕方和资金需求方搭建桥梁，降低了金融交易成本，有力地促进了集团实体经济的发展。

近年来，京能财务不断深入内蒙古、山西、宁夏等地，实地走访了解成员单位的融资需求，将成员单位的需求和自身业务产品相匹配，不断根据融资需求创新产品，为成员单位提供便捷高效的金融服务，支持实体经济更好的发展。

2. 以授信为基础，推出“1+N”产品创新模式

京能财务根据综合授信原理定期对成员单位的信用状况进行全面的评定，测算其授信控制总量，并依据评价主体的组织结构、外部环境及财务状况等方面的变化，及时动态调整其授信额度。京能财务在授信评级的基础上，推出了“1+N”产品创新模式。“1”即是在统一授信和评级体系下的授信总量。“N”即是京能财务各项融资产品，包括自营贷款、票据贴现、债券投资、保理和融资租赁等。京能财务根据调研和业务需求分析，了解不同类型成员单位对产品的需求程度，在成员单位授信总量控制下为其匹配相应的融资产品。

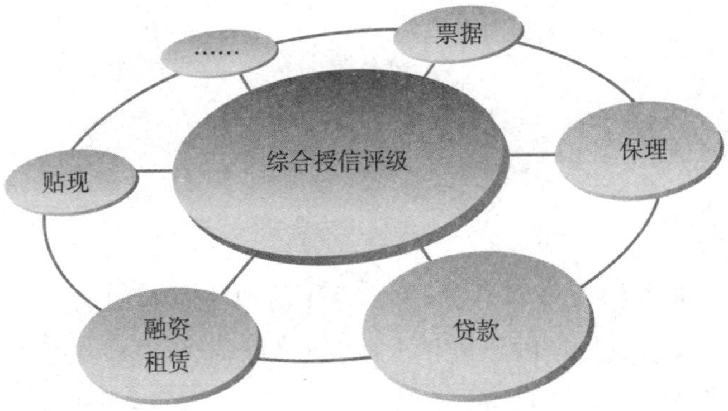

图 3　“1+N”产品创新模式

京能财务根据成员单位所在行业、发展阶段和企业类型将成员单位划分为 8 个类别。

表 1　成员单位分类

所在行业	电力	非电力
发展阶段	基建期	生产期
企业类型	大型	中小微型

例如，根据调研了解大型基建期电力企业建设周期较长，项目融资需求较大，京能财务为此类型成员单位设计了票据承兑和银团贷款组合来满足企业的金融服务需求。票据承兑业务保证成员单位的日常付款需求，将成员单位的付款期向后延长，减缓成员单位的现金流压力。京能财务作为银团贷款的牵头行，联合多家商业银行组成银团，向成员单位发放贷款。在组团过程中，京能财务可以充分发挥金融机构的优势，协调各家商业银行份额，帮助成员单位争取最优惠贷款条件。同时，京能财务与成员单位有着天然的紧密关系，对成员单位的经营管理情况较为了解，可有效降低银团贷款的信息不对称风险和违约风险。

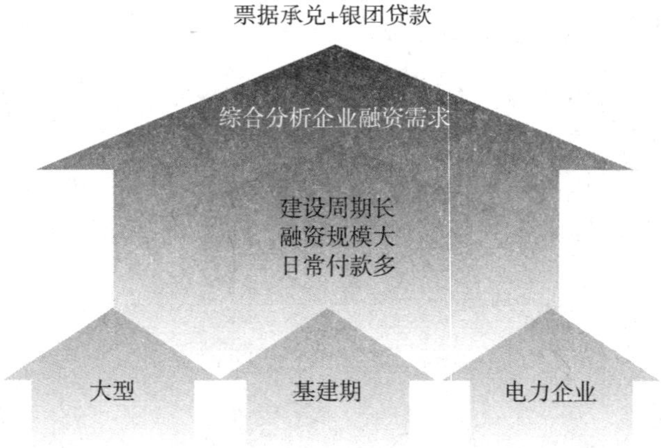

图 4　大型基建期电力企业融资产品

小型生产期电力企业存在政府电费补贴到账不及时、燃料费用开支较大的情况，收入与支出期限错配情况明显。同时企业还需要支付其他集团内部公司的设备维护保养费用等，现金支付压力较大。通过分析企业的财务状况，京能财务为成员单位设计了票据承兑、买方付息贴现和流动资金贷款的融资组合。买方付息票据贴现是成员单位在向集团内部企业付款时先以票据的形式支付，然后收款企业向京能财务申请贴现，贴现利息由出票方承担。

京能财务的贴现率低于同期贷款利率和商业银行贴现率，可以为成员单位降低财务费用。流动资金贷款可以满足成员单位短期资金需求，保证生产经营活动正常进行。

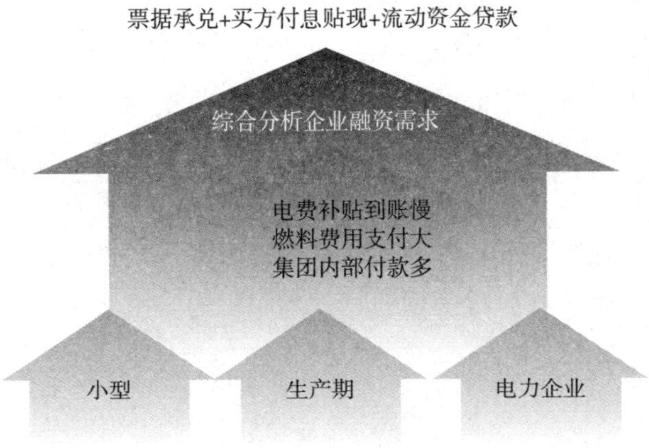

图 5　小型生产期电力企业融资产品

3. 加强中间业务创新，降低成员单位服务费用

京能财务面对中间业务规模逐年增长，成员单位需求不断增加的情况，通过对成员单位的走访调研，发现成员单位对中间业务的时效性要求较高，同时希望降低中间业务费用。京能财务根据调研结果，修改多项公司制度，减少了中间业务的审批环节，简化了申办手续和材料，优化业务流程，基本做到了委托贷款业务和票据承兑业务一周内办理。

京能财务还针对成员单位提出的希望降低中间业务收费进行了研究，作为京能集团的金融平台，京能财务应发挥"依托集团，服务集团"的宗旨，为成员单位提供便利的融资服务。因此，京能财务将委托贷款业务手续费降低了三分之一，对于票据承兑业务仅象征性收取万分之一的手续费。同时，京能财务通过不断努力申请获得了保险兼业代理资格，可以协助集团整合商业保险业务资源，提高成员单位的风险防范意识，促进集团保险与风险管理的规范化和专业化，提升集团风险转移管理能力，进一步发挥规模优势，降低成员单位投保成本，实现集团利益最大化，进一步丰富京能财务综合金融服务平台内涵。

（三）以保障资产质量为目标，建立全面的风险内控机制

融资服务是京能财务服务于企业集团的核心业务，将保障京能财务的

资产质量，促进融资服务的健康发展。建立全面风险内控机制在京能财务开展融资服务风险控制方面发挥着重要作用。通过搭建组织构架、建立内控制度、优化业务流程，加强客户贷后管理等手段，可有效防范信用风险、流动性风险、市场风险、法律风险以及操作风险等。

1. 搭建科学的融资服务风险决策机制

贷款审查委员会是京能财务融资服务风险决策的最高管理决策机构，负责审批客户信用等级；审批客户授信总量以及调整建议。总经理办公会是融资服务风险管理的日常管理机构，负责审议客户信用等级；审议客户授信总量及调整建议。业务发展部、结算部是融资服务日常管理的具体执行部门。风险管理部是融资服务风险管理的日常专职机构，稽核部对融资服务管理进行内部监督与评价。

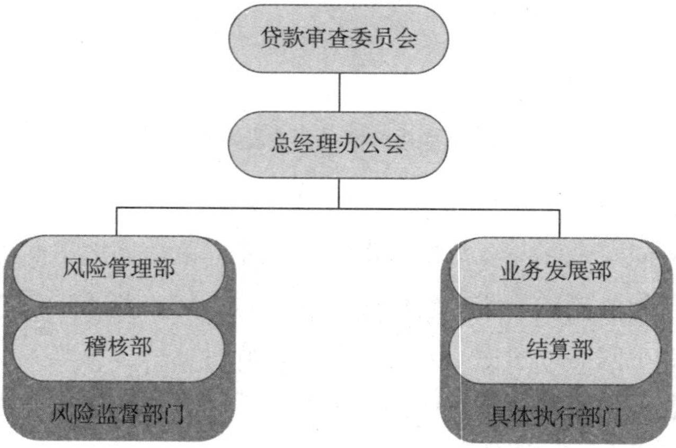

图 6　风险决策机制

2. 建立全面的融资服务管理制度

为规范融资服务行为，加强融资服务业务日常管理，防范信贷风险，京能财务制定了《客户信用评级和统一授信管理办法》《贷款管理办法》《银团贷款管理规定》《票据承兑、贴现管理办法》《资产风险分类管理办法》等管理标准，管理标准对业务的管理范围、职责分工、管理活动的内容与方法、风险控制等方面进行了明确及约束。且为进一步提升融资服务水平，京能财务特制定了《京能集团财务有限公司客户服务管理办法》《京能集团财务有限公司客户经理服务规定》和《京能集团财务有限公司客户投诉管理办法》。

与此同时，京能财务制定了《授权管理手册》《内部控制管理手册》以及

《内部控制自我评价手册》等内控管理手册。其中涉及了融资服务业务的管理控制活动，进一步加强了融资服务的全面风险管理水平。

3. 优化融资服务业务流程

根据融资服务管理标准，京能财务梳理了融资服务各项业务的管理流程，并借助专业咨询机构，细化操作流程，梳理风险点，建立健全了融资服务管理流程图及管理矩阵，为融资服务管理规范化发展奠定基础。随着内控管理机制的不断深化，京能财务将根据实际管理、操作情况，进一步推动融资服务管理体系的规范化建设。

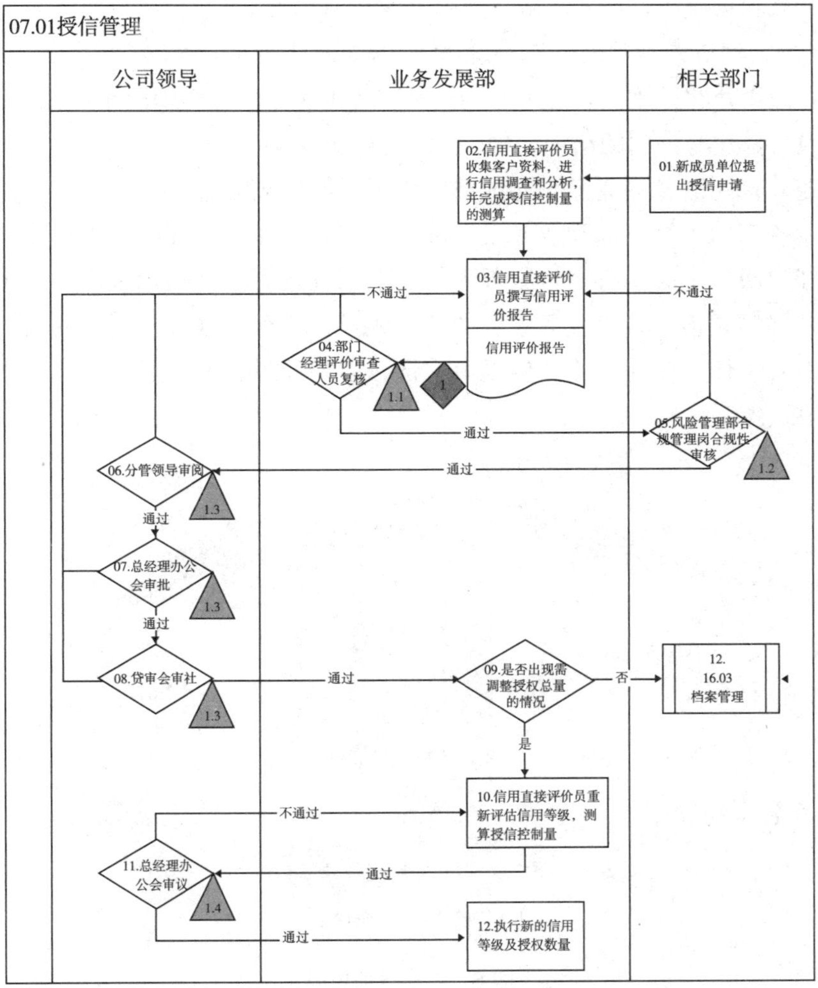

图 7　业务管理流程图

4. 加强客户贷后检查

京能财务根据信贷客户实际情况，采取灵活的贷后检查、信贷质量监控措施，以非现场检查为主，现场检查为辅。非现场检查是每季度京能财务开展信贷客户贷后资产风险分类（即五级分类）来评估资产质量：通过信用情况评估、财务指标分析、影响还款因素、还款记录、担保情况等维度进行评价。根据上述评价指标，采用以风险程度判别为基础的分类方法，按照风险从低到高的顺序，把资产分为正常、关注、次级、可疑和损失五类（统称“五级分类”），其中后三类合称为不良资产。现场检查是京能财务不定期针对客户开展现场调研，深入了解企业财务及运营情况。

（四）打造专业团队，实现客户服务专业化和品牌化

1. 以搭建客户服务管理平台为核心，实现客户服务管理的系统化建设

（1）搭建跨部门的组织架构——客户服务中心

随着京能财务的业务日趋成熟，为了更好地满足客户需求，京能财务以前台业务部门（结算部和业务发展部）为基础，在实体部门与管理层之间建立了客户服务中心，将客户服务工作走上系统化管理之路。京能财务主管业务的高层领导担任客户服务中心的主管领导，前台主管客户服务的部门经理担任中心主任，在前台业务岗人员中选拔客户经理，形成职责清晰、分工明确的组织体系。

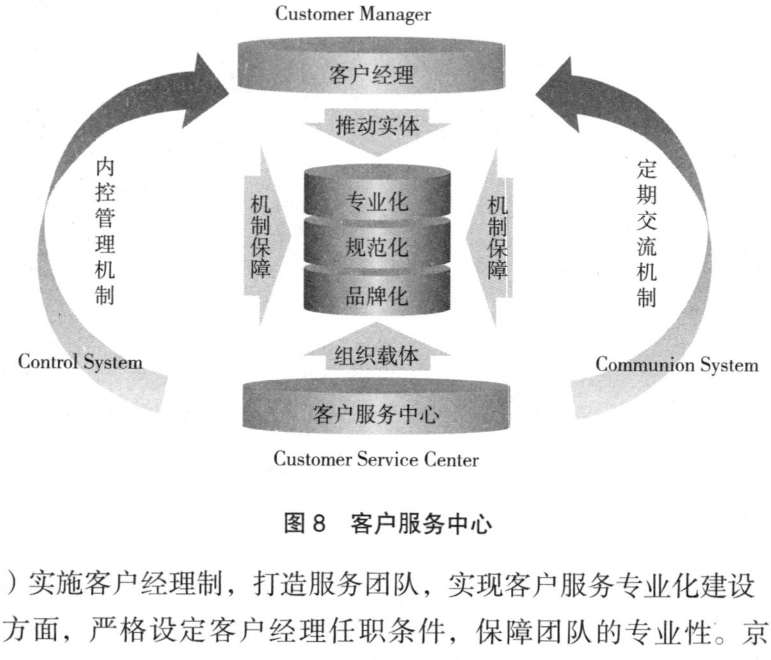

图 8　客户服务中心

（2）实施客户经理制，打造服务团队，实现客户服务专业化建设

一方面，严格设定客户经理任职条件，保障团队的专业性。京能财务

客户服务中心从前台部门即结算部和业务发展部员工中产生，合格的客户经理必须具备良好的社会交际和组织协调能力，具有时间管理和团队精神的现代管理意识，性格上要热情开朗，负有责任感，并且要熟悉各种金融产品的功能和具有较强的市场研究和客户开发的管理经验。另一方面，建立考核机制，提升服务水平。客户经理的考核作为京能财务的单项考核纳入公司考核管理。每年十二月份，客户服务中心开展客户经理考核工作，客户经理考核结果经主管领导审核后提交京能财务考核领导小组进行最终评定。客户服务考核依据包括：客户满意度调查结果；客户经理工作手册中客户经理职责的完成情况和述职情况；其他客户服务中心认为有必要的考核内容。客户经理考核方式采取打分制，具体情况如下表：

表 2　客户经理考核打分比例

序号	考核项目	占比	具体说明
1	客户满意度调查	30%	通过客户打分评价客户经理工作。
2	年度工作述职	30%	客户经理填报年度工作总结并进行述职，由客户服务中心主管领导和主任根据客户经理日常信息记录和汇报情况进行打分。
3	能力素质测评	40%	通过客户经理相互进行能力素质测评打分。

2. 以定期沟通机制为基础，搭建沟通平台，推动客户服务品牌化建设

（1）搭建多渠道的沟通平台，提升品牌知名度

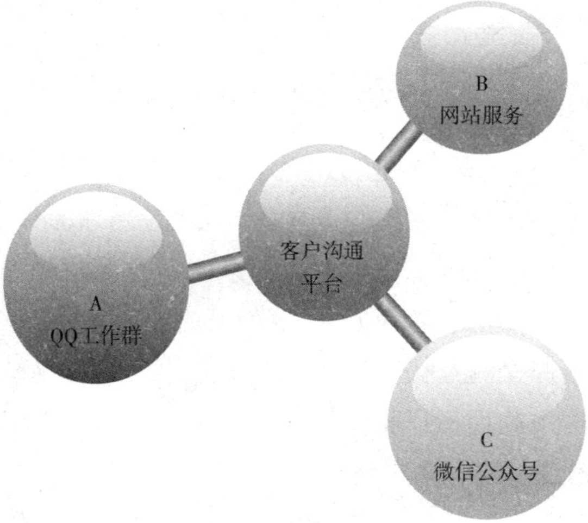

图 9　客户沟通平台示意图

为搭建集团公司与成员单位、京能财务与客户之间的沟通桥梁，进一步

体现优质服务的价值理念，京能财务客户服务中心推出了一系列的客户服务平台化产品。

第一、QQ 工作群。为提高客户满意度，及时帮助客户解决疑难问题，京能财务依托 QQ 终端为载体，建立了京能财务 QQ 工作群，群内成员包括客户经理、成员单位经办人员，以及京能财务资金系统运维人员，目前 QQ 群有 230 多人。通过“京能网银”QQ 工作群，客户经理在线实时解答各成员单位在办理存、贷款业务及使用财务公司网银过程中遇到的各种问题，尤其是可以通过 QQ 终端的远程功能，可以帮助客户进行业务办理的工作流程演示及软件更新。这大大提高了客户服务的亲和力和执行力。

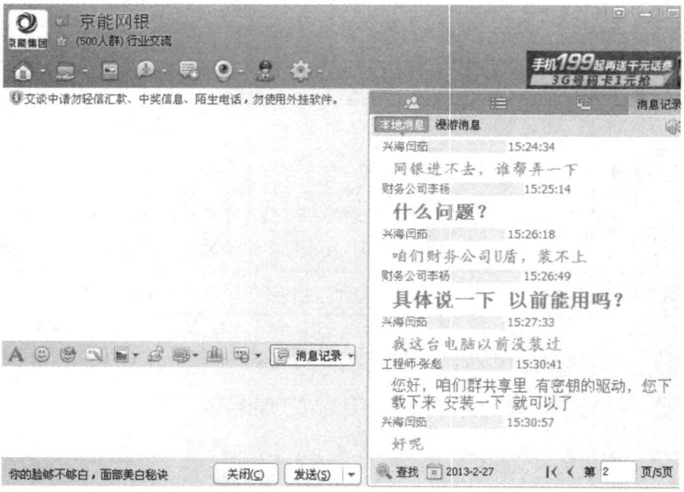

图 10 客户网银 QQ 平台示意图

第二、网站服务平台。为扩展与客户之间的信息沟通渠道，客户服务中心创建了客户论坛，它是客户服务中心与客户实时联系的沟通平台，以便于京能财务与客户之间顺畅的信息交流。京能财务网站服务平台是在京能财务公司网站中单独设立的“客户服务”模块，该模块下设信息发布、客户交流、政策解读、内部交流及畅所欲言 5 个子板块。每年在客户服务中心年度工作方案中安排客户经理担任相应子版块的版主，每月进行更新和维护，负责发布政策产品信息、解答客户疑问等工作。

第三、微信公众号。京能财务为增强客服服务工作的传播力，在新媒体时代推动客户服务工作再上新台阶，2014 年 5 月，京能财务微信平台正式开通。京能财务微信坚持每周一期，每期 3 篇文章，迄今已经发布 80 余期，发表文章240余篇，累计达25万字。为财务公司客户服务工作搭建了崭新的平台，为广大订阅者，尤其是集团成员单位财务管理人员提供了财经政策解读、管理经验分享和感悟生活等种类丰富的文章，加强了财务公司与集团成员单位财务人员的交流互动，体现了财务公司的服务能力和水平。

图11　微信公众号

（2）组织客户活动，提升品牌影响力

图12　部分高端论坛现场照片

第一、高端论坛。为能准确分析经济环境，把握财经政策，京能财务每年组织客户高端论坛，邀请集团成员单位的高级财务管理人员参加，共同分析探讨企业价值管理、资本运作、财务管理、风险管理等要点和关键内涵。

第二、联合调研。为保障与客户的信息交流与沟通，京能财务每年以“财企合作·共同发展”为主题举行联合调研活动。联合调研既有组织成员单位总会计、财务经理提供跨业务板块的调研，为财务公司与客户间提供面对面交流和沟通的机会，也有组织集团成员单位高级管理人员与财务公司组团去其他财务公司进行走访调研，2015 年京能财务先后组织部分成员单位高级管理人员前往海尔财务公司、青岛啤酒财务公司、中广核财务公司、深圳能源财务公司等多家财务公司。

第三、客户培训。京能财务结合公司发展规划及年度目标，对成员单位不同的人员结构进行客户培训。培训内容包括：融资筹划、财税管理、网银系统操作、结算解决方案以及信贷、结算业务操作程序注意事项等方面。2015 年京能财务累计举办五期客户培训班，培训人数超过百余人。

（五）加强信息化建设，推动业务信息技术不断完善升级

1. 成立信息科技委员会，推动信息化建设，从组织创新推动资金管理技术创新，促进融资服务开展。

京能财务成立信息科技委员会，统筹决策信息化建设和管理，搭建完整的“客户－财务公司－银行”的资金归集管理通道。

信息科技委员会是京能财务以技术创新推动资金管理的组织表现，从成立之初就确立了规范化、专业化、流程化、制度化运作原则。

一是规范化。信息科技委员会规范了其组织架构，明确了其作为总经理办公会的辅助决策机构职能。

二是专业化。信息科技委员会负责信息化系统的建设和应用、信息科技的整体规划、信息安全和运维管理。信息科技委员会引入专家顾问团作为专业协助机构，专家顾问团由集团信息化领导、财协、财务公司同业、银行同业、中介监理的信息化专业人士组成，负责对公司的信息化规划和方案提出专业化建议。

三是流程化。信息科技管理委员会制定了信息化决策流程和会议程序。

四是制度化。信息科技管理委员会建立了信息建设制度体系，包括《信息化管理办法》《信息科技管理委员会工作细则》等 32 项信息化技术标准和 15 项信息化管理标准。

2. 搭建资金管理信息系统，为融资服务的开展提供支撑。

在信息科技委员会的领导下，京能财务搭建了具有自主知识产权的资金业务管理平台，即资金管理信息系统，实现了网络化资金管理手段。资金管理信息系统集成各个主营业务功能，扩展供应链融资的业务产品接口，实现与网上银行系统的无缝对接与集成，使得各个成员单位之间、成员单位和京能财务之间、京能财务与合作银行之间在主营业务处理、远程提交业务申请和与其他系统进行信息传递和交互等方面更加便捷，实现了融资服务的主营业务全程线上操作。

（1）资金管理信息系统功能模块

核心业务系统的应用程序可以大致划分为核心业务功能、网银功能和系统接口。核心业务功能主要是财务公司业务人员用来处理操作主营业务；网银功能主要是成员单位用来提交业务申请及其他相关业务操作；系统接口主要用于核心业务系统与其他系统之间信息传递和交互。

表 3　应用程序主要功能划分

功能划分	核心业务功能	网银功能	系统接口
用户范围	财务公司业务人员	成员单位业务人员	无
主要作用	主营业务处理	远程提交业务申请	与其他系统进行信息传递和交互
主要内容	存款与结算业务、贷款业务、票据业务等	存款与结算业务、贷款业务、票据业务等	与央行、商业银行等外部机构的接口；与内部财务管理等系统的接口

（2）在信贷业务系统模块基础上，开发授信管理系统

在授信管理系统中，确立“刚性”控制原则，即企业的各项表内外信贷业务全部本外币余额不能超过该企业的授信总量，一旦达到授信总量，在系统中将不能提交新的信贷业务。

在授信管理系统中，按照表内外信贷业务类型对企业授信总量进行配置，并依照“刚性”控制原则实行分类动态管理。

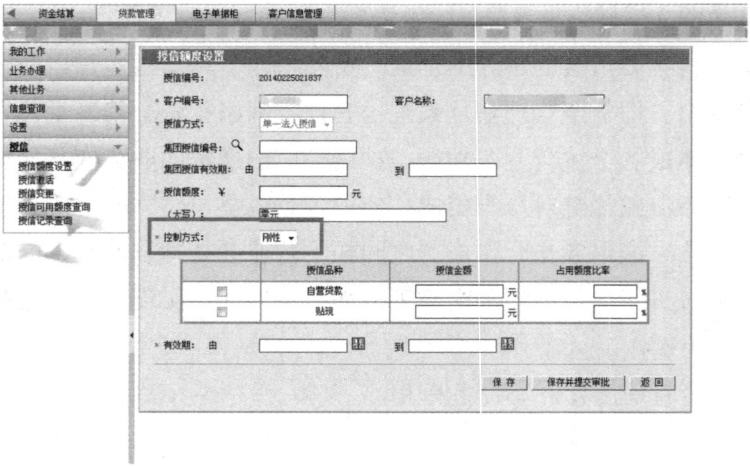

图 14　授信管理刚性控制示意图（1）

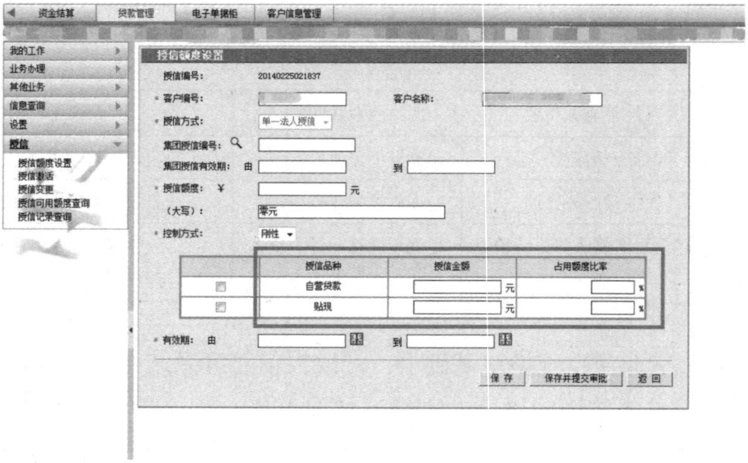

图 15　授信管理刚性控制示意图（2）

3. 资金管理信息系统的持续优化

京能财务为向集团成员单位提供更完善的服务，提高业务办理效率，简化流程，加强信息数据统计分析能力，对核心资金管理信息系统不断进行优化升级并着手移动金融的信息化建设。

（1）提高系统自动化、批处理能力。

随着集团成员单位逐渐增加，京能财务业务量逐渐加大，通过增加自动加盖电子章至利息通知书、贷款到期通知书及各类单据的功能，假设条件触发型的主动通知功能，向成员单位开放对账单、利息明细等的查询权限，从而提高业务办理效率，减少财务公司经办人员代理操作的工时。

（2）提升大数据分析处理能力。

提高业务信息数据统计分析能力，对及时掌握经营现状，为经营策略调整提供数据分析基础，加强业务风险预警起到必要的辅助作用。如增加任意期间内计算权责发生制利息的功能，并可以贷款的期限类别（短期、中期、长期）、贷款用途等多维度分类统计，结合期间内日均贷款余额，计算收益水平及走势，为经营策略制定提供数据基础。

（3）强化业务风险预警机制。

在经办源头设置阈值、账户等限制，降低操作风险。以月度贷款到期通知书为例，系统对短期及中长期贷款需分别在到期前十日和三十日批量生成全部到期未结清贷款的通知书，通过网银系统弹窗、短信或微信的方式自动提示借款单位及财务公司经办人员。

（4）启动移动金融建设，实现云服务

京能财务通过建设云端，开发移动客户端，打破业务处理设备部署的局限性，提高业务处理的实时性、及时性。如业务审批电子化，实现凭证电子化并上传至云端，审批人可在移动设备上处置业务指令。

4. 搭建电票系统，拓展金融链融资服务。

由于电子商业汇票结算方式的便捷性，以及人民银行在电票结算上出台的一系列便捷政策，京能财务于 2013 年 7 月开通招行网银电票模块，通过招行企业网银电票系统代理接入人民银行电子商业汇票系统（简称 ECDS，Electronic Commercial Draft System），自此正式开启电票信息化建设进程。电票业务办理以代理接入方式为主，资金系统为辅，并配合手工台账，初步实现了承兑、到期兑付等基础票据操作的信息化。京能财务开展电票业务以来，高度重视电子票据业务的发展，向集团成员单位大力推广使用电子票据进行结算支付，先后举办过多次面向集团成员单位的电票业务推介会，激发并带动了各单位办理电票的热情和需求，使电票业务得到了飞速的发展，但同时也带来了业务量的猛增。

5. 企业征信系统的升级，促进融资服务健康发展。

京能财务于 2015 年初开始对现有企业征信系统进行了全面升级的工作，升级后的企业征信非接口系统，严格按照中国人民银行数据接口规范的要求填报。首先，根据金电公司征信数据综合报送系统提供的标准数据接口，将综合业务系统或者信贷管理系统中的数据抽取转换为标准接口数据的过程。其次，将标准接口数据采集到征信数据综合报送系统数据库的过程，该过程能够保证数据高效、准确地抽取和集成。再次，数据加工是征信数据综合报送系统的核心，完成征信数据生成、内部预校验、人民银行报送数据生成、报送文件生成、人行预校验、反馈信息处理等关键部分。最后，完成人民银行文件的报送，可以采用人工或者定时自动报送等模式，同时人民银行的反馈信息以文件形式发回。

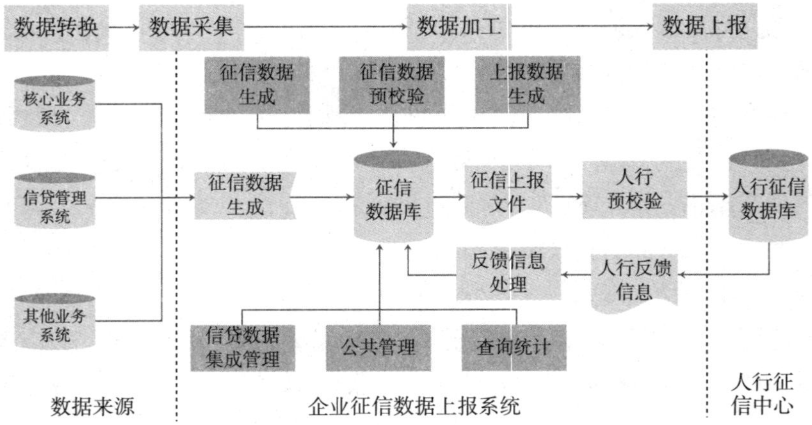

图 16　企业征信数据上报系统

四、“五维一体”融资服务体系的成果

（一）融资服务水平全面提升，各项业务规模快速增长

1. 成员单位授信数量和授信总量增长明显

随着集团规模的扩大，各业务板块的快速发展，在京能财务取得授信的成员单位数量增长明显，授信总量也有大幅提高。2015 年共有 76 家成员单位获得授信，授信总量为 580.58 亿元，分别同比增长 38.18% 和 48.75%。

2. 融资服务获得成员单位认可，融资产品规模增长迅速

随着成员单位对京能财务融资服务的认可，各项融资产品规模增长迅速。其中票据承兑产品在 2015 年呈现爆发式增长，承兑票据数量和总量都有大幅度提高。

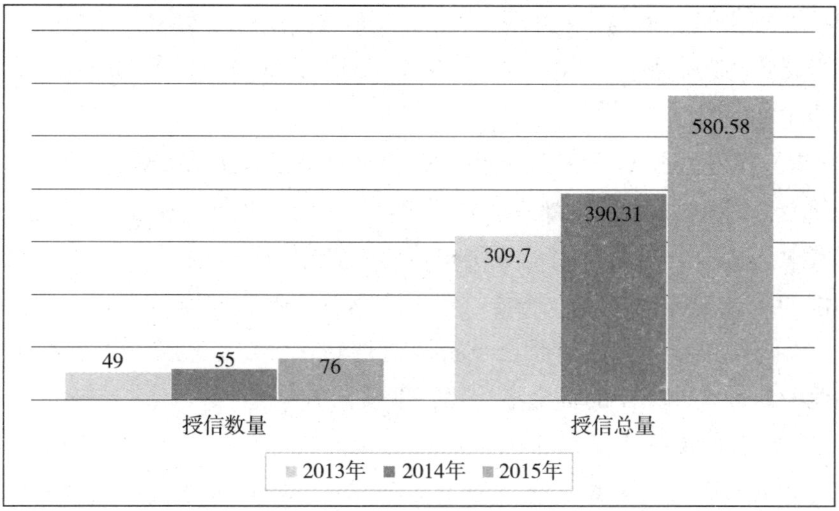

图 17　授信数量和授信总量（单位：个、亿元）

表 4　承兑票据数量和规模

	2013 年	2014 年	2015 年
承兑票据数量（张）	8.00	12.00	446.00
累计票据承兑规模（万元）	11,034.61	15,939.47	52,049.64

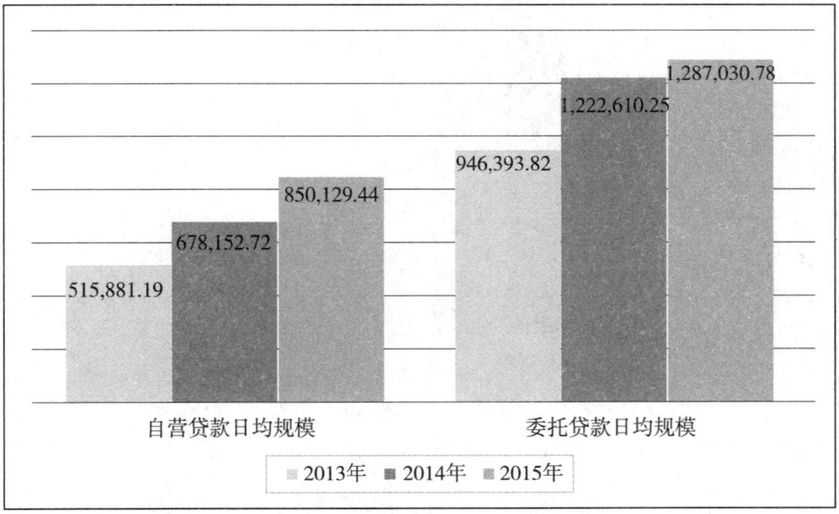

图 18　融资产品日均规模（单位：万元）

3. 优化融资服务流程，节约成员单位财务费用

京能财务坚持以服务成员单位为己任，不断优化融资服务流程，简化各

项产品办理手续，提高审批和放款速度，降低各项业务费率，为成员单位提供便捷周到的融资服务。2013 年至 2015 年累计为成员单位节约委托贷款手续费 1728.02 万元。

（二）融资服务水平显著提升，成员单位满意度不断提高

随着京能财务的“五维一体”融资服务体系的推广和发展，融资服务水平有显著提升，越来越多的成员单位将京能财务作为融资业务的首选，成员单位的满意度不断提高，连续三年客户满意度调查“非常满意”比例超过 95%。京能财务资金归集管理已从行政管理转化为服务性管理，在服务提升的过程中促进京能集团的资金集约化管理提升。

（三）经济效益明显，实现集团利益最大化

京能财务通过“五维一体”融资服务体系不断扩大融资产品规模，为成员单位提供了可靠的资金来源和优质的融资服务，有效节省了集团的融资成本。同时京能财务的利息收入逐年增长，实现了集团利益最大化。

京能财务作为集团重要的金融平台，坚持以服务集团实体经济为宗旨，充分发挥金融专业人才优势，发掘金融牌照功能，创新融资服务产品，促进集团实体产业与金融资本协调发展，互利共赢。

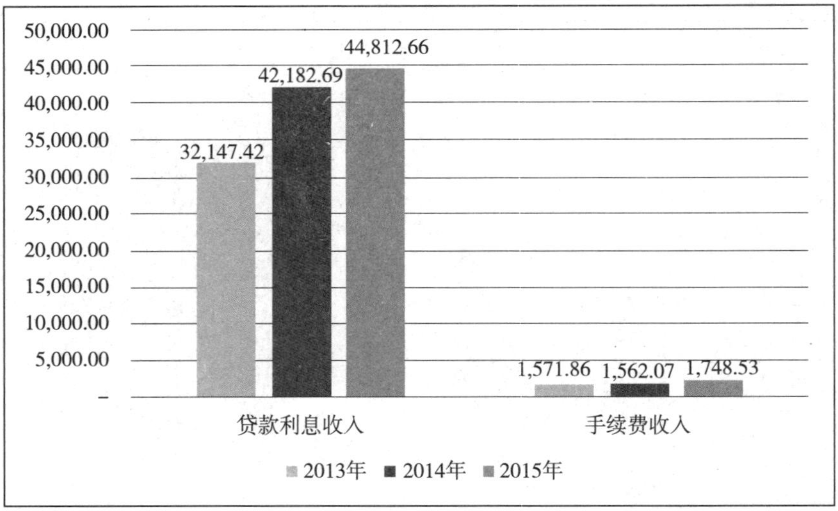

图 19　利息及手续费收入

作者简介：

于波，男，1977 年出生，毕业于北京交通大学本科专业，现任京能集团财务有限公

司业务发展部经理。

韩羽，女，1981年出生，北京理工大学市场营销专业毕业，对外经贸大学金融学专业硕士，现任京能集团财务有限公司投资部经理。

熊涛，男，1982年生，高级会计师，主要研究方向企业资金管理、成本管理。

张原野，男，1987年出生，经济学学士，中级经济师，现任京能集团财务有限公司业务发展部经理助理。

高华彬，男，1987年出生，毕业于悉尼大学，现任京能集团财务有限公司投资部主管。

那哲宁，女，1988年出生，哈尔滨商业大学金融学本科，中级经济师，现任京能集团财务有限公司党群部经理助理。

杨书林，男，1987年出生，金融学硕士，现任京能集团财务有限公司业务发展部业务主管。

大型企业集团财务公司
信用导向型产业链金融服务创新与实践

京能财务课题组

摘　要：财务公司作为企业集团内部金融机构，拥有一定的专业优势和信息优势，但是由于国家宏观政策和自身因素的所限，也面临一定困难。随着我国金融市场体系的不断完善及实体经济产业链趋势的加强，产业链金融逐渐成为各类金融机构所重视的创新金融领域，信用导向型产业链融资服务模式变得越发重要。

关键词：产业链金融服务，信用导向

京能集团财务有限公司（以下简称“京能财务”）是非银行金融机构，成立于2006年，经中国银监会批准，主要经营存贷款和资金结算业务，服务于北京能源投资（集团）有限公司（以下简称“京能集团”）。截至2016年底，京能财务总资产182.10亿元，净资产36.67亿元，表外受托资产153.39亿元。

京能集团投资地域遍布北京、内蒙古、山西、辽宁、新疆、云南、广东、湖北、河北等20个省、自治区，涉及电力、煤炭、煤化工、供热、房地产多个领域，实现了快速跨越式发展并具备了全国性公司的基础。

京能财务是京能集团快速发展过程中，为实现实体产业和金融产业紧密结合而设立的，是北京市国资委系统第一家财务公司，也是中国投资协会地方电力委员会会员单位的第一家财务公司。京能财务秉承“以人为本，追求卓越”的核心价值观，“依托集团、服务集团”为宗旨，致力于发挥集团资金归集、融资、金融服务、财务调控四大平台功能，努力实现“一流的金融服务、一流的风险管理、一流的经营业绩、一流的业务发展、一流的专业团队”的发展目标。京能财务成立近十年来，多次获得人民银行、北京银监局、中国财务公司协会、京能集团评选的优秀奖项，是北京市纳税A级单位，银监会风险评级一级的非银行金融机构。

一、信用导向型产业链金融服务的创新与实践背景

（一）产业链金融服务是服务实体经济的重要途径

随着我国金融市场体系的不断完善及实体经济产业链趋势的加强，产业链金融逐渐成为各类金融机构所重视的创新金融领域。特别是以商业银行为代表的金融机构纷纷推出了产业链金融相关产品及服务，积极抢占市场份额。作为企业集团的“内部银行”，服务企业集团及成员单位，为其提供金融和财务管理服务的企业集团财务公司，具有发展产业链金融的先天优势。对于企业集团而言，财务公司开展产业链金融业务，不仅对集团整合产业资源、推动集团战略发展有着重大作用，而且对财务公司拓展经营范围，延长服务链条也有着积极的作用。这不仅仅是提升集团公司核心竞争力的需要，还是实现集团战略转型的客观需要。

2014 年银监会发布了《关于企业集团财务公司延伸产业链金融服务的指导意见》，突破了之前对财务公司服务范围的限制，允许并试点通过放开财务公司的金融服务，将金融服务延伸至成员单位的上下游企业，放开财务公司在离岸业务和资金跨境服务方面的限制，放开财务公司开展“一头在外”票据融资和保理业务等。此外，十八届三中全会对金融服务实体经济提出了更高要求后，不论是商业银行还是财务公司，其产业链金融的发展受到了越来越多的关注。在监管环境趋于宽松的大背景下，财务公司应顺应潮流抓住机遇，充分发挥其在产融结合方面的特有优势，加大业务创新，作为连接金融与实体经济的重要一环，积极拓展产业链金融服务的深度与广度，打造出具有集团特色的产业链金融服务模式。

（二）传统融资模式存在一定的局限性

当前财务公司受限于传统业务的单一性，相应的对资金的获取途径也比较单一。财务公司资金主要来源于集团成员单位的归集资金，其对外部的资金吸收不能实现。在经济增长下行时期，企业集团对集中资金、降低资金成本的要求更大，要求财务公司发挥更大作用。但是在这种情况下，财务公司资金的积淀规模将减少，这对集团整体产业链的发展将有着很大的影响。

此外，财务公司的主要服务模式是通过传统贷款为主的融资服务，并且在业务上和银行方面有重叠，不能有效地形成发展优势。而且，财务公司现行的制度建立、风控体系等方面，还不能有效地适应产业链金融发展的需要。

（三）多元化融资服务的需要

财务公司提供多元化融资服务，从内部环境来说，首先是企业集团市场化改革和发展的需要，然后是为集团企业及各成员单位持续筹集资金的需要。与传统金融服务不同，产业链金融服务的对象由单独的项目或企业发展为产业链上下游各环节的多个企业，服务内容表现为不同金融产品的组合，以此创造整体金融服务价值。有助于支持企业集团实体经济发展，有利于金融机构争取更多业务机会，具有广阔的发展前景。

从外部环境来说，监管层放开服务范围的限制后，财务公司的上下游产业服务链得到延长，财务公司应及时把握政策机遇期，加快产业链金融服务的布局，具体来说，财务公司的产业链金融服务就是以成员单位在产业链中核心地位为依托，针对产业链的各个环节，设计个性化、标准化的金融服务产品，为整个产业链上的企业提供融资、结算等一体化的综合金融服务。专注于服务企业集团及成员单位，为其提供金融和财务管理服务的企业集团财务公司，具有发展产业链金融的先天优势。财务公司应进一步丰富自身的角色定位，突出产业链金融业务的战略发展地位，力争将财务公司发展成为立足集团产业集群的产业链金融解决方案和金融产品综合提供商。未来产业链金融业务将作为财务公司最重要的利润增长点。

二、信用导向型产业链金融服务的创新与实践的内涵和特点

（一）信用导向型产业链金融服务的内涵

京能财务信用导向型产业链金融服务是以控制信用风险为导向，对客户“统一授信”为业务开展的基础，提升信用管理效率，合理配置授信额度，积极延伸信用空间，创新产业链金融服务方式，为集团成员单位提供更丰富和更便捷的融资渠道，并促进产业链实体经济发展。具体内容包括信用风险的统一性风险控制、信用额度的协调性合理配置及信用空间的创新性拓展和延伸。

1. 信用风险的统一性风险控制

京能财务以服务集团内成员单位为出发点，以“依托集团，服务集团”为宗旨，按照定量分析和定性分析相结合、静态指标和动态调整相结合的原则，对成员单位的信用评级和总量授信进行统一标准的科学评估，并通过调研产业链交易上的真实贸易背景，合理分析集团成员单位在产业链交易中的地位，解决交易各方信息不对称问题，从而实现产业链上下游企业之间的信

用的共建和共享，并根据上下游企业的实际需求，提出适宜的金融服务方案，切实提升京能财务产业链金融服务质量。

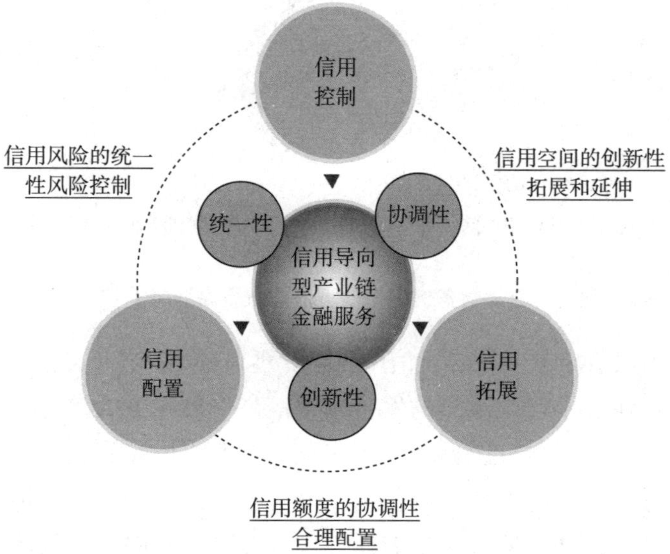

图1　京能财务信用导向型产业链金融服务的主要内容

2. 信用额度的协调性合理配置

京能财务定期对各类授信业务与中间业务进行风险识别与评估，结合风险发生的可能性、风险可能带来的损失及发生频率，并结合产业链中成员单位的经营状况，合理分配该成员单位在产业链金融产品的最高限额。同时，可根据业务变化情况，在总量控制下，及时调配各项业务授信额度的比例。

3. 信用空间的创新性拓展和延伸

京能财务信用导向型产业链金融服务将集团成员单位的信用向上下游企业扩展和延伸，使上下游企业可以借助成员单位在京能财务的授信额度进行融资。例如，票据保贴业务，上下游企业可以通过京能财务在金融机构的授信，用集团成员单位在京能财务开具的票据办理贴现业务。通过利用京能财务在金融行业内的信用，不但可以稳定集团成员单位上下游企业的经济关系，更能为集团成员单位最大限度地降低财务成本。

（二）信用导向型产业链金融服务的特点

京能财务的信用导向型产业链金融服务具有如下特征：

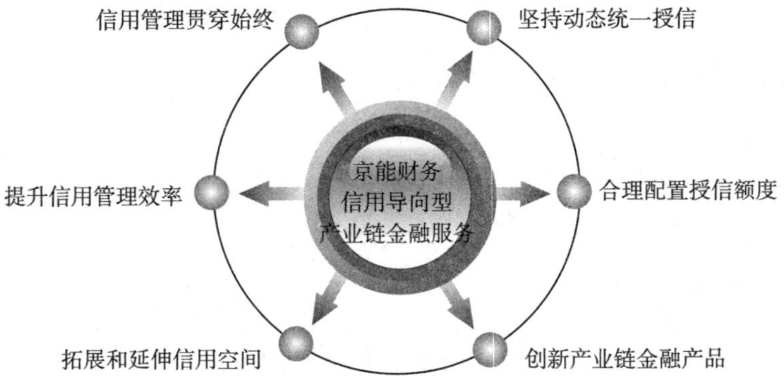

图 2　京能财务信用导向型产业链金融服务的特点

1. 以信用风险控制为核心，信用风险管理贯穿始终

由于授信业务中信用风险的发生频率最高、影响最大，防控信用风险成为财务公司提高金融服务质量和资产质量的重要手段。京能财务的信用导向型产业链金融服务以防范和控制信用风险为京能财务开展产业链金融服务最根本的管控核心，并统筹考虑京能财务作为金融机构固有的信用风险与其他风险（包括市场风险、操作风险等）的关联性，以加强产业链金融服务的基础具体工作流程为抓手，确保京能财务高效、有序、稳健经营。

2. 坚持统一授信管理机制，信用等级与授信总量联动变化

结合授信评级的基本规则，京能财务定期对集团成员单位的信用状况进行科学、全面的评定，统一测算其信用等级及授信控制总量，并依据评价主体经营情况变化，及时动态调整其授信额度和金融产品的最高限额。即通过动态调整授信额度来实现京能财务经营活动动态管理目标。

3. 扁平化的刚性管理标准，提升信用管理工作效率

京能财务建立了刚性的授信评价管理标准，京能财务客户经理岗针对不同类型的客户，逐个实施扁平化的定量和定性分析，一次性总体把控授信总量。生产型客户以定量分析为基础，定性分析相结合，基建类客户以定性分析为基础，量化分析相结合。以保证评级结果客观、公正、准确。

4. 结合风险评估成果，合理配置各项业务的授信额度

通过定期对各类授信业务与中间业务进行风险识别与评估，根据评估出的风险发生的可能性、风险可能带来的损失及发生频率，并结合产业链中成员单位的经营状况及产业链中的地位，合理分配自营贷款、票据承兑、贴现、担保等各项表内、外授信业务的全部本外币信用额度的最高限额。

5. 借助财务公司信用，拓展和延伸信用额度使用空间

京能财务作为非银行金融机构，在商业银行有较大的同业授信额度。以此为基础，京能财务与商业银行合作，使集团成员单位的上下游企业可以将持有的京能财务承兑汇票在商业银行进行融资。通过拓展和延伸信用额度使用空间，实现了借用京能财务信用为产业链上下游企业增信，促进产业链上下游企业链式融资。

6. 丰富金融服务品种，创新产业链金融服务方式

京能财务在业务部门设置了金融产品创新岗，重点研究金融服务产品创新，从而加强产品的多样性，满足不同产业链中客户以及客户不同发展阶段的服务需求。京能财务近年来开展了循环贷款、银团贷款、票据贴现、应收账款保理、联合贷款、票据保贴、票据互认等融资方式，加强产业链客户的资金运转能力。

三、京能财务信用导向型产业链融资服务模式的主要做法

（一）开展应收账款保理业务，拓展集团内平台企业的融资渠道

在面临国企改革、产业政策调整、利率市场化的大背景下，京能财务在发挥集团资金集中管理职能的同时，主动服务产业链，并不断深化集团企业产业链金融服务，通过金融服务创新推动集团产业的协同发展，提高集团资金运用效率，降低集团外部金融市场的交易成本，为集团主业的发展提供了支撑。

1. 市场深入调研，创新产业链金融服务方式

近年来，京能财务为进一步服务集团实体经济发展，开展了多次调研走访及贷后检查，了解到成员单位除京能财务提供的自营贷款、中间业务、票据业务等以外，对保理业务有实际需求且相对较多，主要市场需求来源为以下两方面：一是成员单位间日常往来账款较多，且有应收账款管理及融资的需求；二是成员单位间发生的融资租赁业务往来款项，具有应收租金融资的实际需求。京能财务结合集团企业实际需求，开展了保理业务研究，且有针对性地开展了应收账款保理业务。

应收账款保理是京能财务应集团成员单位（卖方）申请，受让其在贸易中以赊销方式向买方销售货物或提供服务所产生的应收账款，或公司应集团成员单位（出租人）申请，受让其向承租人提供租赁服务所产生的应收租金，并为卖方或出租人提供综合金融服务，包括保理融资、应收账款管理及

催收等。

2. 统一授信为基础，开展应收账款保理

京能财务根据总量授信原理定期对成员单位的信用状况进行全面的评定，测算其授信控制总量，提供“1+N”金融服务（“1”即是评定授信总量。“N”即是京能财务各项融资产品）。京能财务将应收账款保理额度纳入总量授信额度统一管理。

（1）基本原则：一是开展应收账款保理严格审核债权的真实性，确认应收账款初始权属清晰确定、历次转让凭证完整、权责无争议。二是应收账款保理额度纳入总量授信额度统一管理。单一客户的保理业务授信业务总量不超过其在公司综合授信总量的50%（含50%）。

（2）业务受理

根据《京能集团财务有限公司保理业务管理办法》，对业务申请人的法人资格、在京能财务开户情况、信用记录、贸易背景、应收账款相关情况等事项进行审核，审核通过后准予受理。

（3）融资金额测算

根据《京能集团财务有限公司客户信用评级和统一授信管理办法》对成员单位进行信用评级，AA级及以上成员单位提出保理融资申请的，应收账款对价比例原则上不得超过应收账款80%（含80%）；A级成员单位提出保理融资申请的，应收账款对价比例原则上不得超过应收账款的70%（含70%）。

（4）期限、利率确认

京能财务根据应收账款的付款期限等因素合理确定融资期限。应收账款到期日与融资到期日间的时间期限为宽限期。宽限期根据买卖双方历史交易记录、行业惯例等因素合理确定。

融资利率以公司最近一期季度审批通过的同期信贷资产利率指导价格为基准，并有一定的价格浮动空间。

京能财务开展保理业务，属于供应链金融范畴，契合产融结合的金融服务发展趋势，不仅帮助集团成员单位降低融资成本，对应收账款带来的风险有效地进行规避，扩宽集团成员单位的融资渠道；同时，还充分发挥了自身金融平台作用，形成京能财务新的利润增长点。

（二）通过联合贷款，引入低成本的买方信贷融资渠道

近年来，京能财务充分发挥自身金融牌照优势，适应产业链金融发展趋势，拓宽成员单位融资渠道，搭建外部同业合作开展金融服务的产品通道，

不断提升公司的金融服务水平。

联合贷款是京能财务为解决集团成员单位项目基建期资金需求，由设备或服务的卖方与买方及双方财务公司达成协议，买方作为借款人，双方财务公司作为贷款人按一定比例出资组成联合贷款用于支持买方项目建设。其中卖方财务公司资金以买方信贷形式参与，资金仅用于购买卖方设备或服务，买方财务公司（指“京能财务”）以在联合贷款中承担代理行的角色，负责同卖方财务公司联系，并对贷款进行管理等。

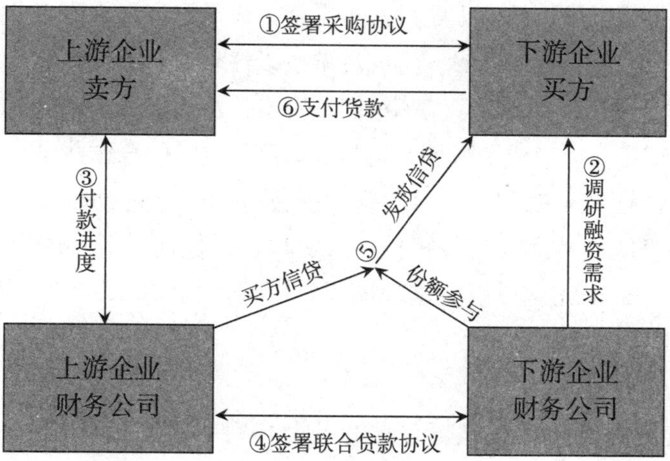

图3 “联合贷款”流程图

例如：我集团成员单位“A 公司”与上游设备供应商“B 公司”具有真实的贸易背景，已签订设备采购合同。上游供应商财务公司具备开展“买方信贷”业务资格，以“A 公司”向上游设备供应商“B 公司”支付设备采购款为贷款用途，京能财务与上游供应商财务公司联合向“A 公司”提供项目贷款，并签订联合贷款合同。合同明确了参贷比例及贷款结构（优先 / 劣后），贷款期限、贷款利率、还款方式和还款来源等。京能财务作为联合贷款的代理行，负责同卖方财务公司联系，并对贷款进行管理等。

通过与上游企业集团财务公司组建联合贷款，对双方财务公司而言，按参贷比例分别承担贷款风险，可以避免公司在同一个主体投放过多，从而降低贷款集中度的风险；对于借款单位而言，可以解决借款方设备采购的付款需求，另一方面利用产业链金融产品获取外部金融服务，争取产业链上游财务公司提供更为优惠的融资条件，拓宽融资渠道。对于上游设备供应商而言，在承接订单后，为应收账款及时收回提供了可靠的金融服务支持。

（三）提供电子票据承兑便利，有效降低融资成本

承兑是指京能财务作为承兑方，对出票人为集团内部的成员单位提供承兑服务。目前，京能财务在办理承兑业务方面积累的经验已逾四年，用于服务成员单位的产业链业务，承兑总量破20亿，业务量近2000张，兑付率100%且无一笔逾期兑付情况发生，并通过在成员单位和产业链相关企业之间大力推行电票，实现了全部票据电子化。票据的推广丰富了成员单位资金的支付和错配形式，有效缓解了成员单位资金压力，减少了成员单位现金占用，提高了资金使用效率，优化了成员单位采购模式，增强了成员单位议价能力及与产业链相关企业之间合作的黏性。同时，将成员单位以往须通过银行才能开立票据的业务平移至京能财务后，降低了其不可归集资金，从而加强了京能财务的资金归集能力，真正意义上形成了财务公司与成员单位之间的合作共赢。

受限于产业链金融牌照，目前京能财务所做的承兑业务还是仅限于申请人必须为在京能财务拥有有效授信的成员单位。但通过对集团内部上下游企业开展业务，未来完全可以将这一模式直接植入到"一头在外"的集团外部产业链金融当中。

1. 承兑业务流程

申请人需提供包括基础证件照片或复印件、近三年年度财务报告及最近一期财务报表、法人代表身份证明、法定代表人授权委托书、交易双方签订的合法有效的商品购销或劳务交易合同、公司章程及其他京能财务管理制度和风控要求需要的资料。收到申请和材料后，京能财务对承兑申请人的资格、资信、经营状况、担保情况、交易情况进行核查，并重点审查贸易背景的真实性，严格杜绝虚假贸易背景和融资票。承兑申请通过京能财务审批后，京能财务即可为成员单位开立承兑汇票。

2. 承兑业务定价

手续费方面，京能财务收取比商业银行有竞争力的费率，并免除其他一切管理费。

保证金方面京能财务实行差异化定价体系，严格按照建立的保证金定价模型执行，综合成员单位在京能财务评级、资金归集工作配合情况、信贷业务支持力度、股权结构、集团发展定位等多维度进行定价，整体大幅度降低了成员单位开票保证金比例并增强了京能财务与成员单位之间的鱼水之情。

3. 承兑业务模式

（1）对于产业链上游：成员单位出票，京能财务为其提供承兑（如京能

财务承兑汇票前期难以推广可借助京能财务与商业银行的合作，为成员单位代开银行承兑汇票），鉴于承兑额度受京能财务注册资本金限制，也可令成员单位开立自身承兑的商票，京能财务为其提供保贴服务。成员单位将票据交付上游供应商或项目施工，集团外部供应商如有变现需求可在其京能财务进行贴现。

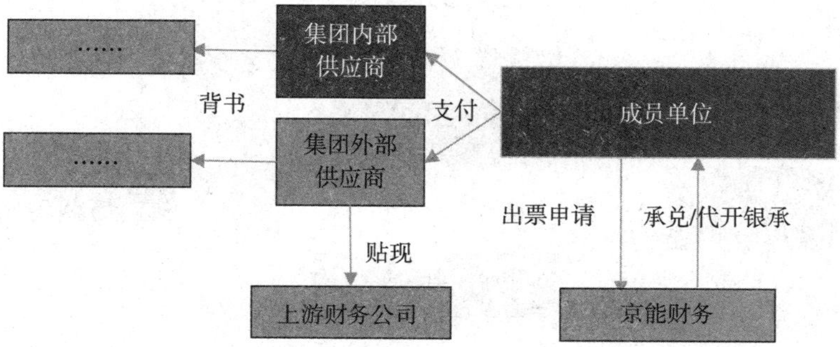

图 4　票据承兑业务流

对于现有采购模式需通过中间加工商或多级经销商的成员单位，京能财务支持其直接与源头供应商建立合作，为成员单位开立汇票用于预付款，获取低价的原材料转售加工商或绕开多级经销商，不仅可为企业创造新的利润增长点，也可改善长期供应链中出现的债务拖欠问题。

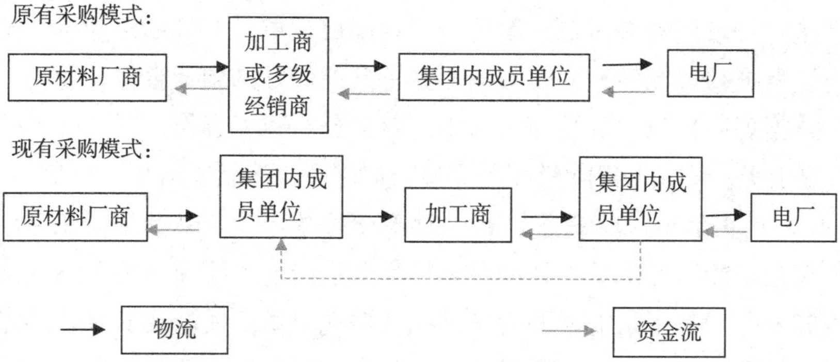

图 5　产业链销售业务流

（2）对于产业链下游：一是为需要进行采购的集团内部下游公司开立财务公司承兑汇票，上游公司收到汇票后操作模式如前述，使财务公司承兑汇票贯穿于整个集团内部，成为等同于现金的支付形式，减少集团内部各环节现金占用并逐步化解长期存在的三角债和多方抵债纠纷。二是积极与集团外部的上游、下游集团财务公司开展同业合作，在满足风险可控前提下进行商票互认。保证成员单位收到下游财务公司承兑汇票可直接用于对上游进行支付，使产业链相关企业的任何财务公司承兑汇票都可在其中流转，在各企业之间架起一座信用的桥梁。

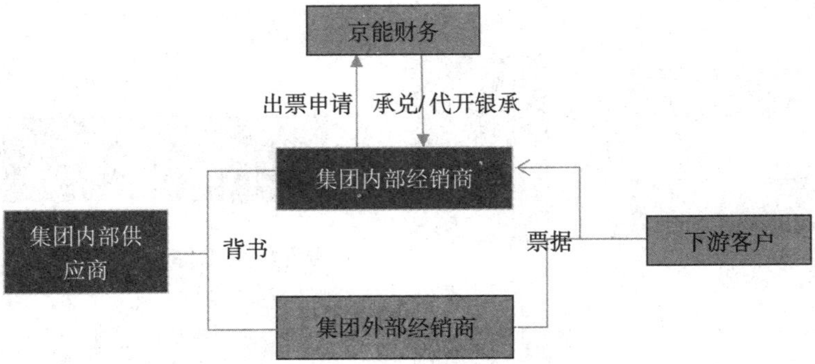

图 6　财务公司间的票据互认

5. 保障措施

在京能财务推广财务公司承兑汇票业务初期，最大的障碍是各单位对票据信用的不认可。为此，京能财务在集团层面、同业层面之间开展多轮、反复洽商，以形成利益平衡点，最终达成合作。配套的推进措施一是适时引入保证增信行对财务公司承兑汇票进行增信；二是搭售部分代开银行承兑汇票；三是对持京能财务承兑汇票的集团内部成员单位办理贴现业务，使"两头在内"票据得以流转；四是与商业银行开展保贴的同业合作，使得"一头在外"票据拥有出口；五是与外部集团财务公司建立合作，开展财务公司之间的转贴业务；六是与产业链相关重要公司磋商，达成票据互认机制。

（四）开展票据保贴业务，利用财务公司信用开辟新的融资渠道

为保证京能财务承兑汇票的顺利推广，京能财务配套开展了贴现与保贴金融服务。贴现是指京能财务为满足符合贴现申请资质的成员单位的融资需求，对其持有的银行承兑汇票或商业承兑汇票开展贴现业务。保贴是指京能财务与商业银行开展同业合作，使商业银行占用其给京能财务的同业授信，用于为持有京能财务承兑汇票的集团外部持票人进行贴现，满足了"一头在外"的票据贴现需求。贴现与保贴业务的开展使得京能财务承兑汇票拥有了更加灵活的使用形式，为其在集团内部乃至外部产业链推广奠定了良好的基础。

1. 贴现、保贴业务流程

目前，贴现业务的申请人必须为京能集团成员单位且在京能财务具有有效授信。申请人需提供基础证件照片或复印件、票据号、企业最近一期财务报表、法人代表身份证明、合法的贸易背景支撑材料及其他满足京能财务管理制度和风控要求的资料。收到申请后，如为纸票，京能财务需先发查询核对票据真实性、验票真伪（如为电票则可省略），之后通过京能财务的审查与审批后即可为成员单位办理贴现业务。

保贴针对的主体为集团外部单位，外部单位收到票后如有变现需求可向与京能财务有合作的商业银行申请贴现，占用京能财务在该银行的授信额度。

2. 贴现、保贴业务定价

贴现业务的定价较为灵活，以 shibor 为基础并参考市场进行调整。保贴业务的定价基于贴现银行的定价体系，以京能财务信用为基础，由于财务公司集合了所有成员单位信用与体量的规模效应并具有金融身份，因此可为成员单位提供具有比较优势的贴现价格。

3. 贴现、保贴业务模式

集团内部上游单位收到票后可直接在财务公司进行贴现，也可将票据入财务公司票据池用于质押拆票、贷款等其他信贷业务；集团外部上游企业收到票后一是选择持有至到期，二是再行进行背书用于支付，三是可以通过其集团财务公司进行贴现，四是向与京能财务有合作关系的商业银行申请贴现。无论是第三种还是第四种方式，后续还可与京能财务开展转贴现业务。

集团内部下游单位收到汇票后也可通过京能财务进行贴现或入池或对上游企业进行背书支付，从而形成贯穿产业链的票据循环。

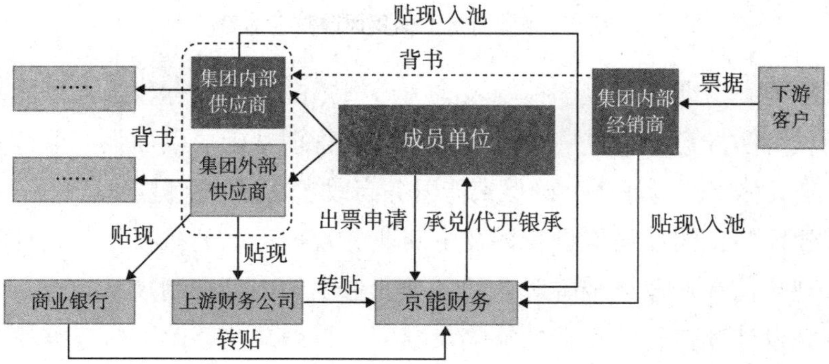

图 7　票据保贴流程

（五）风险为本，健全产业链金融背景下的信用风险管理体系

京能财务信用风险防控体系是京能财务基于PDCA的循环理念，主动进行多项产业链金融服务产品、多种产业链融资渠道及产业链条客户差异化的信用风险管理的动态管理过程。

该体系综合考虑了京能财务作为金融机构固有的信用风险与其他风险（包括市场风险、操作风险等）的关联性，通过建立组织的信用风险防控目标，制定信用风险管理计划、执行信用风险控制过程、评估信用风险管理效果及风险应对方案，从而降低信用风险发生的可能性出发，并最终防范、规避信用风险事件发生的过程。

京能财务的信用风险防控体系具有：风险为本、有效控制、相互协作、独立监督、动态循环这五大典型特点。

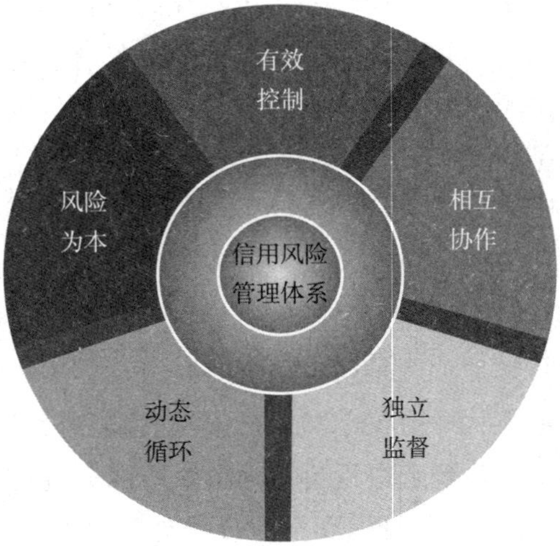

图8　京能财务的信用风险防控体系

风险为本，即以防范和控制风险为最根本的管理目标，强化京能财务全员信用风险防控意识，进一步夯实信用风险管理基础，以加强产业链金融服务的基础具体工作为抓手，确保京能财务高效、有序、稳健经营。

有效控制，即加强信贷管理及中间业务管理活动的执行及检查环节，并通过梳理公司在产业链金融服务的各项业务中的内部控制现状，查找、分析内部控制设计和执行中存在的缺陷及成因，组织缺陷整改，落实整改主体责任，动态提升信用风险管理水平。

相互协作，即风险管理部门统一组织全公司范围开展识别、评估和监测

合规风险；一线业务部门从防范和控制京能财务合规风险的角度出发，分工协作，并及时向信用风险管理部门提供信用风险信息或风险点。

独立监督，内部审计部门对京能财务的信用风险管理状况独立开展检查或评价，为信用风险管理提供独立、客观意见，并监督相关部门执行纠正措施。

动态循环，即经过 PDCA 良性循环及对可能发生信用风险的情况进行处理，将处理不了的信用风险点放入下一个 PDCA 循环，从根源防范信用风险风险事件的发生。

京能财务产业链金融背景下的信用风险防控体系实行分级管理原则。即：贷审会在董事会的授权范围内对董事会负责，负责产业链金融服务业务的政策、制度和业务审批；总经理办公会在董事会或贷审会的授权范围内对董事会或贷审会负责，负责产业链金融服务业务政策、制度和业务审定；业务部门实施有效信用风险控制的第一道防线，风险管理部在事前与事中实施专业化信用风险管理的第二道防线；风险管理部将监管政策、信用风险管理要求以及风险提示等分解给各业务部门或其他后台支持部门，业务部门主动提供信用风险信息或风险点，并配合风险管理部门的风险识别、风险评估及风险监测；风险管理部通过提供信用风险管理方面的建设性意见，帮助业务部门管理好信用风险风险，为产业链金融服务业务的具体实施与产品创新提供支持。

四、主要成效

（一）融资服务业务总体规模日益增长

2014 年至 2016 年，京能财务融资服务业务总体规模日益增长，从 2014 年的 141.95 亿元，增至 2016 年的 306.35 亿元，总体规模翻番。其中，自营贷款累计发放从 2014 年的 140.36 亿元增至 2016 年的 293.64 亿元，且增速逐年提升。票据承兑量逐年递增，从 2014 年的 1.59 亿元增至 2016 年的 12.27 亿元。2014 年新增银团贷款业务，逐年增幅巨大，首年放款 1.54 亿元，至 2016 年累计发放 6.87 亿元。2015 年，办理票据保贴业务，金额总计 4,243.5 万元。2016 年，新增保理业务金额总计 500 万元，联合贷款业务 3,900 万元。

2014 年至 2016 年，京能财务提供融资服务企业户数逐年递增。从 2014 年的 31 家增至 2016 年的 44 家。

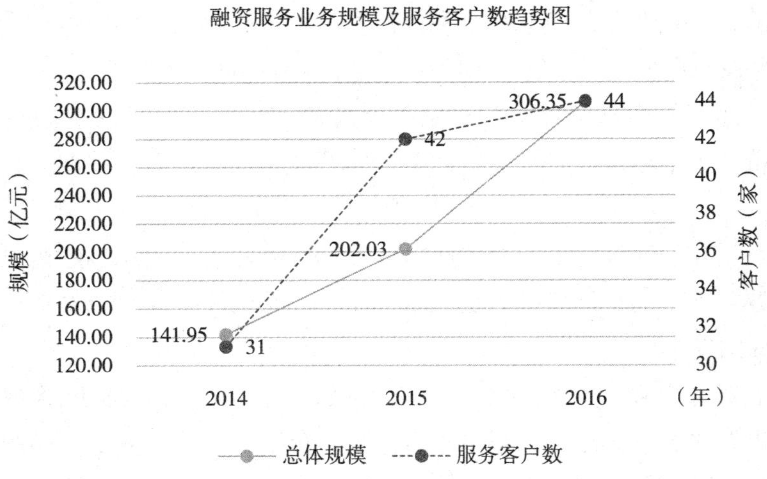

图 9　融资服务业务规模及服务客户数趋势图

（二）创新融资产品占比逐渐扩大，提高集团整体收益

2014 年至 2016 年，创新融资产品在总体融资服务业务中逐渐扩大。在规模上，2014 年创新产品占总体信贷投放量的 2.21%，2015 年占 4.25%，2016 年占 4.96%。

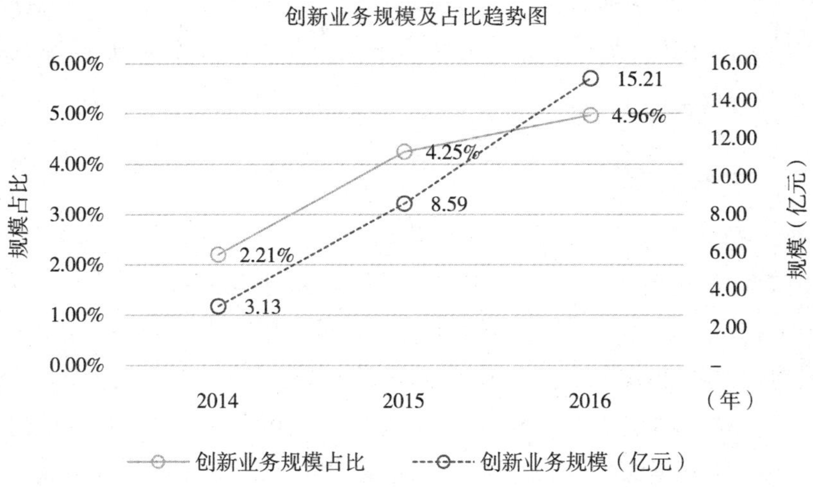

图 10　创新业务规模及占比趋势图

在服务客户上，2014 年，创新产品服务客户占总体的 13%，2015 年占 19%，2016 年占 32%。创新业务中以电票承兑尤为突出，2014 年，仅为 3 家客户办理承兑额度就达 1.59 亿元，随着集团发展，基建企业增多，至 2016

年，年内为 12 家客户办理承兑业务，金额总计 12.27 亿元。

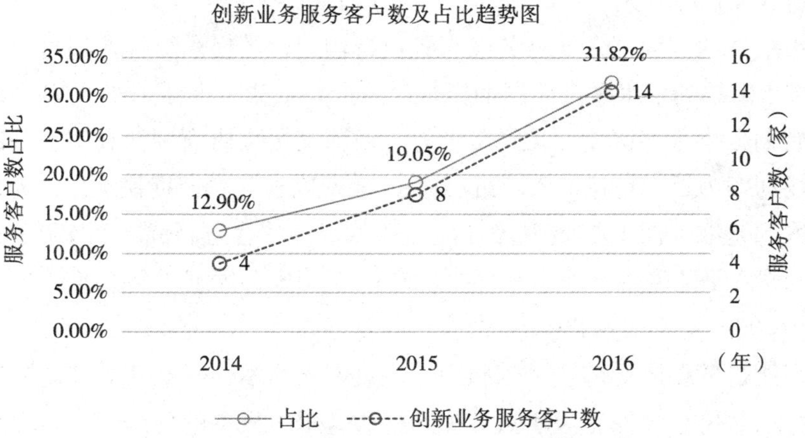

图 11　创新业务服务客户数及占比趋势图

（三）为企业节约综合财务成本，降低集团整体融资成本

1. 增信提供融资额

以银团贷款为例，京能财务依托集团，以自身信用为基石撬动外部银行融资，最终以 10 亿元承诺额为项目单位融来全部基建资金 28 亿元。以联合贷款为例，京能财务以自身信用为基础，撬动卖方财务公司融资，最终以 5 千万承诺额为项目单位获取主要设备基建款 2 亿元。

2. 创新融资产品为成员单位节省融资成本

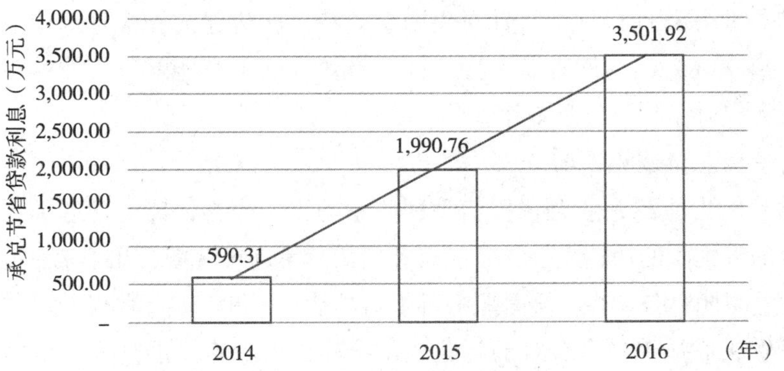

图 12　票据承兑节省利息图

票据承兑可推迟实际付款日期，从而节省出推迟期限内的贷款融资成本。据此计算，2014 年至 2016 年票据承兑业务为成员单位节省融资成本逐年

递增：2014 年为成员单位节省 590.31 万元，2015 年节省 1,990.76 万元，2016 年节省 3,501.92 万元。

银团贷款方面，京能财务经与各银行沟通，为娱乐综合体项目争取到基准上浮 5% 的利率水平，而同期银行对地产贷款普遍上浮 10% 的利率政策，并且后期根据基建进度以及经济形势，银团又再次协商调低利率至基准，较之市场利率为目标单位节省了近 10% 的融资成本。联合贷款方面，为目标单位争取到基准下浮 10% 的利率。应收账款保理综合融资成本利率 3.85%，与市场利率水平（基准下浮 10%，即 3.915%）相比，优惠 7 个基点。

（四）人员素质的提高

京能财务在产业链金融创新中，注重以人为本，秉承建立“高品德、高品质、高品位”金融专业团队为提升核心竞争力根本的理念。经过几年的努力，培养了一批踏实肯干、讲究效率、追求卓越的管理人才。一方面，通过投资、信贷两个业务部门内部轮岗，使各部门内员工对各项业务熟练掌握。另一方面，信贷部门内实行客户经理制，按客户所处行业板块划分给几位客户经理，使各自对所负责领域有专业、全面深入的了解，并与投资部共享信息，实现跨部门精细化管理。团队协同能力日渐增强，团队的专业化程度、服务水平不断提升，推动了京能财务品牌的打造，树立了良好的形象。

（五）风控体系的完善

1. 授信管理效率提升

京能财务成立以来通过对授信管理体系的构建并实施，不仅满足了财务公司信贷业务管理目标，且针对集团企业特点所构建的授信管理体系具有全面性、科学性、集约性以及可操作性，有效降低了京能财务信贷管理的工作量，大大提升了授信管理效率。

2. 授信总量逐年递增

随着电力能源企业融资授信管理体系的逐步完善，授信管理工作运行高效，且随着集团的快速发展，京能财务授信总量逐年递增。几年来京能财务充分发挥着集团财务调控、金融服务等平台功能，不断满足集团及成员单位融资需求，解决成员单位资金难的问题。经统计，2013 年京能财务对电力能源企业全年授信总量 257.2 亿元，较 2009 年增加 188.66 亿元，呈逐年递增态势。

3. 信贷质量逐年提高

京能财务不断摸索集团电力能源企业的发展规律，逐步夯实授信管理基础，严格把控客户评级授信管理工作，确保信贷质量。京能财务采取总量授信和信用评级的方式，确保所有贷款客户贷款余额均控制在授信额度范围内，有效防范信用风险，公司成立至今自营贷款本息收回率 100%，不良贷款率 0%。

作者简介：

于波，男，1977 年出生，毕业于北京交通大学本科专业，现任京能集团财务有限公司业务发展部经理。

韩羽，女，1981 年出生，北京理工大学市场营销专业毕业，对外经贸大学金融学专业硕士，现任京能集团财务有限公司投资部经理。

高华彬，男，1987 年出生，毕业于悉尼大学，现任京能集团财务有限公司投资部主管。

杨书林，男，1987 年出生，金融学硕士，现任京能集团财务有限公司业务发展部业务主管。

范晔，男，1987 年出生，毕业于西南财经大学，现任京能集团财务有限公司业务发展部主管。

王东兴，男，1982 年出生，经济师，现任京能集团财务有限公司业务发展部保险主管。

那哲宁，女，1988 年出生，哈尔滨商业大学金融学本科，中级经济师，现任京能集团财务有限公司党群部经理助理。

大型能源企业财务公司
风险导向型后督管理体系的研究与构建

京能财务课题组

摘　要：结合风险管理审计思想，京能财务研究创新“风电式”风险导向型后督管理体系。该体系“坚持风险可控为先”，“努力保障集团资金安全，维护公司金融信誉”，实现公司与集团同步健康可持续发展。

关键词：财务公司，后督管理，风险导向

一、京能财务后督管理体系的创建必要性

（一）确保改革有效、促进廉政建设的要求

十八大以来，国内经济形势步入新常态，以内审为核心的后督管理工作必须践行“创新、协调、绿色、开放、共享”新理念，正确把握改革和发展中出现的新情况新问题，坚持依法评价，加大对资金密集、资产聚集的重点部门、重点岗位、重点环节的稽核力度，更好地履行监督职责，促进廉政建设。

（二）深化金融风险防控、加强全面风险管理的要求

内部审计理论认为，内审工作重点在于风险管理审计。金融企业是一种风险配置契约，具有典型的高风险、高财务杠杆以及高外部影响等特征，财务公司需要立足于对风险的分析和评价，制定后督管理计划，开展稽核评价工作，实施监督行为，即有必要建设风险导向型后督体系。

（三）完善法人治理、满足内外管理的要求

国际内部审计师协会《内部审计思想》认为内部审计主要服务于负责治理的人和被治理者，在实际工作中，具体体现为后督管理要满足监管机构的监管要求、集团公司的管理要求，也要满足公司自身可持续发展的需要。透明的、系统的、健全的后督体系有助于京能财务形成持续改进的风险控制和自我评估机制；有助于建立业务、管理与风险的动态映射关系；有助于增强公司制度执行力；有助于树立良好的公司形象，使投资者、客户、监管当局和社会产生强烈的信任感。

二、京能财务后督管理体系的内涵与特点

通过近十年稽核后督管控的实践，结合风险管理审计的指导思想，提炼出具有京能财务特色的后督管理体系。

（一）后督管理体系的内涵

京能财务风险导向型后督管理体系是指以实现京能财务价值最大化与集团公司价值最大化为目标，服务于监管、集团管理要求和公司治理层，建立在对外部风险环境、公司管理风险、公司业务风险分析基础上，使用可证明的、规范的方法和方法论开展工作，独立、客观发表评价意见的稽核体系。财务公司风险导向型后督管理体系的职能是“监督、控制、服务”；目标是使公司管理达到“经济性、效率性、效果性”的统一。

京能财务风险导向型后督管理体系的工作模式可以形象外现为“风电式”。内部稽核管理、外部审计管理、专项检查管理作为风力发电机组的三大风轮，带动整个稽核后督体系旋转，提供绿色的改革和创新动能；整改库管理作为风力发电机组的发电机，将风轮的绿色动能真实转化为公司可持续发展的力量；后督组织体系和制度框架作为风力发电机组的铁塔，是稳定支承风轮和发电机构成的有机构架。

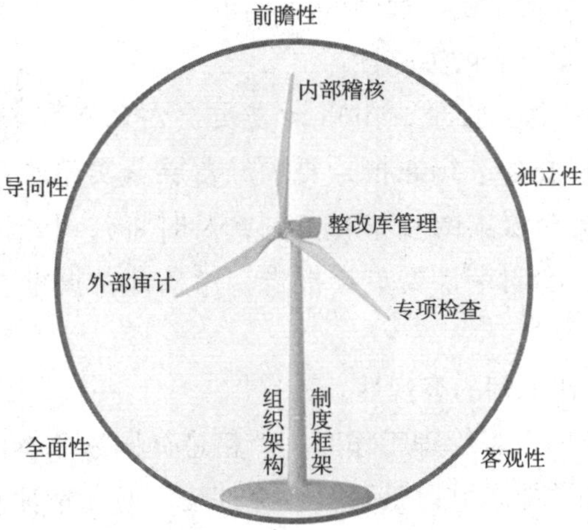

图 1　“风电式”风险导向型后督管理体系示意图

（二）后督管理体系的特点

1. 后督管理目标的前瞻性

现代财务管理理论认为，财务管理目标为企业价值最大化，而决定企业价值的除了过去形成的收益、目前创造的财富，更重要的是未来能带来的价

值。而企业的未来价值产生的重要因素就是安全运营、稳定发展，这一点在金融企业的估值中尤其凸显。

作为非银行金融机构的财务公司，“依托于集团，服务于集团”，其必然坚持风险可控为先，通过完善公司治理强化安全生产经营，建设风险导向型后督体系，以期实现公司价值最大化与集团价值最大化。

2. 后督管理工作思想的导向性

京能财务稽核责任部门在充分了解稽核对象风险环境和管理的基础上，分析、判断其风险所在、风险程度及发生频率，将稽核重点放在高风险领域，在稽核过程中注重工作质量的控制，将内部稽核剩余风险降低到最低水平，从而实现价值提高，督促公司经营管理活动的风险管理持续完善。

3. 后督管理服务对象的全面性

京能财务后督管理体系职能主要是检查、监督、评价、反馈、咨询，这就决定了其服务服务对象的全面性。就前三项职能而言，重点服务对象：一是财务公司治理层，包括董事会、风险控制委员会和审计委员会；二是财务公司被治理层，主要是管理层；三是财务公司外部监管机构，包括银监局、人民银行和集团公司。就咨询职能而言，重点服务对象为财务公司各部门、各员工以及集团各成员单位、社会审计机构。

4. 后督管理意见发表的独立性

稽核部直属董事会管理，由审计委员会对各项稽核报告进行最终审批，并向总经理办公会进行通报，要求经营层落实整改；同时，增加稽核部向审计委员会提交议案的频率和范围，及时将公司经营管理、风险、稽核工作中存在的问题向审计委员会报告，稽核部根据审计委员会的意见开展工作。

5. 后督管理工作准则的客观性

京能财务在开展后督管理工作时，严格遵循国家基本法律法规、银监局规定和集团公司相关要求，以是否符合文件法规通知精神、符合集团与公司的发展方向作为稽核定性判断的标准。

三、京能财务后督管理体系的具体做法

（一）铁塔稳固——规范的后督管理组织架构与制度框架

1. 组织架构

董事会为京能财务后督工作的最高决策机构，审计委员会依据董事会的要

求组织开展稽核后督工作，总经理办公会在日常经营活动中落实稽核整改要求。

京能财务设置稽核部室，配备专职稽核人员，行使稽核职能。稽核部直属董事会，由董事会直接领导；稽核部经理由董事会直接任免；董事会确保稽核工作的独立性和不受干扰性。稽核部接受审计委员会指定机构和人员的稽核和监督。

2. 制度框架

通过广泛收集资料，对标京能集团和国家相关制度，梳理稽核管理控制点，按照标准化要求整理编撰完成稽核后督管理制度框架，具体包括：内部审计管理办法、稽核管理规定、行政监察管理办法、整改库管理办法等稽核相关管理标准 12 个；稽核评价、外审协调、监察管理等工作标准 8 个。

（二）风轮高质——完备的内部稽核管理、外部审计管理、专项检查管理

1. 内部稽核管理，以京能财务整体风险和业务环节风险为基础，重点业务与新业务并重，日常稽核与专项稽核结合，覆盖公司所有部门和业务管理活动。

2. 外部审计管理，重点在于财务状况分析、经济责任认定和金融风险分析。稽核部组织协调各部门配合，实施年终决算审计、汇算清缴鉴证、经济责任审计、验资、集团专项审计等工作。

3. 专项检查管理，重点在于集团公司、监管部门、纪检监察部门、公司高管层等提出的检查工作，其检查目标、实施主体与内部稽核管理目标不同，形成对内部稽核管理的有益补充。专项检查管理包括纪检监察和其他专项检查，其他专项检查又包括常规性专项检查和非常规性专项检查。

（三）发电机有力——可靠的后督整改库管理

后督整改，公司风险评级整改、专项稽核整改、内控体系建设整改及标准化整改、合规管理整改等整改建议统一管理，加强公司内整改工作的日常跟踪，每半年在公司层面对整改情况进行通报。

四、京能财务后督管理体系的创新效果

（一）消除风险隐患，提升内部后督管理价值

近三年公司通过实施内部稽核检查管理，共提出管理建议 172 项，其中日常稽核 15 项、专项稽核 150 项（其中优化建议 20 项）、专项检查 7 项，且均被公司采纳。有效提升了全面风险管理第三道防线防控能力。

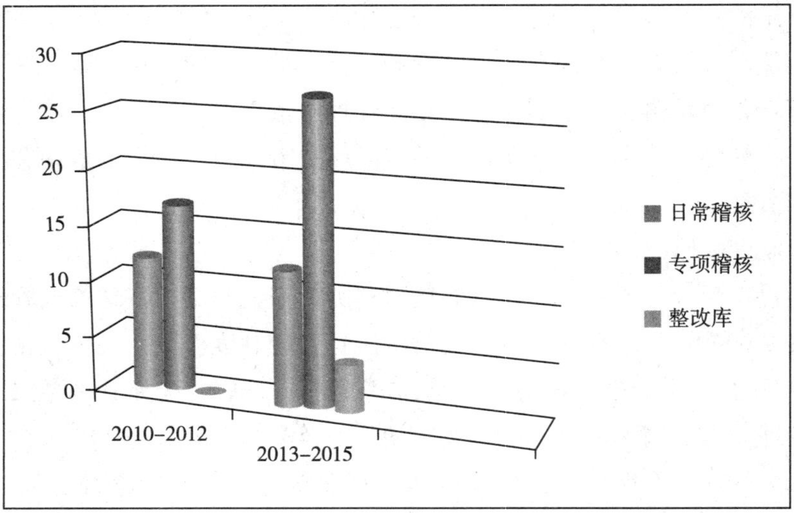

图 2　内部稽核检查实施项目数示意图

（二）整改率大幅提升，将后督管理落到实处

京能财务自 2014 年建立整改库管理体系以来，两年共实施整改库跟踪检查 4 次，先后跟踪检查整改事项 376 项。第一次跟踪检查整改完成率仅 21.69%，截至 2015 年底，公司年度内整改完成率已达 100%。

（三）获得多项监管好评

通过体系的实施，监管当局对京能财务整体风险管理状况予以充分肯定，“加强内部管控遏制违规经营和违法犯罪”组织及整改工作得到北京银监局通报表扬；案件防控工作评价结果为最高等级——“绿牌”。

五、结语

以绿色健康为理念的风力发电是京能集团主业，京能财务“风电式”风险导向型后督管理体系“坚持风险可控为先”，不断为公司推送清洁能源、绿色能源，“不断提高风险管理和内控水平”，“努力保障集团资金安全，维护公司金融信誉”，实现公司与集团同步健康可持续发展。

作者简介：

周丽玉，女，1977 年生，中央财经大学财税专业，高级会计师，现任京能集团财务有限公司稽核部经理。

侯莉娟，女，1981 年生，首都师范大学数学与应用数学专业，中级审计师，现任京能集团财务有限公司风险管理部经理助理。

大数据时代电力企业财务公司稽核信息管理的研究与实践

京能财务课题组

摘　要：在大数据背景下，作为电力能源企业金融平台的京能财务通过建立信息统一管理机制，整合信息数据源，梳理公司业务活动和管理活动的全流程管理，搭建大数据稽核平台和稽核信息管理应用平台，从而实现稽核管理的“经济性、效率性、效果性”。

关键词：财务公司，大数据，稽核信息

一、电力企业财务公司稽核信息管理的实施背景

（一）“十三五”规划要求审计工作加强信息管理

《国务院关于加强审计工作意见》（国发【2014】48号）第19条明确提出，审计部门要推进有关部门、金融机构和国有企事业单位等与审计机关实现信息共享，加大数据集中力度，构建国家审计数据系统。审计机构要探索建立审计实时监督系统，实施联网审计，这是在大数据时代背景下，审计服务国家治理的内在要求和必然选择。

（二）大数据环境对内审稽核管理的要求

现在的审计稽核工作大多依赖于小数据的分析与管理。在大数据时代，创新意识要想体现在审计工作中，则必须让审计的技术方法充分接受新鲜血液，符合信息化世界的要求。对海量的、多样化的“大数据”现象进行“云计算”，快速获得所需的有价值信息。

二、电力企业财务公司稽核信息管理的内涵与特点

京能财务在实践中，结合大数据时代的信息管理特点，提炼出具有电力企业财务公司特色的稽核信息管理内涵。

电力企业财务公司稽核信息管理是指通过建立信息统一管理机制，整合信息数据源，梳理公司业务活动和管理活动的全流程管理，在此基础上，搭建大数据稽核平台和稽核信息管理应用平台，从而实现稽核管理的“经济性、效率性、效果性”。

以京能财务为例，在大数据背景下，京能财务风险稽核信息管理改变了传统内部审计的格局。通过稽核信息的统筹管理，稽核工作逐步向经济效益稽核管理、评价咨询稽核管理转变，其分析方法也以全面数据分析、多元数据分析、相关性分析为主，以信息、资金安全为防范重点，实施业务与管理的全流程监控，在公司内部逐步建立起宽容的内部审计文化。

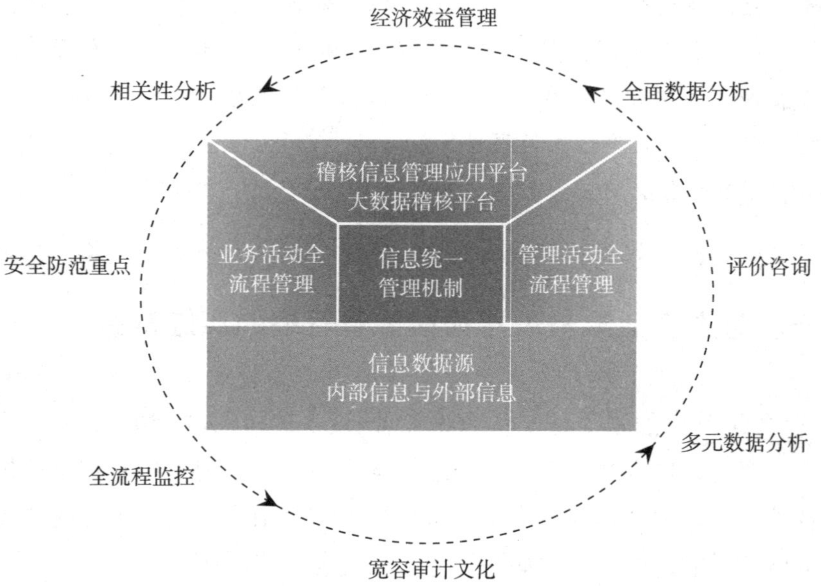

图1　京能财务稽核信息管理示意图

三、京能财务稽核信息管理的主要做法

（一）公司信息数据源研究

公司面临海量信息数据，包括内部信息与外部信息；内部信息又包括管理信息、业务信息、客户信息、人力资源信息等；外部信息又包括行业信息、金融信息等。

这些海量信息资源需要实现共享，并进行合理配置、合理调整、合理分析、合理整合，从而提高信息资源利用率。而稽核工作恰恰是一项需要搜集广泛信息源，进行分析判断，提出咨询建议的信息利用工程。

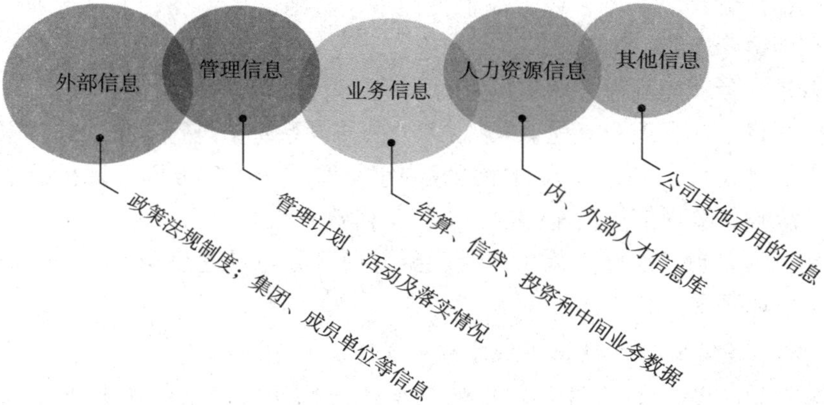

图 2　京能财务数据源示意图

因而，创建以信息带头的稽核运作程序，可以实现对编制稽核规划、安排稽核资源、监察稽核流程、评价稽核成果等一系列稽核运作信息化管理，实施自动化的统筹调配，并且为了实现能精准地抓住风险点，就必须对全样本数据进行全面掌握、高效处理与深入挖掘。

（二）公司信息统一管理机制研究

信息统一管理机制可以包括信息组织管理机制、建立信息调研制度、建立信息联络员制度、建立信息审核制度、明确信息工作载体、规范信息的内容和要求、完善信息工作的考核机制。

1. 信息组织管理机制，明确信息统一管理的组织机构和主责部门，明确主责部门和其他相关部门的职责，制定信息统一管理办法。

2. 规范信息的内容和要求，对各类信息进行分类，包括按照信息密级分类、信息内容分类、信息收集负责部门分类等；规范信息来源和信息要素。

3. 信息调研制度，明确各类信息的来源渠道和获取途径。

4. 信息联络员制度，明确各类信息搜集的责任人和相应职责。

5. 信息审核制度，建立切实可行的信息共享审核程序，保证信息的准确性和保密要求。

6. 信息共享载体，鉴于公司内外网分离基本完成，可以借助网络形成信息共享平台，将信息分门别类进行整理，定时更新文件夹。

7. 完善信息工作考核机制，将信息工作管理纳入年初目标责任制进行考核，每年可以评比优秀信息管理员。

（三）公司业务与管理活动全流程管理实践

以信息管理为基础，以全流程为抓手，实施信息管理、审批管理、记录管理和档案管理的一体化。

以招标管理全流程管理实践为例。

公司将招标管理全流程纳入到A8办公协同系统中进行审批，并要求在每一环节加载文件记录，一方面加强权限审批管理，另一方面实现招标信息的共享和统筹，实现信息快速传递，提高工作效率。

全流程管理的思路如果可以推广至各项业务与管理活动，公司的信息统筹基本可以实现。

（四）搭建公司大数据稽核平台研究

公司可以设立具有统一特征的结构化数据库以及形式多种多样的非结构化信息库，消除原有稽核业务模块间存在的障碍，跟随业务发展的脚步，逐步扩大数据信息资源的范围，通过“打标签”的方式将非结构化信息标准化，从而达到对信息的高效管理和迅速获取。

大数据稽核平台也必须具有对各类信息资源获取的效率性、管理的完备性、信息的透明共享性等功能。其中，针对稽核应用模块要达到的目标是对各种信息资源的动态和智能分析，针对稽核管理模块主要做到审计流程的自动化管理、审计成果充分共享。

（五）稽核信息管理应用模型的建立

结合现阶段财务公司稽核管理工作，研究国内外稽核信息技术，我们认为稽核信息管理应用模型应该包括四类模块：稽核规划与计划编制模块、稽核资源安排模块、稽核数据分析模块、稽核流程检查模块、稽核成果评价与共享模块。

1. 稽核规划与计划管理模块

（1）稽核项目库，或者是全领域稽核目录。该项目库应当覆盖全面，包括：稽核重点以及确定重点的标准、稽核周期、稽核实施历史、稽核发现的问题以及整改跟踪、关键性风险标志和风险性质、特别记录和备忘。

（2）稽核计划与时间安排。该模块用以安排稽核工作的年度计划、单项稽核项目的工作方案以及时间安排，具备稽核工作日程管理功能。

2. 稽核资源安排模块

（1）人事数据库与技能库。用以规划和安排稽核人员专业发展所需要的培训和经历，可以了解员工中的薄弱环节，并可根据员工的专业技能分配稽核项目。

（2）稽核参考资料库。参考资料库以电子格式储存，适用于本地方式、便携方式和远程方式访问查询。信息资源包括相关监管机构、行业协会的资料等公司内外部有效信息。同时，可以收集国内外金融风险情况和稽核查处案例，提供参考和借鉴。

3. 稽核数据分析模块

（1）数据分析处理。采集整理公司系统各类数据资料，对现场、非现场取得的数据进行计算、对比和衡量，分析公司的经营情况和资产风险状况。

（2）稽核监督指标。存储、管理利率、限额、资产负债比例、风险资产评价标准和央行、银监局的各种量化监督指标，建立各种数据监控模型，并进行分析评价。

4. 稽核流程监察模块

（1）项目管理跟踪。该模块用于对稽核计划与安排的反馈，报告和记录稽核计划的任何变动，并确定后续效果。

（2）现场稽核工作跟踪。引导现场稽核操作，掌握稽核工作进度。

（3）稽核整改跟踪。该模块用于记录稽核整改事项内容、整改计划、持续跟踪情况，便于责任部门（个人）使用、后督管理部门统计分析、经营层管理的资料文件。

5. 稽核成果评价与共享模块

（1）结果与建议跟踪。用以评价稽核建议实现整改后，公司内部控制是否得到改善，经济性、效益性及其他方面是否有明显改善，可以作为稽核服务带来的好处向公司治理层反馈。

（2）客户满意度评价。即客户反映数据库，可以了解稽核对象对稽核工作的认知与看法，评估稽核工作质量和效果，从而促进稽核部改进工作方式方法。

（3）稽核文档管理。处理和查询稽核报告、报表、方案、档案、取证资料等文件。

（六）京能财务稽核信息管理应用模型实践

近两年，京能财务开展了稽核信息管理的实践，通过资金管理系统稽核模块的实施，实现稽核部日常稽核所需业务数据、业务流程及会计核算信息的获取，并支持稽核审批流程的管理和稽核文档的存储和查询。

具体操作界面如下：

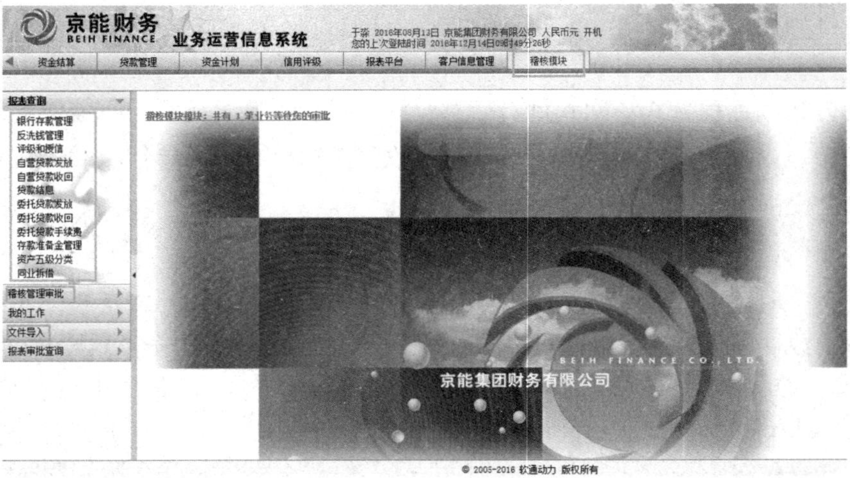

图 3　京能财务稽核管理信息化示意图

以稽核模块–报表查询–日常稽核工作底稿贷款结息为例，通过 FineReport 报表个性化开发功能，以季度为单位，稽核部能够快速筛选出当季发生贷款结息业务的所有记录，并且通过 SAP 接口查询出每笔记录所对应在 SAP 系统的凭证号。

图 4　京能财务稽核管理信息化示意图

根据项目开展需要，公司深入了解资金管理系统、SAP 系统、系统接口的功能实现和取数逻辑，稽核模块通过采用数据挖掘和整合理念，有效提高了稽核数据统计和分析的效率。

稽核模块解决方案的需求分析、业务逻辑、功能研究、报表设计等方面在财务公司行业没有先例，属于完全定制开发，具有自主知识产权。

四、结语

统一的信息管理技术平台解决了信息分散、重复建设、数据无法共享等问题，充分满足电力企业财务公司对数据信息领域精细化管理的要求。通过数据挖掘、信息监控，信息管理技术平台有力地加强了信息管理的协同操作与协同维护，实现了公司银行账户、反洗钱、信贷、承兑、投资等数据信息的集中化管理控制；同时通过大数据稽核管理统筹，实现各条线的信息缺陷可视化判断，并通过稽核定制服务提供各条线顾问咨询，完善稽核信息咨询服务渠道。

作者简介：

周丽玉，女，1977 年生，中央财经大学财税专业，高级会计师，现任京能集团财务有限公司稽核部经理。

邱震，男，1985 年生，中国科学院研究生院工商管理专业，中级经济师，原京能集团财务有限公司稽核部经理助理。

搭建金融管理路径 助力集团战略转型

京能财务课题组

摘　要：基于国内大型集团企业资金管理需求，财务公司应运而生。随着产业结构的转变和国内集团企业的发展，财务公司的职能也在不断发生变化。近年来，国内集团企业处于产业结构调整及产能输出的战略转型阶段，亟须财务公司统筹资金资源，做好金融服务，协助集团企业完成目标任务。本文以大型集团企业为例，紧密结合财务公司发展现状，深入研究分析相关管理问题，从职能定位、管理行为、人资配置、信息化建设以及风险管理五方面分别阐述了财务公司在管理上的新思路，提出了财务公司为适应现阶段行业环境，在调整职能、升级功能方面的建设性对策和创新性管理思路，以助力集团产业通过金融资源管理路径实现持续健康发展。

关键词：资金管理，资源管理，财务公司

一、企业财务公司的现存问题

财务公司受托于集团企业进行资金管理的这一模式，已经在行业内普遍应用，但是各大集团企业发展情况不同，管理体制与组织结构也不相似，财务公司在资金管理方面存在着不同问题，归纳起来包括以下几方面。

（一）资金管理地位较低

资金管理地位较低主要体现在资金管理权责受到限制，管控目标与考核量化目标不匹配。首先，作为大型集团企业的资金管理中心，财务公司在职能上与集团财务部的部分职能相重叠，资金管理与财务管理定位不明确，权责不够清晰。财务公司更多地承担了财务管理职能，资金管理话语权与政策推行过分依赖集团，这是集团企业财务公司在发展过程中遗留下的问题。其次，集团企业对财务公司的业绩考核方式主要以利润指标为导向，使得财务公司在管理上侧重于追求利润，对资金成本控制工作重视不足。

（二）人才培养方向与公司属性存在出入

由于国内大型集团企业建设较多且布局分散，部分地区存在人才缺口，对财务高端管理人才需求较大，财务公司承担了向集团单位下属企业输出财务管理人才的职能，这在一方面推动了财务公司培养出素质高、能力强的财务专业人员，也在另一方面促使财务公司形成了“重财务轻金融”的人才培养方式，使得金融领域的专业人才逐步转变为完全的财务管理人员，忽视了自身在金融领域应具备的金融分析与市场判断能力。单就财务公司作为“非银行业金融机构”来看，以财会专业能力判定人才，与公司属性存在一定出入，这也造成了财务公司金融产品创新能力较差、数据分析专业化程度低的现状，使得公司在专业性上沦为金融市场及金融服务领域的“二流角色”。

（三）资金管理信息化水平与行业发展脱节

首先，财务公司作为集团内部银行，市场化程度较低，部分企业作业方式仍处于人工落地操作的传统阶段，不能满足现阶段企业战略转型所需的资金管理水平；其次，财务公司的信息化建设与管理过分依赖外部供应商的支持，缺乏企业内部完善的信息化管理团队、信息化管理思路和信息化处理能力，造成了信息技术和科技人才的缺失，阻碍财务公司信息化发展的脚步。在大数据时代的背景下，信息化建设水平落后、数据管理能力不足会成为财务公司业务发展和功能升级的拖累。

（四）风险管理投入与业务发展水平不平衡

随着优质产能输出的全球化发展格局，财务公司国际化也将成为必然趋势，财务公司作为集团资金池的管理机构，业务发展水平与风险管理能力是相辅相成的。国际金融市场中，汇率风险、利率风险、流动性风险、交易对手风险等金融风险都是财务公司面临的风险敞口，若延续传统的低人力、低投入的风险管理模式，管理层的判断和决策将受到阻碍。在集团企业转型期，资金链安全与否是企业存亡的关键，财务公司作为资金的运营循环系统势必适应发展形势，推翻传统落后模式，进行转型创新升级。

二、解决集团企业财务公司现存问题的对策

（一）明确职能定位并积极寻求专业深度发展

1. 集团企业需要推动财务管理与资金管理进行权责分离，原因如下：第一，财务公司作为“金融机构”，受到监管机构严格管理，权责分离有助于财务公司明确其资金管理位置；第二，随着互联网的快速发展，冲击了原有的

经济模式，推动世界经济形成了新常态，财务公司需要适应金融市场发展情况和专业化分工的需求，亟须进行权责分离。

2. 财务公司需要强化自身资金管理职能，包括充分发挥结算、融资及资本运作的优势，深化资金管理的战略性、协调性和预测导向，提供优质金融服务，成为集团的金融资产管理平台等。

3. 财务公司需搭建集成化的管理体系，将流动资金管理、融资管理、投资管理以及风险管理等组合在一起，形成一体化服务。既满足集团企业在转型道路上对资金的管理需求，又实现财务公司从资金管理向整合及运作金融资源的职能转型，从依托集团资源向拓展集团资源过渡。将自身打造成为拓宽集团企业融资渠道、提供金融服务的重要媒介，从而树立财务公司在集团企业中的管理地位。

（二）全“生命周期化”资金管理

目前，国内集团财务公司过分追求利润指标是一种普遍存在的现象。这种观念牵制了公司结算管理与业务产品创新的能力，因此需要打破这种认识。

资金管理，是“资金流动性预测→资金成本控制→资金有效配置→提高资金运用效率及效益”的过程，整个过程好比一个生命周期。当流动性趋紧时，资金成本上升，导致压缩信贷，增加票据、保证金、保理、外汇等中间业务收入；当流动性宽松时，资金成本下降，需要增加存款产品、信贷业务，以实现利润。在整个“生命周期”中，准确的资金流动性预测与成本控制直接影响经营者对业务的判断。因此，提高资金流动性管理能力，加强对资金成本控制的重视，建立健全的“生命周期化”管理模式对财务公司的战略判断具有导向意义。

（三）丰富人才结构并重视培养金融管理能力

首先，财务公司在人才队伍建设上既要考虑集团的发展需要，更要关注到公司“非银行金融机构”属性及岗位需求，在复合型人才的培养过程中，提高对金融能力的重视。具体如下，财务公司需要合理利用金融专业人才优势，加强人员的金融管理能力，建立“理论 + 实践”“培训 + 实操”的人才培养项目，有阶段分批次的搭建学习型梯队。

其次，随着产业结构战略调整和集团企业转型发展，集团企业逐步实施“走出去”向外发展，这也就意味着财务公司需要适应全球资源整合的发展需要，细化人才分类与岗位分配，强化岗位适配度与职责划分，加强人员对跨境流动性预测、本外币一体化监测、资金效率分析、跨境资源整合的金融专业能力。

适应整个经济环境，充分发挥人才优势，丰富人才结构，视人才为资源进行合理配置，将有导向性的助力财务公司的全面发展，提高企业竞争力。

（四）加快信息化建设并积极推动自动化进程

1. 深入 ERP 系统的广泛应用

大数据时代的到来，集团企业纷纷引进先进的 ERP 管理系统，以期打造一个自上而下、全面统一的信息化平台。ERP 管理系统帮助集团企业实现了预算透明、统一核算和成本管理，使财务信息达到了标准化统一。

对于集团企业，偏重于系统的管理职能，对于财务公司，要注重系统的实用性，将“悬浮的”技术应用在实际工作中，使之对经营决策和业务判断起到支持作用，具体操作方向举例如下：

（1）建设各个系统功能的数据交互接口，实现数据的集中管理和使用；支付运营平台 +ERP 系统对接，实现凭证录入自动化，促进资金账户联网率，达成财务共享；

（2）搭建数据统计与分析模块，将 ERP 系统导出的财务数据与支付运营平台的交易数据整合，同时通过系统计算功能，将信息高速处理；

（3）设置搜索引擎对有效信息进行组织、排序和检索，有针对性的满足信息的筛选需求。

深化对系统的认知和了解，充分利用系统中的各项模块，尽可能发掘其潜力，实现数据的自动提取等功能，为搭建资金池的数据化管理模式打下基础，深化信息化对资金集中管理的意义。

2. 推进系统智能化和自动化进程

加快现代信息化水平，推进智能化、自动化进程，提升金融服务层次是财务公司满足集团企业产能输出、资金增量的重要路径。

借鉴国际化资金管理实例，大多跨国集团企业在资金运作方面普遍实现了收支交易流程全自动化（STP），同时加入大型现代化国际结算清算组织，这两种举措大大提高企业全球性应收应付款和票据集中管理服务的效率，更避免了纸质票据的管理风险。受到国内行业发展特征和集团财务公司管理职能差异的限制，以上案例的应用需要进行具体问题具体分析。

针对财务公司的实际情况，系统智能化和自动化的实际应用举例如下：

（1）通过设立划款限额、经营或非经营支付用途、关联交易等付款设置，划分支付资金，分别进行资金监测管理；

（2）设立利率、汇率对比、境外资金额度及系统维护，整合跨境资源，合理规避风险，实现本外币一体化管理；

（3）布置数据化管理流程，深化系统提取的数据，建立分析模型，加工延伸，挖掘更多的数据价值，建立财务公司数据库。

合理利用系统达到智能化、自动化办公是未来的发展趋势。系统的智能化和自动化不仅可以应对集团企业资金流动频繁的收付情况、提高工作效率、规避风险，减少人员压力，合理地进行人员配置，而且可以利用已经升级的高数据管理能力，谋求资金渠道多元化、国际化，为集团“产业链”发展奠定金融基础。

（五）加大风险管理投入，助力集团产能输出

在“一带一路”的国家政策推动下，国内许多集团企业纷纷借助“走出去”获取投资与增长机会，行业发展有周期变化，产业转型具有不确定性，国际货币市场存在利率汇率风险，财务公司如何识别、计量、监测、预警及对冲缓释相关风险，是对财务公司是否具备专业性、系统性、科学性的风险管理能力的考验。财务公司可以根据自身情况，采取以下策略：

（1）根据监管要求及行业风险事件，建立风险的识别与划分；

（2）建立系统管理，设置风险数据监测及报警提示，有效利用系统建设，加强风险的监测与预警；

（3）树立行业标杆，加强专业培训与情景压力测试，提高人员风险意识与专业人才培养；

（4）高效利用风险管理工具，搭建定量与定性结合的管理模型。

加大财务公司风险管理建设，构建一支强而有力的后盾，为集团企业平稳渡过产业转型保驾护航，助力集团乃至财务公司自身在可持续发展的道路上越走越远。

综上所述，集团财务公司在金融管理路径上还需不断升级自身的功能与服务，加强资金管理、金融资产整合和资本运作的专业能力，搭建一体化服务管理模式。同时，充分发挥财务公司非银行业金融机构的便利条件，为集团企业深化产融结合，优化结构调整，实现产能“走出去”的战略转型，提供系统、科学、专业、智能的全方位金融服务。

参考文献

[1] 王浩明，张翼. 集团企业资金管理 [M]. 清华大学出版社. 2006.
[2] 鹿艳春. 浅析企业资金管理重点与控制 [J]. 中国科技财富. 2009 (06).
[3] 王海艳. 论电力企业财务集约化管理 [J]. 现代经济信息. 2010 (05).
[4] 王欣，王钢，薛雯. 电力企业 ERP 的应用研究 [M]. 吉林省电机工程学会学术年会论文集.
[5] 魏晓天. 转型期我国地方电网企业可持续发展能力研究 [D]. 电子科技大学. 2011.
[6] 马广文. 中油财务公司资金集中管理研究 [D]. 东北石油大学. 2011 (02).

作者简介：

陈静心，女，1987 年出生，金融专业，现任京能集团财务有限公司结算主管。

周楠，女，1991 年出生，毕业于首都师范大学，现任京能集团财务有限公司综合管理部行政主管，2017 年借调至结算部担任结算主管。

PRACTICING THE FINANCIAL-INDUSTRIAL INTEGRATION

第二篇
研究与探讨

绿色金融与金融机构发展创新方向

倪　婷

摘　要：绿色金融作为金融业发展趋势，当前国内已陆续出台了相关政策支持绿色金融的发展，加快构建绿色金融体系，明确了金融机构在绿色金融领域创新发展的方向。

关键词：绿色金融，金融机构，发展创新

目前国内经济进入了经济结构调整和发展方式转变的关键时期。绿色金融将成为金融业发展的新亮点，构建绿色金融体系的步伐正在加快，相关制度正在逐步建立和完善，绿色信贷、绿色债券等创新金融手段的发展将进一步解决绿色项目融资难、融资贵的问题，并通过促进投资结构的转变，引导资金流向更为环保、低碳的领域。

一、绿色金融是金融业的发展趋势

绿色金融主要指金融部门把环境保护作为一项基本政策，在投融资决策中考虑潜在的环境影响，把与环境条件相关的潜在的回报、风险和成本都融合进银行的日常业务中，在金融经营活动中注重对生态环境的保护以及环境污染的治理，通过对社会资源的引导，促进社会的可持续发展。

绿色金融是基于协调环境保护和经济发展二者关系的基础上提出来的。一方面是指金融业如何促进环保和经济社会的可持续发展，其作用主要是引导资金流向节约资源技术开发和生态环境保护的产业；另一方面是指金融业自身的可持续发展，明确金融业要保持可持续发展，避免只注重短期利益的过度投机行为。世界各国从20世纪70年代开始，纷纷出台各种文件推行“绿色金融”理念。我国提出绿色金融的概念相对较晚，具有标志性的发展绿色金融的政策是自2007年以来，国家环保总局（现国家环境保护部）同银监会、证监会、保监会，相继出台以“绿色信贷”“绿色证券”“绿色保险”为主要内容的“绿色金融”政策，为发展“绿色金融”奠定了基础。

发展绿色金融，助推经济可持续发展是实现我国经济结构转型的重要方面，具体来讲：

（一）发展绿色金融是支撑环保行业发展的基础。

随着我国经济发展，企业责任的提升，环保行业及其相关行业的发展必将产生大量的资金需求，作为社会资金的最大提供者，银行业通过信贷杠杆约束污染企业发展、帮助污染企业进行治污工程、提供更多的资金支持环保产业，而环保产业带来的经济利润也会部分回流至银行业实现企业和银行的双赢。

（二）发展绿色金融是实现金融业持续发展的需要。

金融机构作为运营机构，也要考虑其自身的经营风险和收益。自1994年我国政府确立可持续发展为我国的基本国策以后，环境风险已经越来越被金融机构所重视，发展绿色金融成为我国银行业实现自身可持续发展的必然要求。

（三）发展绿色金融是保证经济持续增长的条件。

金融业作为现代经济发展的核心环节，不仅需要创新金融理念，践行绿色金融，推动绿色经济、低碳经济和循环经济的发展，而且需要通过绿色金融的发展，助推我国经济结构转型，满足我国发展新经济的需要。

二、支持绿色金融发展的重点政策

（一）《绿色信贷指引》

2012年2月，银监会公布了《绿色信贷指引》，要求银行业金融机构要贯彻落实《“十二五”节能减排综合性工作方案》《国务院关于加强环境保护重点工作的意见》等宏观调控政策，从战略高度推进绿色信贷，加大对绿色经济、低碳经济、循环经济的支持，防范环境和社会风险，并以此优化信贷结构，提高服务水平，更好地服务实体经济，促进发展方式转变。具体包括：

1. 从三方面着力推进绿色信贷。银行业金融机构应加大对绿色经济、低碳经济、循环经济的支持；严密防范环境和社会风险；关注并提升银行业金融机构自身的环境和社会表现。

2. 有效控制环境和社会风险。银行业金融机构应重点关注其客户及其重要关联方在建设、生产、经营活动中可能给环境和社会带来的危害及相关风险，包括与耗能、污染、土地、健康、安全、移民安置、生态保护、气候变化等有关的环境与社会问题。

3. 加强绿色信贷的组织管理。银行业金融机构应树立绿色信贷理念，确定绿色信贷发展战略和目标，建立机制和流程，开展内控检查和考核评价，明确高层管理人员和机构管理部门责任并配备相应资源，从组织上确保绿色信贷的顺利实施。

4. 完善绿色信贷政策制度及能力建设。银行业金融机构应完善环境和社会风险管理政策、制度和流程，明确绿色信贷的支持方向和重点领域，推动绿色信贷创新，实行有差别、动态的授信政策，实施风险敞口管理制度，建立健全绿色信贷标识和统计制度，完善相关信贷管理系统。

5. 在授信流程中强化环境和社会风险管理。银行业金融机构应通过加强授信尽职调查、严格合规审查、制定合规风险审查清单、加强信贷资金拨付管理和贷后管理，从贷前、贷中和贷后三个方面加强对环境和社会风险的管理。

6. 完善内控管理与信息披露。银行业金融机构应至少每两年开展一次绿色信贷的全面评估工作，将绿色信贷执行情况纳入内控合规检查范围，建立绿色信贷考核评价和奖惩体系，公开绿色信贷战略、政策及绿色信贷发展情况。

（二）《关于构建绿色金融体系的指导意见》

2016 年 8 月 31 日，中国人民银行、财政部等七部委联合印发了《关于构建绿色金融体系的指导意见》（以下简称《指导意见》）。《指导意见》强调，构建绿色金融体系的主要目的是动员和激励更多社会资本投入到绿色产业，同时更有效地抑制污染性投资。构建绿色金融体系，不仅有助于加快我国经济向绿色化转型，也有利于促进环保、新能源、节能等领域的技术进步，加快培育新的经济增长点，提升经济增长潜力。具体提出了：

1. 支持和鼓励绿色投融资的一系列激励措施，包括通过再贷款、专业化担保机制、绿色信贷支持项目财政贴息、设立国家绿色发展基金等措施支持绿色金融发展。

2. 明确了证券市场支持绿色投资的重要作用，要求统一绿色债券界定标准，积极支持符合条件的绿色企业上市融资和再融资，支持开发绿色债券指数、绿色股票指数以及相关产品，逐步建立和完善上市公司和发债企业强制性环境信息披露制度。

3. 提出发展绿色保险和环境权益交易市场，按程序推动制、修订环境污染强制责任保险相关法律或行政法规，支持发展各类碳金融产品，推动建立排污权、节能量（用能权）、水权等环境权益交易市场，发展基于碳排放权、排污权、节能量（用能权）等各类环境权益的融资工具。

4. 支持地方发展绿色金融，鼓励有条件的地方通过专业化绿色担保机制、设立绿色发展基金等手段撬动更多的社会资本投资绿色产业。

5. 要求广泛开展绿色金融领域国际合作，继续在二十国集团（G20）框架下推动全球形成共同发展绿色金融的理念，积极稳妥地推动绿色证券市场双向开放，提升对外投资绿色水平。

三、绿色金融与金融机构发展创新方向

（一）发展绿色产业基金。

需要政府牵头引导绿色项目股权融资，有了资本金才能进一步做债务融资。在建立绿色基金方面，政府可以采取多种方式来推动、组建绿色产业基金，比如以 GP 和 LP 的形式，有些可以建立地区性的绿色基金，有些可以设立行业性的绿色基金。通过专项基金撬动金融机构庞大的资金资源。一方面有助于分担金融机构的相关业务信贷风险，鼓励金融机构加大对绿色金融业务领域的信贷支持力度，另一方面也有助于绿色金融业务紧密围绕国家政策导向有序发展。

（二）支持绿色信贷。

目前人民银行、银监会陆续出台政策促进发展绿色信贷，但配套措施还不完善。一是需要商业银行根据政策指引尽快建立绿色信贷的授信体系，并针对不同行业的绿色项目的风险度设定授信敞口和支持方向；二是人民银行可以将绿色信贷规模作为 MPA 考核、定向降准等政策倾向的依据，通过政策倾斜推动绿色信贷的深入发展；三是探讨绿色贷款贴息，特别是政策性银行可以牵头管理绿色贷款贴息资金，有效率地去运用这些贴息资金推动绿色信贷的发展。

（三）建立绿色担保机制。

绿色担保也是为了解决绿色项目融资难、融资贵的问题。由于很多新能源项目风险很大，如果直接给这些项目提供贷款，金融机构担心贷款风险度较高，如果政府牵头组建绿色担保机构，通过担保的形式对违约风险进行补偿，有利于绿色项目融资。还可以考虑由包括省、市、县在内的多级政府出资建立绿色项目风险补偿基金，用于分担部分绿色项目的风险损失，并支持绿色担保机构的运作。

（四）建立绿色债券市场。

“十三五”时期，绿色融资渠道将会在债券市场和股票市场得到充分拓展，其中利用债券市场为绿色项目融资的重要方式就是要建立绿色债券市场。目前发行绿色债券已得到金融机构的重视，发行规模在快速增长。如果发行时点掌握得比较好，融资成本就可能低于银行贷款利率。通过绿色债券市场也可以解决银行和企业期限错配的问题。银行有兴趣投放更多的中长期绿色信贷，但是由于期限错配的问题使银行的投放能力受限。有了绿色债券市场，银行可以直接发行5年、7年甚至10年的绿色金融债来支持中长期的绿色信贷投放。企业也可以直接发行中长期的绿色企业债来支持中长期的绿色项目。

（五）开发绿色股票指数。

鼓励开发绿色股票指数，清洁、绿色行业在这些指数中所占的比重很高，污染性行业所占比重就小甚至被剔除。在欧洲，ETF指数产品中已经有20%是“绿色”的，而在中国这个比率只有1%。所以在发展绿色指数方面也具有很大的潜力。建立绿色股票指数有利于引导投资人对绿色资产的配置，有利于引导资本市场资金加大对绿色上市公司的支持。同时强制要求上市公司披露环境信息，环境信息披露是强化资本市场向绿色产业配置资源能力的一项非常重要的基础性工作。让市场能够明确识别哪些企业是绿色的、哪些企业是污染型的，把更多的资源投资到绿色企业。

作者简介：

倪婷，女，1973年出生，首都经济贸易大学金融学研究生，现任京能集团财务有限公司投资总监。

关于加拿大银行业风险管理实践的几点启示

张 艳

摘 要：如何化解风险危机，是财务公司永恒的课题。本文选择在2008年全球金融危机中立于不败之地的加拿大银行业作为研究对象，研究其经营模式、监管机制和监管理念，重点分析加拿大商业银行普遍采用的风险管理理论与实践，分别从风险全民意识、风险“胃口”自律、风险数据平台和风险理念四个方面，深思和总结对于国内银行业包括财务公司风险管理实践的启示。

关键词：加拿大银行业，风险管理，启示

风险管理对银行业金融机构来说，视为“生命线”。如何化解风险危机，是财务公司永恒的课题。“它山之石，可以攻玉”，回顾2008年全球金融风暴，流动性危机四伏，在破产倒闭潮席卷欧洲各国的背景下，加拿大银行业却成功实现了全行业全身而退、保持赢利，赢得点赞无数。如今十年之后，研究加拿大银行业风险管理实践，依旧能够给予我们启示，促进财务公司进一步完善全面风险管理体系。

一、加拿大银行业简介

加拿大实行的是混业经营模式，允许银行开办经营信托和证券的子公司。加拿大银行业被“世界经济论坛”评为全球安全性最高的银行，其中一个主要原因在于加拿大的金融监管以综合监管为重点，以风险管理为核心，有利于监管当局对付金融机构近年来面临的挑战。加拿大的银行成功经受了20世纪80年代发展中国家的债务风波，90年代初期的房地产滑坡和之后的亚洲金融危机，以及2007年–2009年全球金融危机，体制上没有出现任何问题。

加拿大实行统一监管模式，金融监管工作由财政部负责，加拿大中央

银行只负责制定和执行货币政策，不参与对金融业的日常监管。同时，加拿大实行两级金融监管，即联邦和省两级平行监管体系，两级监管无垂直领导关系，而是协调合作关系。除了金融机构监管署（OSFI）和省属监管部门以外，具有部分监管职能的还有加拿大存款保险公司（CDIC）、支付协会（CPA）和金融消费局（FCAC）、金融交易报告和分析中心（FINTRAC）等。

经历多年的探索和实践，1999 年 6 月加拿大财政部颁布了新的《金融监管框架》，确立了以风险为核心的金融监管体系。与传统的金融监管相比，新金融监管框架有明确的战略目标，即增强公众信心、避免不必要损失、降低监管成本、维护有效竞争、提供高效服务。在工作准则上，它始终将金融风险的识别、衡量、监测和控制贯穿于监管过程，强调将有限的监管资源集中于风险突出的金融机构和金融领域。这样既可以提高监管资源的利用效率，又可以降低金融机构的监管成本，从而实现效率和安全的有效结合。同时，新监管框架是一个动态过程，强调金融监管的持续性和前瞻性，要求监管当局对大的金融风险能够做出及时反应。因此，以风险为核心的监管理念将金融监管提高到了一个新的高度。

二、加拿大银行业风险管理理论和实践

（一）风险金字塔（Risk Pyramid）

加拿大银行业金融机构的风险管理框架及其运作机制，用最简单的图形表示为“风险金字塔”（见图 1），是加拿大商业银行风险管理的基础保障。

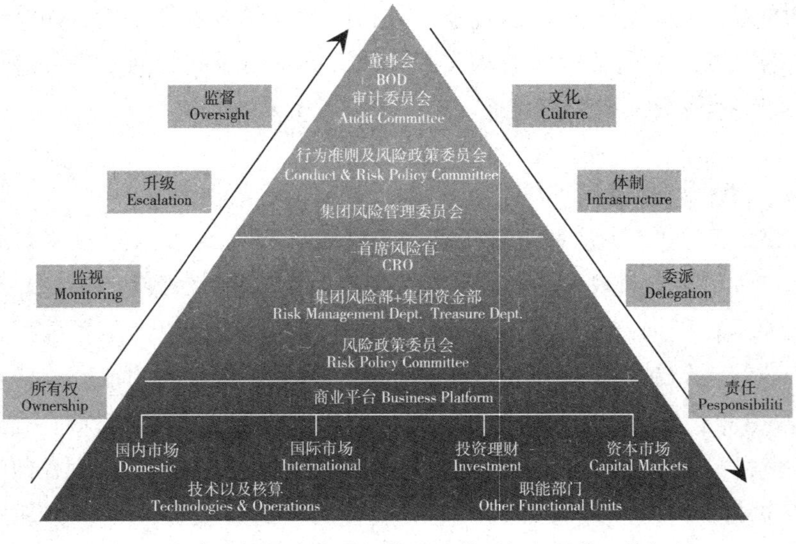

图 1　加拿大银行业金融机构风险管理框架及其运作机制

（二）“三道防线”

加拿大商业银行风险管理实践普遍贯彻着“三道防线”理论，即：不同企业有各自不同的风险管理理念，但总体都离不开以业务部门作为风险的制造者和“承担”者为风险防范的第一道防火线，以风险管理部门作为独立公正的第二防火线，以内部审计部门作为第三道防火线的基本原则。

1. 业务部门是第一道防火线：风险主要是由业务部门在日常金融活动中产生出来的，所以业务部门必须把风险管理的意识和理念贯穿到整个决策的制定和执行中去，积极主动和有效地管理风险。

2. 风险管理部门是第二道防火线：风险管理部门必须制定有效的风险管理体制，对风险有充分的洞察力并杜绝不符合企业风险文化的任何风险，同时也要在风险与回报优化的原则下，促进业务部门的发展。

3. 内部审计部门是第三道防火线：作为具有绝对独立性的内部审计部门，必须确保董事会所审批的风险管理框架、政策、制度、流程的有效执行，并全面贯穿到企业的整个经济和金融活动中去。

（三）业绩考核的指导思想

无风险就无回报，这是金融理论的最基本原理。怎样考核业务部门及其他支持部门以及整个企业的业绩，是每一个领导部门和董事会都必须考虑的重要问题。只有正确的业绩考核指导思想，才能引导企业的可持续性发展。加拿大商业银行的普遍做法如下：

1. 风险资本金的有效管理。作为业绩考核的主要因素之一，就是要知道业务部门所承担的风险有多大，并能客观地把不同类型的风险用统一的测度估计出来。风险资本金就是这样一个有效统一指标。一个有效的风险管理体制必须把所承担的各种风险控制在其所拥有的资本金能支持的范围内。这就要求对资本金的管理有一个自上而下的正确认识，并贯穿到整个决策的制定和执行中去，积极主动和有效地把尾部风险控制在容忍度以内。

2. 优化风险调节后的回报。两个不同的业务部门虽然有相同的实际经济回报，但他们所承担的风险可能会大不一样。很显然，风险承担小的业务部门应该得到更多的奖励。业务部门和风险管理部门的最大使命之一就是要在把风险控制在可控范围内，使经济回报最大化，即优化风险调节后的经济回报。

（四）“生存时间”（Survival Horizon）

加拿大银行业应用最全面、涵盖范围最广泛的流动性风险管理指标就是“生存时间”——指资产流动性超过压力现金流出的最后一段时间，它所反映的是扣除压力现金流出后的净资产流动性。例如（见下表）：

表 1

单位：十亿加元				资产流动性 / 压力现金流											
		平衡	估值折扣	第一月	第二月	第三月	第四月	第五月	第六月	第七月	第八月	第九月	第十月	第十一月	第十二月
资产流动性	资产														
	现金	15	不可用	12	3	1									
	证券	85	2%–100%	60											
	反向回购协议	25	不可用	25											
	贷款及承兑	150	100%												
	其他	50	100%												
	总计	325		97	100	101	101	101	101	101	101	101	101	101	101
压力现金流	负债及所有者权益		因素												
	零售存款	150	5%–25%	（2）	（2）	（2）	（2）	（2）	（2）	（0）	（0）	（0）	（0）	（0）	（0）
	大额存款	65	60%	（24）	（3）	（1）	（1）	（2）	（2）	（1）		（1）	（1）		（1）
	担保资金	32	不可用	（25）	（2）			（1）			（2）		（1）	（1）	
	承兑汇票	8	50%	（4）											
	其他	40	不可用												
	股权	30	不可用												
	总计	325		（55）	（62）	（65）	（68）	（73）	（77）	（78）	（80）	（82）	（84）	（85）	（86）
	表外项目		%												
	信贷额度	150	5%–10%	（2）	（2）	（2）	（2）	（2）	（2）						
	流动额度	20	20%–35%	（1）	（1）	（1）	（1）	（1）	（1）						
	下降抵押品	2	100%	（2）											
	总计			（5）	（8）	（11）	（14）	（17）	（20）	（20）	（20）	（20）	（20）	（20）	（20）
	月净头寸			37	30	25	19	11	4	3	1	–1	–3	–4	–5

在这个例子中，第8个月是资产流动性超过累积的压力现金流出的最后一个月，因此，它的生存时间为8个月。根据既定的基准生存时间（如8个月）来采取管理措施，以改善流动性，例如出售贷款，退出流动资金密集的业务。

（五）内部评级法

加拿大商业银行信用风险管理最重要的工具之一就是内部信用评级系统，其包括诸多组成部分，其中包括违约概率、违约损失率、违约敞口等。内部信用评级定价系统是现代信贷审批中的出发点和基本要素。这种信用评级定价系统能够较客观地回答三个基本问题：贷款申请人是否符合信用条件？能贷多少款？应该收多少利差/利息？内部信用评级系统不仅是巴塞尔新协议对商业银行计算监管资本金的基本要求，更是符合商业银行内部管理需求的重要工具。不同银行有不同的内部评级系统，而且评价尺度也会不一样，但一般也会把内部一些重要评级尺度与外部评级机构的一些关键评级尺度等同起来。此外，信用风险资本金的估算和分配以及风险收益定价系统也是十分重要的工具之一。

三、启示

（一）自上而下的全民意识，风险绩效的根本保障

“风险金字塔”通过内部治理结构和机制实现自上而下的风险文化传导和自下而上的风险控制操作，尤其是当加拿大银行业的CEO面对业务执行官和风险官的冲突时，通常会选择站在风险官这边进行裁决，这种风险管理文化已经深入人心。来自上层领导的支持，无疑对风险管理的有效性是一种根本保障，风险管理不再被当作是摆设和多余。客观地讲，在国内众多金融机构中（尤其是中小型金融企业），风险管理文化还远远到不了加拿大银行业这种“全民意识”境界。利益驱动往往使很多决策者习惯性地忽视风险管理的专业判断；同样，业绩考核指标的导向也使一线的业务部门员工认为风险管理与己无关，是风险管理部门的事情，甚至认为风险管理部门和内部审计部门都是在挑刺；而且，出于经营成本考虑，在风险管理组织的人力资源配置上也往往出现捉襟见肘的尴尬。

（二）合理控制“风险胃口”，方能从容应对危机

加拿大银行业能够从金融危机中胜出的主要原因并非加拿大人比美国人聪明，而是他们不仅重视风险容量，更加重视和了解自己的风险胃口，懂得

自我节制，加拿大国民和金融机构都有自我节制的习惯。风险容量是指监管约束限制企业所能接受的风险，这些约束是硬性的，必须遵从，而风险胃口是通过自发的约束企业自身确定的能够接受的风险量。保守的加拿大银行自觉提高了一级资本充足率的上限。一级资本（Tier 1 Capital）充足率，包括股本金及已披露的准备金，是普通股、保留盈余和非累积优先股与风险调整资产之比。2011 年一季度加拿大五大商业银行的一级资本平均为 13%，远远高出政府要求的 8%，美国排名前 10 位的商业银行一级资本充足率平均为 11.25%，欧洲排名前 10 位的商业银行一级资本充足率平均为 9.26%。流动性比例指标亦然，美国银行的流动性比例平均仅为 15%，而加拿大银行通常都在 30% 以上。仅从这些指标的比较，不难理解为什么同在北美大陆毗邻而居的两个国家，面对金融危机会有两种不同的结局。美国银行业无视风险容量，过于乐观地设定风险胃口，最后只好吃不了兜着走。而加拿大银行业在充分计量风险胃口的前提下，通过设定风险限制和容忍度，把风险胃口具体转化为一系列可执行的声明和限制条款，以此来指导其业务活动，并且通过设定风险组合来实现对于专项风险的及时控制。这种审慎的风险管理意识，对于国内的银行业金融机构有着较强的借鉴意义，风险管理仅凭外部法规约束是远远不够的，关键还得靠金融企业或者说金融企业决策者们自控来发挥决定性作用。

（三）搭建专业的数据平台，为风险管理工具提供基础保障

由于风险的复杂性日益提高，信息技术越来越广泛的被运用到风险管理中，加拿大银行也更多地尝试利用数理模型来进行综合风险管理。从建模的角度而言，风险管理是一项复杂的数学工程，需要海量数据支持，单凭一家或几家银行的内部历史数据很难满足现实的风险管理需求。在操作风险管理时，加拿大银行可以获得专业机构提供的外部数据库，例如 ORX 和 Algo FIRST、巴塞尔委员会数据调查报告等。包括“操作风险损失数据集中协会”，它由风险管理协会（RMA）进行管理，实行会员制，目前有 58 位会员，主要分布在欧洲以及北美，包括大多数加拿大主要银行，该数据库安全性高，采用匿名方式采集数据，无具体损失情形的描述，有较强的保密性。国内银行业金融机构对于风险管理数据的需求是十分迫切的，但是目前国内还没有相对权威的机构能够提供此项服务。如果银行业协会或者财务公司协会能够利用会员资源，搭建起这样一个风险统计数据平台，无论是对于监管机构还是各银行业金融机构（尤其是中小金融机构）的风险管理活动，无疑

都是有益的，至少能够使计算操作风险资本金的依据显得更充足一些。

（四）风险管理不是消灭风险，而是未雨绸缪

加拿大银行业的主流风险管理理念不是消灭风险或是最小化，而是在可承受风险的范围内实现收益最大化，因为过度厌恶风险会限制银行业利润的增长。就这一点，加拿大监管机构和银行业达成了共识，他们一致认为管理好风险，重点是防范而不是禁止，不能因噎废食，每当审批或开展新业务时，他们并不害怕会有风险产生，但是他们非常担心风险来临的时候还没有任何措施在发挥作用，监管机构和银行家们都希望能够做到，因此对新业务的风险识别、监测、控制和报告特别重视，宁可承担由此增加的大量成本投入，也要坚决做好风险管理和全面防范。这一点，对于美国的金融监管机构以及中国的银行业务创新都是一个提醒，如果没有做到和做好未雨绸缪，那么创新业务产品很有可能变成无法控制的恶魔，正如次贷危机中遭人诟病的资产抵押证券业务，其实产品本身又有多少过错呢，风险管理的功课没有做好才是真正祸因。

总之，管理好风险就是管理好未来，中国银行业风险管理之路依然任重道远，无论是银行业监管部门，还是被监管的各家银行业金融机构，无论是银行业金融机构的股东、董事会、高管层，还是其业务经营部门、风险管理部门的从业人员，都应牢记“革命尚未成功，同志仍需努力”，让我们一起为中国银行业的可持续发展做点力所能及的事情，即使危机来临之时我们能够像加拿大银行业那样从容自如。

作者简介：

张艳，女，1975 年出生，中南财经政法大学金融学专业研究生，现任京能集团财务有限公司风险总监，主要从事风险、内控、内审、法人治理、法务等管理工作。

财务公司会计信息化建设的SWOT分析

赵 敏

摘　要：财务公司作为集团内货币资金的经营单位，其会计信息化水平直接影响到集团金融资源的配置情况。根据集团化管控需要，ERP系统的实施对于财务公司会计信息化建设既是机遇又是挑战。

本文采用SWOT分析方法，探讨财务公司会计信息化面临的优势、劣势、机遇与挑战，综合分析财务公司会计信息化研究的现状及其存在问题，并结合财务公司会计信息化建设与应用的既有经验，探索财务公司会计信息化建设的路径和方法。

关键词：财务公司，会计信息化，SWOT分析

随着知识经济的产生，高新技术的发展，ERP的上线与应用已成为集团化管理的必要信息手段，财务公司会计信息化作为其中重要的组成部分，面临着在集团统一财务规划下，如何在指定信息系统的基础上实现与现有会计信息化系统的有效集成或替换，如何完成根据自身业务流程和管理流程特点进行的会计信息化系统二次开发，如何发挥其在一体化信息建设平台中的核心地位等系列难题。列举财务公司会计信息化现状、突出问题，分析其存在的优势、劣势，面临的机会、挑战如下：

一、财务公司会计信息化建设的SWOT分析

（一）财务公司会计信息化建设的优势

1. 具备现实的融合基础。

受业务处理方式与业务规模影响，为确保业务数据的准确真实核算，及时获取集团资金流的信息，财务公司的会计信息化系统或嵌套于一体化的业务系统内置其中，或与其业务系统通过接口实现有效集成，具备其他行业无可比拟的会计与技术，核算系统与业务系统的双重融合点与揉合度。

2. 具备先进的技术设施。

财务公司是典型的智力密集型企业，要实现有限人力资源下的金融服务，要实现数以亿计集团内资金的高效利用，要实现满足内外管理者与监管者的数据要求，借助信息化手段是财务公司的唯一选择，因此较一般行业，较集团内其他单位，财务公司拥有更为先进的计算机软硬件设备与设施。

3. 具备较高的内控基础。

制度建设方面，财务公司会计信息化控制不仅需要满足一般企业内部控制制度要求，而且需要满足金融行业资本管理标准。操作实施方面，财务公司的存贷收支、资金拨付等业务均通过 IT 技术实现在线业务审批与操作，就相关岗位已进行分级授权，分离不兼容，而且每笔具备业务跟踪与监督的可能性。

4. 具备较强的创新便利。

会计信息化从理论上讲为会计学与信息学的交叉学科，财务公司从实践中来源于产业资本与金融资本的深度融合，因而财务公司从外部引入成熟的现代金融管理经验，直接借鉴应用于内部的会计信息化管理，减少研发与试点的成本与中间环节，丰富创新的渠道与方式。

（二）财务公司会计信息化建设的劣势

1. 会计信息化人才的缺乏。

财务公司会计信息化建设或由专门的信息化主管部门负责，或由专业的软件公司 IT 供应商负责，无论哪种方式，都不开财务公司会计部门财务人员的参与，沟通壁垒表现为财务人员对计算机专业知识的不足，IT 人员对会计专业、金融专业的不足，既懂金融会计又懂信息化的人才凤毛麟角。会计信息化不仅需要技术与专业的系统融合，更需要技术与专业的知识融合。

2. 会计信息化用户体验不高。

作为财务公司会计信息化的使用者——经营层、股东、监管当局，应用的会计信息资源主要为会计核算产生的报表数据，均为核算模块制式输出，财务管理和财务分析则由手工处理和经验判断，即会计信息化仍以核算功能为主，管理、分析功能有限。而且存在财务人员原来仅需 EXCEL 表格填报邮件报送的工作，因新系统上线，为便捷整体合并，存在填报流程复杂，工作时间二倍于原操作的情况。

3. 会计信息化风险识别有限。

受金融创新影响，财务公司财务落后于业务，从信息化建设角度表现为会计信息化建设滞后于业务信息化系统，系统上线后各功能模块还需整合磨合，存在新系统上线的技术风险。受创收营利要求，财务公司新业务可通过其他业务系统操作实现，但新业务会计核算则必然通过手工实现，财务人员对交易实质判断有误，会计经验不足时，容易触发操作风险。

（三）财务公司会计信息化建设的机会

1. 市场化竞争的需要。

在宏观经济结构调整和利率逐步市场化的大环境下，国内金融机构受金融脱媒影响日趋明显，表现为核心负债流失、盈利空间收窄、业务定位亟待调整。财务公司如何在特定的客户群体中，找到市场定位与集团定位契合点，深入分析成员单位内在需求，提供更有价值的金融服务，会计的反应与控制职能发挥是业务转型的基础所在。

2. 集团化管控的需要。

随着集团管理水平的不断提升，对信息系统的要求也不断提高，迫切需要一体化的信息管理平台来支撑集团化、专业化、精细化的管理需求，从基建、生产、物资、财务的横向集成，到本部、各成员单位的纵向贯通。财务公司作为集团资金管控的平台，会计信息资源不仅为本单位为用，更为集团所用，是其收集数据、决策分析、配置资源的重要依据。

3. 个性化服务的需要。

"以客户为中心、以产品为导向"的财务公司经营模式，按照集团信息化建设的要求，根据成员单位的业务需求，依据监管政策调整，财务公司的信息化建设是一个动态的调整过程，会计信息化建设自然也保持同步，实现财务管理做精、做细，最终实现达到降低企业风险和运营成本的根本目标。

（四）财务公司会计信息化建设的威胁

1. 风险积聚的威胁。

作为货币资金的经营单位，财务公司在集团产融结合的过程发挥着巨大的作用，但随着集团业务的发展，财务公司也面临着金融风险积聚的巨大挑战，自身在货币经营中的流动性风险、操作风险、信用风险，还有叠加于集团内部的系统性风险、战略风险，即财务公司的会计信息化"防火墙"面临风险加聚的挑战。

2. 信息安全的威胁。

财务公司对内承担吸存放贷职能，对外承担支付结算职能，为确保效率与多家银行直联，与多个系统接口，在使用银行密钥的同时，也给多个成员单位发放自制密钥，会计信息既有业务系统直接传入，也有会计信息化系统自身生成，还有手工录入，多渠道的信息来原、信息加工、信息生成、信息存储与信息使用存在安全隐患。

二、基于 SWOT 分析的财务公司会计信息化建设行动计划

通过列举内部优势和劣势、外部机会和威胁四个维度的因素，对财务公司会计信息化建设的影响程度进行分析排序，可构建出财务公司会计信息化建设的 SWOT 矩阵，如表 1 所示，得到四种可供选择的对策，构建具有财务公司特点的会计信息化建设行动计划。即利用机遇、发挥优势的 SO 对策；利用机遇、克服劣势的 WO 对策；发挥优势、应对威胁的 ST 对策；克服劣势、应对威胁的 WT 对策。

表 1　财务公司会计信息化建设 SWOT 分析图

内部因素 / 外部因素	优势（Strengths）	劣势（Weaknesses）
	具备现实的融合基础 具备先进的技术设施 具备较高的内控基础 具备较强的创新便利	会计信息化人才的缺乏 会计信息化用户体验不高 会计信息化风险识别有限
机会（Opportunities）	SO 对策	WO 对策
市场化竞争的需要 集团化管控的需要 个性化服务的需要	推进一体化的信息化平台管理模式，顺势提升会计信息化水平，规范会计科目、核算规则及应用、建立统一的数据存储平台	组织协调、全员参与、落实职责、事前评估、事中控制、事后审计，提升风险应对能力
威胁（Threats）	ST 对策	WT 对策
风险积聚的威胁 信息安全的威胁	运用现代技术提升会计信息化的风险防范能力、构筑安全防火墙	加强会计信息化人才的培养与培训

（一）SO 对策：会计信息化系统提升计划

财务公司借助集团实施 ERP 信息化的契机，建设以一体化的平台为目标，以会计信息化系统为核心，以保障体系为支撑的企业信息化体系，即建成“纵向贯通、横向集成”的财务公司一体化企业级信息集成平台。会计信息化系统在原有的资产管理、网上报销、预算管理、核算管理模块的基础上，通过采用现代电子手段、以多系统的信息技术进行成员单位数据信息的收集，通过资金计划、资金支付、凭证传输三个接口，实现集团资金流、信息流、数据流在信息化数据集中平台的记录，满足公司业务“在线运营、在线管理、在线监控”的目标。

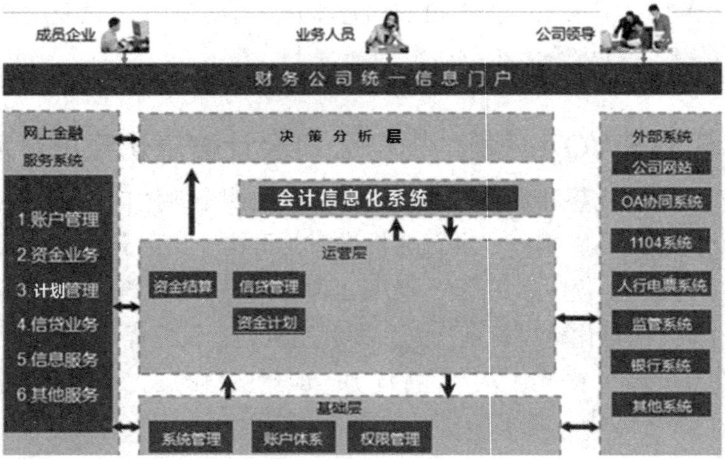

图 1　财务公司信息化一体平台架构图

在原有核算模块升级中，应注意会计信息编码输入控制。规范会计科目、确定核算规则、统一数据存储平台。财务公司会计科目与核算处理构建，对内需要满足集团一张科目表的要求，保证与成员单位会计信息的可比性，对外满足金融统计核算的要求，确保与监管考核规则的一致性。

（二）WO 对策：会计信息化组织协调计划

为实现财务公司会计信息化目标，推动会计信息化管理体系建立，需要明确会计信息化决策、管理、执行检查职责，实施规范化的会计信息化管理流程。

1. 决策、管理、执行、监督职责

（1）对会计信息化管理有关的重大事项进行决策，包括组织机构调整、关键人事变动以及管理重大策略变更、确认可接受的风险和风险水平等。

（2）实施系统由信息部门主管，数据由业务与财务部负责的日常管理模式，各部门参与的会计信息化管控措施的落实。

（3）鉴于会计信息系统与各系统间建有多个连接接口，应设立“谁使用，谁负责”的原则，各部门应安排接口人具体负责本部门数据信息管理工作的落实。

（4）定期进行审计或专项审计，以验证体系的健全性和控制措施的有效性，并对发现的问题提出审计建议，并督促审计整改工作的进行。

2. 会计信息化软件管理流程

按照会计信息化系统管理要求，财务公司应建立软件实施的规范化流程管理：

（1）用户需求了解与调研；

（2）软件设计与开发改进；

（3）根据用户进行软件功能的测试调整；

（4）生产环境的上线试运行，如有同功能软件需至少并行三个月；

（5）信息化主管部门、财务部、审计部及相关部门参与的验收；

（6）就软件运行情况进行评估，就投产比进行效益分析；

（7）根据用户需求进行持续优化。

（三）ST 对策：会计信息化安全保障计划

在对财务公司整体安全架构进行设计的基础上，根据国家信息安全标准、银行信息法规建设财务公司的会计信息化安全技术体系，从身份认证、访问控制、内容安全、监控审计、备份恢复这五类主要信息安全技术方面，贯穿终端、应用、系统、网络、物理这五层数据活动的层面进行架构设计。

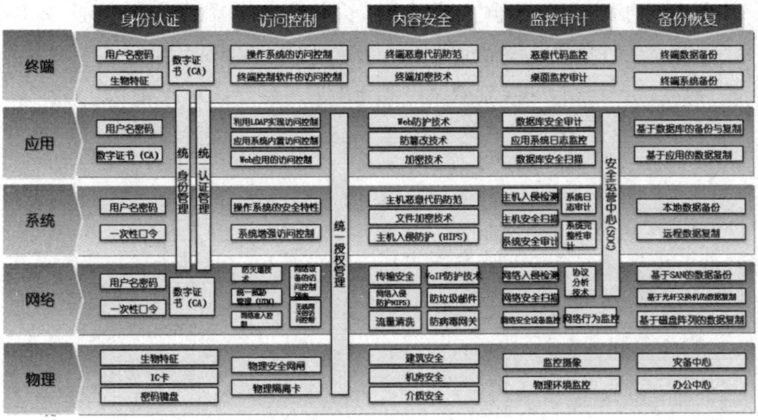

图 2　财务公司信息安全保障架构图

（四）WT 对策：会计信息化人才培育计划

会计信息化建设，三分技术，七分管理，人作为其中决定性因素直接影响着项目进度及成功与否。财务公司在“金融会计 + 信息化”复合型人才的培育的过程中应坚持内外并举的原则：

一是在人才引进时应优先考虑具备信息化建设经验的会计人员，并通过传帮带的形式将其自有知识转为团队智慧，并就财务公司人员考取的职业技能资格中新增关于计算机方面的证书要求，提高全员的信息化使用水平；

二是在人才培训时实施跨专业越界学习，加强会计人员对计算机结构、软件维护、信息化新技术知识方面的掌握，加强信息人员对金融会计知识的了解，加强跨部门业务实操与应用的沟通与交流机会；

三是在人才应用时加大自有人员会计信息化建设的比重，减少对外部供应商的依赖，在项目难度不大的情况下，采取财务公司人员为主，外部供应商为辅的模式，达到降本增效、锻炼队伍两大目标。

为实现会计信息化建设的全员参与，建议由财务人员从职能部门使用信息的角度提出信息化建设的内容，并且专注业务前沿发展需求，保证会计信息化建设能让信息使用者切实感受到会计信息化带来的好处，让更多使用者受益，最终实现会计信息化发展的良性循环。

参考文献

[1] 刘忠玉. 会计信息化 -21 世纪财务会计发展大趋势［J］. 财经问题研究，2004（8）.

[2] 刘玉廷. 论我国会计信息化发展战略［J］. 会计研究，2009（6）.

[3] 李闻一，穆涌. 会计信息化实施效率、实施周期与客户认知程度［J］. 会计研究，2013（6）.

作者简介：

赵敏，女，1979 年出生，中央财经大学财政学硕士，高级职称，现任京能集团财务有限公司稽核部经理。

财务公司全面预算管理研究

熊　涛

摘　要：财务公司作为集团重要的资金管理平台，其担负着集团资金集约化管控的重要职能，旨在实现集团范围内资金的整合与调控，盘活资金存款，调剂资金余缺，降低融资成本。财务公司开展全面预算管理，可以提升财务公司的战略管理能力，高效使用资源，通过有效的监控与考核，有效管理经营风险，达到收入提升和成本节约的目标，实现服务企业集团的最终目标。

关键词：国有企业，全面预算，管理研究

一、财务公司全面预算管理的意义

俗话说，凡事预则立，不预则废。财务公司作为现代企业的产物，必然也要遵循现代企业管理的法则。全面预算管理是现阶段企业发展不可或缺的重要管理手段，它通过对人、财、物、信息的整合，反映企业未来某一特定期间的全部生产经营活动，通过计划、控制、考核等既定的程序，有效地组织和协调企业生产经营活动，保障企业目标利润的实现。财务公司做好全面预算管理是实现企业战略目标的保障，通过协调各部门的运作，将控制的重点前移，强化事前和事中控制，有效控制企业日常经营活动，最终通过全面预算指标来考核业绩完成情况。

二、财务公司全面预算管理的特点

全面预算管理是利用预算对组织内部各部门的各种财务及非财务资源进行分配、考核、控制，以便有效地组织和协调企业的生产经营活动，完成既定的经营目标，作为一种现代化管理手段，具有其鲜明的特点，主要表现为效益性、市场适应性、主动性和综合性。财务公司作为集团内的金融企业，其战略定位和服务对象与实体企业存在较大差异，因此，财务公司的全面预

算管理除了共性特点之外，通过与实体企业的对比，其个性化的特点也就一目了然了。

1. 预算基础不同

财务公司作为企业集团的一份子，其预算管理过程既要符合集团全面预算管理的总要求，也要满足其金融机构的属性。与实体企业不同，财务公司的经营范围包括存款、贷款、同业操作、委托存贷款、财务顾问、债券承销、金融股权投资、保险经纪等，其中存贷款和同业操作是财务公司的主要业务，也是其利润的主要来源，因此，财务公司的预算基础是企业集团的“资金”，与实体企业有着本质的区别。

2. 预算指标不同

实体企业财务预算以营业收入、成本费用、现金流量为重点，营业收入预算是全面预算管理的中枢环节，它上承市场调查与预测，下启企业在整个预算期的经营活动计划。财务公司预算指标以业务预算、资金预算为基础，以经营利润为目标，以现金流为核心，按照先业务预算、费用预算、资本预算、资金预算，后财务预算的流程进行编制。财务公司的预算指标除了收入、利润相关指标外，还包括资金集中度、存贷比、贷款损失准备充足率、流动性比率等指标，与实体企业重点关注资产负债率、收入利润率、应收账款周转率等指标有显著不同。

3. 预算分解程度不同

	预算基础不同	预算指标不同	预算分解程度不同
实体企业	收入、利润目标	资产负债率、收入利润率、应收账款周转率	年度、季度、月度
财务公司	企业集团的“资金”	资金集中度、存贷比、贷款损失准备充足率、流动性比率	年度、季度、月度、每周

图 1

实体企业财务预算往往以历史数据为参考，结合当年市场走势，将年度预算分解为月度预算，每月进行预算分析，考核月度指标完成情况，而财务公司作为经营集团资金的专门机构，资金流情况可谓千变万化，尤其是财务公司在考虑收益性的同时，更关注安全性，集团资金链的安全是财务公司的生命线，所以，为了做好资金安排，财务公司需要结合月度预算，编制每周资金预算，以便保证充足的头寸，确保集团资金安全。

三、财务公司预算的不足之处

按照《企业集团财务公司管理办法》的规定，财务公司是以加强企业集团资金集中管理和提高企业集团资金使用效率为目的，这意味着财务公司的工作重点是管理和服务。在集团内，虽然它是金融板块，却只能对集团成员单位开展经营活动，在集团外，虽然它是隶属于某集团，却与集团内其他实体企业的经营管理有着极大的不同。由于财务公司的特殊定位，财务公司全面预算管理工作还存在着一些不足之处：

图 2

（1）预算基础不实

财务公司预算的基础是集团的“资金”，资金量的大小，资金价格的高低，将直接影响财务公司预算的准确程度和可操作性，但是，由于企业集团的资金往往存在很大的不确定性，与实体企业可以通过“增产”“增收”等多种渠道实现年度目标不同，财务公司无法对集团资金开展“增产”“增收”工作，这就导致财务公司预算的资金流存在很大的主观性。

（2）集团对财务公司预算特殊性考虑不够

集团在布置年度预算编制任务的时候，通常从集团主业的角度出发，无法照顾财务公司预算的特殊性，通用的预算管理规定、指标、表格无法满足财务公司预算编制的需要，财务公司在预算编制过程中，难以得到集团的支持，这也间接造成财务公司“预算基础不实”。

（3）预算指标缺乏代表性

财务公司作为集团的“内部银行”，受集团的影响较大，导致预算指标只能跟财务公司自身的历史数据进行纵向比较，其管理模式、资本规模、盈利模式、收益水平等指标难以与同行业进行横向比较，导致指标值缺乏代表性，进而影响绩效考核的权威性。

四、财务公司全面预算管理研究

（一）编制依据

1. 资金平衡预算

资金是企业的血液，对于财务公司更是如此。与实体企业不同，财务公司的预算，应该从资金平衡预算开始，通过预测下一年度资金流入金额，合理确定资金流出项目和规模。其中，资金流入主要包括：吸收存款、资本金、一般准备和当年计提的减值准备、未分配利润和盈余公积、其他负债以及外源融资。资金流出主要包括：结算备付资金、存放央行、行政备付资金、大额存放同业、发放贷款、投资和其他资产。按照量入为出的原则，通常应该先计算资金流入，然后根据公司实际情况，合理确定资金流出的各明细项目金额，只有资金来源等于资金运用的时候，财务公司的预算资金平衡表才算完成。

表 1

资金来源	资金运用
吸收存款	结算备付
资本金	存放央行
一般准备	行政备付资金

续表

当年贷款减值准备	大额存放同业
未分配利润及盈余公积	发放贷款
外源融资	投资
其他负债	其他资产

2. 收入预算

财务公司主要的收入来源包括：贷款利息收入、存放同业收入、中间业务收入。其中，前两项在进行资金流出预算的时候已经确定了全年预计规模，此时只需要合理预测下一年度平均利率，便可得出下一年度财务公司利息收入。中间业务收入需要参考公司历年中间业务数据，并结合下一年度中间业务开展情况，进行合理预测。

3. 成本费用预算

财务公司的成本主要是利息支出，具体包括吸收存款利息支出和外源融资利息支出，在进行资金流入预算的时候已经确定了全年预计规模，此时只需要合理预测下一年度平均利率，便可得出下一年度财务公司利息支出情况，进而确定公司下一年度预算成本。财务公司的费用支出主要是管理费用，这项内容通常由公司各个部门参考以前年度费用发生情况，结合下一年公司经营管理实际，合理确定费用规模。

4. 利润及资产负债预算

在收入、成本费用预算夯实的基础上，财务公司与实体公司一样，可以预测下一年度利润完成情况和资产负债情况。上述工作在公司业务部门、管理部门共同完成后，由财务部门汇总全部数据，并编制财务预算报表。在编写预算情况说明书的时候，要着重分析各主要指标的预测依据，做到理由充分，数据可靠。

（二）预算审批程序

按照全面预算管理的理念，财务公司预算编制审批程序，应该至少完成“两上两下”，即，财务公司根据集团编制预算的要求，组织各部门开展初步预算编制工作，并将编制情况，及时向集团进行报送，此为“一上”，集团把包含财务公司预算的所有成员单位预算汇总后，根据集团任务目标情况，要求各企业对初步预算进行指标调整，重点是收入和利润指标的调整，此为“一下”。财务公司根据集团有关调整要求，及时进行指标测算和调整，在各项指标均满足集团要求的情况下，再次向集团报送财务预算，此为“二上”，集团收集各单位预算后，将汇总预算提交有权部门审批，集团根据审批结果，对包含财务公司在内的各成员单位进行预算批复，此为“二下”。财务公司将集团批复的预算提交公司内部权力机构审批，至此，财务公司预算审批工作才算完成。

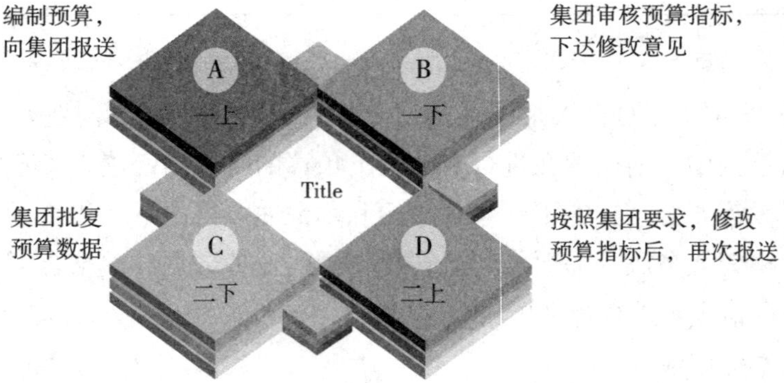

图 3

（三）分解预算

为了体现财务公司预算的全面性，公司不仅在预算编制的时候要考虑全部门、全业务流、全口径，在执行过程中，也要考虑全流程，这就需要对年度财务预算进行分解。为了确保全年预算任务目标得以实现，财务公司应该结合集团整体资金流变化情况，合理预测每月收入、成本，财务公司应将年度预算分解到每个月，并尽可能使分解预算与实际情况相匹配，而不是简单将年度预算数据除以全年 12 月。

（三）执行与考核

1. 月度执行情况分析

财务公司应根据每月预算完成情况，进行预算执行情况分析，并拟定预算执行情况分析报告，月度预算执行情况分析报告主要包括当月完成与月度预算对比分析，查找产生不利差异的原因、责任归属、改进措施以及形成有利差异的原因和今后进行巩固、推广的建议。如果是季度末的月份，还应该在月度分析的基础上，增加累计完成与累计预算对比分析。

2. 年度考核

每年度终了，财务公司要根据全年实际完成情况进行年度预算执行情况分析，分析的内容包括：预算的执行情况及存在的主要问题；经营要素影响预算完成情况分析，应按照可比口径与上年同期比较，与预算年度、进度比较进行分析，经营要素至少按照集团公司确定的预算指标进行分类；经营方针、经营战略、增收节支措施对损益性预算的影响；投融资方案对资本性收支预算的影响；现金流情况以及其他影响预算的重大事项。预算执行考核结果，既是集团对财务公司全年工作完成情况的检验，也是公司对各部门，乃至部门对个人全年工作完成情况的检验。

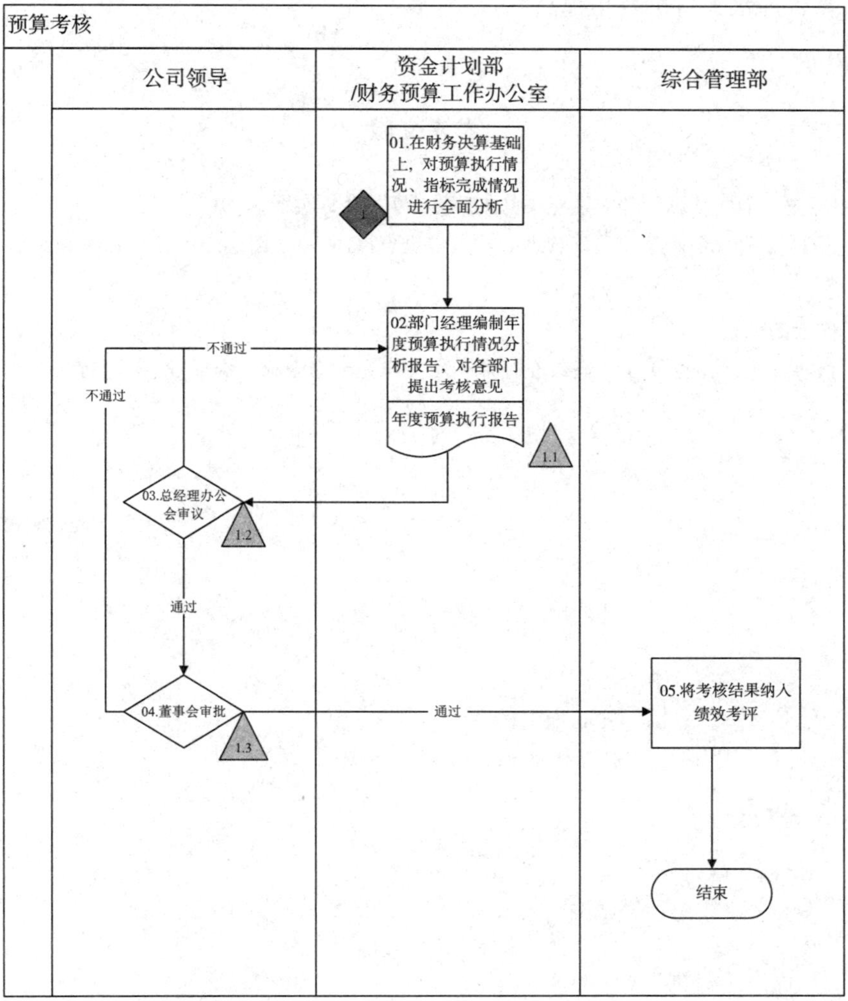

图 4

五、结束语

财务公司作为企业集团的一份子，在全面预算管理方面，有着与实体企业一样的组织和管理要求，但是，因为其特殊的行业背景，导致其在预算编制过程中，与实体企业有着显著的不同。随着财务公司行业数量和规模的不断壮大，越来越多的财务公司在全面预算管理的征途中将探索出更多、更先进的方法，可以预见，在不久的将来，财务公司行业将与其他行业一样，在全面预算管理方面形成富有行业特色的组织流程、指标体系和考核标准，全面预算管理水平将进一步提高。

参考文献

[1] 朱金松. 全面预算管理应重点关注的问题 [J]. 经贸实践，2017 (17).
[2] 夏万里. 国有企业全面预算管理的重点与难点探讨 [J]. 财会学习，2017 (19).

作者简介：
熊涛，男，1982 年生，高级会计师，主要研究方向企业资金管理、成本管理。

对财务公司行业发行金融债存在困难的思考

张　捷

摘　要：金融脱媒导致集团公司的融资需求更多借助于资本市场。财务公司限于资金来源，受制于资本充足率必须高于10%和存贷比低于75%的限制，对集团的信贷支持比较有限。财务公司如何才能在有限的资本下增强对集团的服务能力，同时降低风险资产比重，提升盈利水平和能力：证券化是财务公司未来发展必由之路。

关键词：财务公司，金融债，措施

一、发行金融债的必要性

1. 发行金融债是财务公司相对较易实现的证券化融资方式

财务公司一方面可以通过发行金融债提升资本充足率，壮大资本规模；另一方面，也可以通过资产证券化降低对信贷资产盈利的依赖度。目前我国财务公司大多数具有行业集中度高、单一法人控制的特点，如果财务公司开展资产证券化业务，尤其是成员单位信贷资产证券化，势必出现入池资产行业和地域分散性严重不足，从而带来入池信贷资产行业风险的高度集中，也会出现一个实际控制人的资产证券化现象，不符合构建资产池的要求。相比之下，发行金融债成为财务公司行业相对较易实现的证券化融资途径。

2. 财务公司自身经营发展需要

从公司的长远发展看，加强金融创新能力，扩大服务集团的领域，提高服务集团的水平，是财务公司不断发展的必然选择。发行财务公司债券，拓宽融资渠道，改善资产结构，能够增强运营能力，提高服务水平，提升防范金融风险能力，更好地为集团成员单位服务，对集团公司的发展具有重要意义。

一是有助于优化财务公司资产负债结构。发行财务公司债券是解决中长期资金需求、合理配置资产负债结构、降低经营风险的重要手段。缺少长期负债工具使得资产负债结构不匹配，也增加了经营风险。财务公司现有负债主要来源于成员单位活期存款、通知存款、信用拆借等短期负债。然而在资产配置上有中长期贷款、中长期债券投资等中长期资产。依靠短期负债支持中长期资产，也容易受到金融市场波动的影响。在市场资金供应紧张和成本上升时，不但会提高融资成本还可能会影响到对外支付。

二是有助于拓展长期融资渠道。发行财务公司债券将一方面为财务公司开辟新的外部融资渠道，增强主动负债工具，改变依靠被动负债局面，从而有效缓解流动性管理的难度。另一方面，通过解决资产负债期限结构的不匹配，规避短期利率波动风险，增强财务公司抵御风险的能力和经营的主动性，为进一步完善金融功能打下良好的基础。

3. 金融资本服务产业资本助推集团发展

在今年宏观经济形势下行的严峻背景下，集团企业的经营效益和经营现金流可能会出现一定的问题。发行财务公司债券，一是从发行成本上会有效降低集团整体的财务成本；二是在增加财务公司可贷资金的同时，通过组建银团，可撬动更大规模资金支持集团发展；三是通过发债创造的市场环境、积累的经验将大力推动其他新业务的开展，完善财务公司服务集团的功能，提高服务集团的深度和广度。

二、发行金融债存在的困难

2007 年，银监会下发了《关于企业集团财务公司发行金融债券有关问题的通知》（简称“《通知》”），对企业集团财务公司发行金融债的条件、程序和资金用途做了较为详细的规定。截至 2017 年 10 月 31 日，当前财务公司行业发行金融债的市场情况较为冷淡，10 年间共有 12 家财务公司累计发行 21 笔共计 607.80 亿元金融债。2015 年至今，未有一家财务公司发行财务公司金融债。除了考虑到近几年债券市场利率较高，财务公司发债成本较高的因素外，还有以下几方面困难无形中限制了财务公司金融债市场的发展。

1. 受监管指标影响财务公司发债总额受限

根据筹资资金用途，发行财务公司债券后会对资本充足率指标产生影响。假设财务公司在发债期间的注册资本不发生变化，在保证公司已发行、尚未兑付的金融债券总额不得超过净资产总额的 100%，发行财务公司债券后，资本充足率不低于10%的情况下，为满足公司发行需求和监管及发行要求，预计可发行债券的最大规模约为财务公司的注册资本金。目前财务公司行业的注册资本金规模都并不是很大，这就从总量上限制了财务公司行业金融债的市场规模。

2. 发债成本推高财务公司负债综合成本率

截至2017年10月30日，市场上已发行的21只财务公司金融债的加权平均利率为4.61%，如果加上一般0.3%的发行手续费，发行综合成本为4.91%，加权平均的发行期限为4.97年。上述财务公司金融债的发行期间自2007年至2014年不等，受各年宏观经济影响债券发行市场的利率走势不一。目前，财务公司行业资金来源主要表现为企业集团成员单位的吸收存款，普遍负债结构为短期多、长期少，综合负债成本因负债结构影响普遍偏低。虽然财务公司发行债券的成本利率较其他类型企业更低，却因发行期限较长推高了财务公司的综合负债成本率，在一定程度上降低了财务公司发债的积极性。

3. 集团内部协同机制有待进一步提升

财务公司是以加强企业集团资金集中管理和提高企业集团资金使用效率为目的，自负盈亏、具有独立法人地位的经济实体。虽然说“服务集团”是财务公司的天然使命，但目前在集团对财务公司的管理上，主要体现在具体绩效考核指标设置中，仍将利润指标作为主要关注点，较少考虑财务公司为集团和成员单位节约的成本。一方面是因为在节约成本的统计上没有统一标准，不好做到量化；另一方面从成员单位的角度出发，较难全面理解财务公司在整个集团资金融通中为节约集团整体成本做出的努力和贡献，较多地还是关心从财务公司获得的融资利率高低。综上所述，企业集团对财务公司绩效考核指标设置的导向，也在很大程度上制约了财务公司主动发行金融债的积极性。

三、解决措施

在国家坚定不移地推进金融自由化等金融体系改革，建立多层次资本市场体系的浪潮中，财务公司要紧紧把握债券市场的重大发展机遇，从以下几方面着手推进金融债的发行。一是呼吁监管层面将财务公司为集团成员单位节约成本的计算纳入定量监管统计指标，为财务公司对成员单位的让利行为提供考量依据。二是建议集团层面从一体化角度出来，改进考核管理方式，统筹设置对财务公司的绩效考核指标体系。三是建议财务公司层面在发行金融债期限结构的设置上，尽量匹配短期、中期、长期等多种期限品种，以将发债综合融资成本调整在集团考核利润的可控范围内，同时满足不同类型投资者的需求。

参考文献

[1] 晏斌. 财务公司发行金融债缺位困局［J］. 中国石化，2014（11）：70–72.

作者简介：

张捷，女，1988 年出生，天津工业大学会计学研究生，现任京能集团财务有限公司资金主管。

对企业集团财务公司轮岗及其风险识别的一些思考

陈晓敏

摘　要：财务公司作为大型企业集团框架下具备金融牌照优势的非银行金融机构，岗位轮换尤其是关键岗位的轮换是满足监管要求、有效控制职业风险、道德风险和培养复合型人才的有效手段，然而轮岗实施的本身同样会带来一定的操作风险和合规风险，统筹管理员工岗位轮换，规范关键岗位轮换管理要求，识别和评估岗位轮换风险，将实施风险降到最低，保障其积极作用，是需要财务公司研究的不可忽视的重要工作之一。

关键词：财务公司，岗位轮换，风险管理

一、财务公司岗位轮岗的必要性和意义

（一）是满足监管要求、规范风险管理的需要

中国银行业监督管理委员会作为财务公司的监管部门，出台了一系列政策规定要求各金融机构充分认识轮岗对于加强企业内部控制、防范金融风险的重要意义，要求各企业认真组织实施重要岗位的轮岗工作，并将轮岗实施情况纳入到现场监管检查内容中，直接影响了财务公司监管评级结果和新业务资格申请进度。

（二）是培养复合型人才、构建一流金融团队的需要

一般情况下，财务公司员工规模不大，人员队伍精干，跨岗兼岗情况比较普遍，同时财务公司作为服务集团及其成员单位的金融机构，需要一支优秀金融团队提升企业形象和专业服务水平，这就要求员工，尤其是骨干力量能够全面了解财务公司经营管理活动，增强业务和管理的实践经验，通过不断学习和总结增强个人和团队的战斗力。

（三）是提升企业竞争力、实现财务公司可持续发展的需要

当今时代，人才竞争力已经成为企业核心竞争力的重要部分，同行业之

间在不断加强合作的同时人才竞争形势日益严峻，识别人才、发展人才和留住人才是提升企业竞争力的关键。轮岗的实施将积极向上的员工状态、换位思考的职业立场融入到企业文化中，在一定程度上有利于员工个人职业发展的探索和历练，有利于创建和谐的团队氛围，有利于增强员工凝聚力和归属感，从而达到提升企业综合竞争力的目的。

（四）是财务公司深化职能定位、拓宽服务功能的需要

财务公司是集团公司产融结合战略的重要组成部分，是集团公司资金管理和金融服务平台，为避免集团发展过程中被逐渐边缘化的境地，财务公司要不断深化和拓展职能定位，高级财务人员和金融人才的培养和输出是其充分发挥金融牌照优势的充分体现，是财务公司跟上集团发展步伐的重要保障。

二、财务公司岗位轮换发生的几种情况

（一）关键岗位强制性轮岗

所谓关键岗位是指上级机构和企业内部认定的涉及资金交易、结算经办、信贷、信息化、采购和风险管理及审计等岗位。经上级机构认定的关键岗位除具备一定的从业资格外，还需要定期轮岗以规避职业道德风险及其他岗位风险。

（二）固定性轮岗

财务公司需要建立行之有效的轮岗制度来指导和规范日常轮岗工作，一般会界定中层及以下管理人员的轮岗周期，如中层管理岗位同一岗位五年进行轮岗，一般管理岗位同一岗位满三年进行轮岗。针对固定性轮岗，公司应结合其他轮岗情况制定年度轮岗方案，分析轮岗需求和实施策略，通常涉及到三个部门以上的员工轮岗。

（三）岗位调剂引起的部分轮岗

岗位调剂是指在部分员工岗位晋升、长期休假或其他变动的情况下产生的个别岗位轮换的情况。通常涉及到两个部门的员工轮岗。

三、轮岗管理流程

（一）前期准备

包括员工任职情况统计、岗位胜任能力分析、轮岗工作方案制定、员工轮岗思想动态沟通等。

（二）方案实施

按照方案组织相关人员进行轮岗动员，按时保质完成工作交接，部门内

部落实岗位工作“传帮带”，将轮岗可能引起的风险控制在最小范围。

（三）后续工作

包括关键岗位责任审核、轮岗人员轮岗谈话、轮岗效果评估等，用PDCA的原则完善和总结轮岗工作。

四、轮岗管理需要注意的风险点及其规避

（一）岗位风险点

1. 员工思想情绪直接影响工作状态

岗位轮岗应以企业发展的实际需求为出发点，兼顾员工个人职业发展需求。忽略了员工个人需求，就是置员工积极性和责任心于不顾，直接影响工作质量甚至引发操作风险。因此，轮岗前后的谈话至关重要，轮岗前应充分了解员工需求，结合公司发展需求做深度沟通，在激励员工的同时对企业与个人的共同发展达成共识。

2. 岗位新人对操作不熟练可能导致操作风险

财务公司作为非银金融机构，操作风险是日常经营管理活动重点关注的风险类型之一，这直接影响着监管当局对企业风险管控能力的评价结果以及对客户的信誉。针对财务公司人员规模相对较小的行业特征，在轮岗管理工作中认真落实原岗位人员对新人的“传帮带”是缩减操作风险的有效手段。同时，应注意建立岗位激励和约束机制，增强员工工作责任意识，相关领导或部门负责人应密切关注新人岗位任职情况，及时帮助其解决工作中的疑惑和困难。

3. 岗位新人对政策不熟悉可能导致合规风险

岗位工作尤其是关键岗位的工作不仅要熟练掌握岗位操作技能，还应全面了解应遵守的国家或地区以及行业政策法规，政策学习不到位可能面临业务不合规等更为严重的问题。因此，财务公司对轮岗人员的学习培训必不可少，并应形成相应的考核机制。

（二）人力资源管理风险点

1. 管理流程和管理职责不清导致管理内耗

员工轮岗是关系到公司人力资源管理活动、部门和岗位职能管理以及风险管理且实施周期相对固化的系统工程，一旦组织实施的流程不清、管理职责模糊，容易发生企业管理中推诿扯皮的问题。所以，将轮岗工作纳入到企业管理制度中是规范轮岗管理的必要条件。同时，要通过不断的轮岗管理总结经验教训，持续优化和完善管理流程。另外，轮岗实施以及工作交接的过程中，沟通至关重要，有利于发现问题和解决问题。

2. 管理不持续、不到位导致工作盲目

一旦实施轮岗，轮岗管理便成为企业人力资源管理中人力资源规划和配置的重要内容，只有对人员进行全盘的规划才能制定出合理的配置方案，才能保证轮岗管理统筹的科学性和适用性。管理流程持续优化的同时也要通过对轮岗效果的分析验证方案的可操作性，并持续完善每年的轮岗方案，避免规划盲目、实施盲目，最后不仅降低人力资源管理质量，甚至会给企业内部的管理工作带来负面影响。

（三）企业发展风险点

1. 岗位轮换过于频繁导致企业内耗增加，发展偏离。

轮岗是财务公司提升人力资源管理水平的一大利器，然而过于频繁的岗位轮换会带来员工情绪波动过大、领导日常关注点缺失、企业战略落地困难等一系列问题。因此，财务公司实施轮岗一定要认真分析、合理安排，一般不宜同步的全员轮岗，如有必要，应分批分阶段实施。同时，轮岗一定要进行人员资质能力和岗位胜任能力分析匹配，将合适的人轮岗到合适的岗位。

2. 忽视员工个人职业发展导致人才流失，发展乏力。

员工与企业的共同发展是企业可持续发展的源动力。虽然关键岗位轮岗是监管部门下达的硬指标，但要通过轮岗提升人力资源管理水平，达到人才培养的目的，就应兼顾好员工个人职业发展规划，为员工提供良好的发展平台。如果忽略了这一点，必定产生因为人才自我发展瓶颈而导致优秀人才流失，这对企业的发展非常不利。

综上所述，财务公司人员轮岗机制是一把双刃剑，有效控制风险的同时也会带来一定的风险，因此企业领导应对轮岗日常管理工作给予足够重视，配备优秀的人力实施此项工作。只有将轮岗工作系统化、规范化，才能将其积极作用充分发挥出来，才能最终实现企业与员工的共同发展。

参考文献

[1] 郭小天. 基于 COSO 框架的商业银行内部控制体系构建与实施 [D]. 江苏大学，2016.
[2] 陈靖. 浅探集团财务人员轮岗机制的建立和实施 [J]. 经营管理者，2016（24）.

作者简介：

陈晓敏，女，1979 年生，燕山大学经济管理专业，中级经济师，现任京能集团财务有限公司稽核部经理助理。

防控信用风险，搭建信用风险防控体系

于　波

摘　要： 新的形势下，外部宏观环境变化较快，企业集团财务公司在有效控制各类风险的管理机制和培育合规文化方面与商业银行还存在较大差距。本文旨在针对授信业务，探索一套基于PDCA理念的信用风险防控体系，以满足财务公司风险管理要求，并且提升财务公司信贷工作成果。

关键词： 信用风险，防控，体系

一、信用风险防控体系的内涵

财务公司是经中国银行业监督管理委员会审查批准的非银行金融机构，具有高门槛、高风险、高关联性的行业特点，财务公司信用风险防控体系如何满足监管要求、满足股东和公司员工的利益诉求，确保将突发风险控制在集团与公司战略目标相适应并可承受的范围内，促进集团发展战略目标的实现，是对财务公司管理创新活动的严峻考验。由于授信业务是财务公司的主业，又是信用风险中发生频率最高、影响最大的业务，强化授信业务抗风险能力，成为财务公司提高金融服务质量和资产质量的重要手段[1]。财务公司既是集团内部的企业，又是服务于集团内部的金融机构；财务公司的发展既要"立足集团、服务集团"，又要满足监管要求。

信用风险防控体系以防范和控制信用风险为授信业务开展的最根本管控核心，统筹考虑财务公司作为金融机构固有的信用风险与其他风险（包括市场风险、操作风险等）的关联性，以加强基础具体工作流程为抓手，确保财务公司高效、有序、稳健经营。

信用风险防控体系是基于PDCA的循环理念，综合考虑了财务公司作为金融机构固有的信用风险与其他风险（包括市场风险、操作风险等）的关联性，通过建立组织的信用风险防控目标，制定信用风险管理计划、执行信用风险控制过程、评估信用风险管理效果及风险应对方案，从降低信用风险发生的可能性出发，并最终防范、规避信用风险事件发生的过程。

二、信用风险防控体系的特点

信用风险防控体系具有：风险为本、有效控制、相互协作、独立监督、动态循环这五大典型特点（见图 1）。

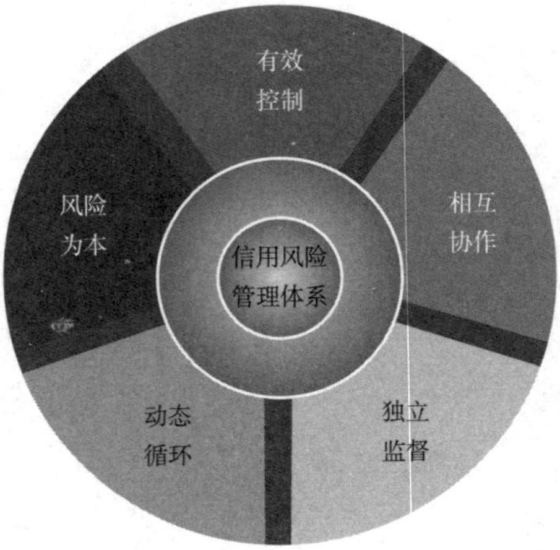

图 1　信用风险防控体系图

1. 风险为本，即以防范和控制风险为最根本的管理目标，强化财务公司全员信用风险防控意识，进一步夯实信用风险管理基础，以加强产业链金融服务的基础具体工作为抓手，确保财务公司高效、有序、稳健经营[2]。

2. 有效控制，即加强信贷管理及中间业务管理活动的执行及检查环节，并通过梳理公司在产业链金融服务的各项业务中的内部控制现状，查找、分析内部控制设计和执行中存在的缺陷及成因，组织缺陷整改，落实整改主体责任，动态提升信用风险管理水平。

3. 相互协作，即风险管理部门统一组织全公司范围开展识别、评估和监测合规风险；一线业务部门从防范和控制财务公司合规风险的角度出发，分工协作，并及时向信用风险管理部门提供信用风险信息或风险点。

4. 独立监督，内部审计部门对财务公司的信用风险管理状况独立开展检查或评价，为信用风险管理提供独立、客观意见，并监督相关部门执行纠正措施。

5. 动态循环，即经过 PDCA 良性循环及对可能发生信用风险的情况进行处理，将处理不了的信用风险点放入下一个 PDCA 循环，从根源防范信用风险风险事件的发生。

三、信用风险防控体系的搭建原则

信用风险防控体系实行分级管理原则。即：贷审会在董事会的授权范围内对董事会负责，负责产业链金融服务业务的政策、制度和业务审批；总经理办公会在董事会或贷审会的授权范围内对董事会或贷审会负责，负责产业链金融服务业务政策、制度和业务审定；业务部门实施有效信用风险控制的第一道防线，风险管理部在事前与事中实施专业化信用风险管理的第二道防线；风险管理部将监管政策、信用风险管理要求以及风险提示等分解给各业务部门或其他后台支持部门，业务部门主动提供信用风险信息或风险点，并配合风险管理部门的风险识别、风险评估及风险监测；风险管理部通过提供信用风险管理方面的建设性意见，帮助业务部门管理好信用风险，为产业链金融服务业务的具体实施与产品创新提供支持。

体系搭建以风险识别与评估机制为手段，主动预防信用风险。强调以人为本为基础，以预防为核心，以求在面对突发事件时能快速、有效、科学地处理并控制事态发展，实现损失最小化。实操中以风险预警和报告机制为切入点，通过信息化手段设立黄线预警和红线报警机制，尽可能将突发事件控制在萌芽状态。

四、信用风险防控体系的管理效果

1. 管理效率显著提升

通过对信用风险防控体系的构建，不仅满足了财务公司信贷业务管理目标，且针对集团企业特点所构建的授信管理体系具有全面性、科学性、集约性以及可操作性，可以有效降低财务公司信贷管理的工作量，大大提升了授信管理效率。在产业链金融创新中，培养了一批踏实肯干、讲究效率、追求卓越的管理人才。一方面，通过投资、信贷两个业务部门内部轮岗，使各部门内员工对各项业务熟练掌握。另一方面，信贷部门内实行客户经理制，按客户所处行业板块划分给几位客户经理，使各自对所负责领域有专业、全面、深入的了解，并与投资部共享信息，实现跨部门精细化管理。团队协同能力日渐增强，团队的专业化程度、服务水平不断提升，推动了京能财务品牌的打造，树立了良好的形象。

2. 业务总量逐年递增

随着企业融资授信管理体系的逐步完善，授信管理工作运行高效，促进业务总量逐年递增。财务公司充分发挥着集团财务调控、金融服务等平台功能，不断满足集团及成员单位融资需求，解决成员单位资金难的问题。以本人所在的集团财务公司为例，2014 年至 2016 年，融资服务业务总体规模日益增长，从2014年的141.95亿元，增至2016年的306.35亿元，总体规模翻番。其中，自营贷款累计发放从2014年的140.36亿元增至2016年的293.64亿元，且增速逐年提升。票据承兑量逐年递增，从2014年的1.59亿元增至2016年的12.27亿元。2014年新增银团贷款业务，逐年增幅巨大，首年放款1.54亿元，至2016年累计发放6.87亿元。2015年，办理票据保贴业务，金额总计4,243.5万元。2016年，新增保理业务金额总计500万元，联合贷款业务3,900万元。此外，2014年至2016年提供融资服务企业户数逐年递增，从2014年的31家增至2016年的44家。

3. 有效防范信用风险

通过信用风险防控体系，不断加强风险防范与控制，严格遵守银监会各项监管要求与规定，在兼顾安全性和流动性的基础上稳健经营，通过制定各类总体提升性的长效管理机制并强化执行，切实防范信用风险事件的发生。同时，该体系帮助财务公司了解自身面临的风险及风险的严重程度，有助于帮助财务公司形成持续改进的风险控制和自我评估机制，为管理层的风险管理决策提供基础性意见，最终提升合规管理能力，防止信用风险的发生。

4. 信贷质量逐年提高

通过不断摸索企业的发展规律，逐步夯实授信管理基础，严格把控客户评级授信管理工作，确保信贷质量。采取总量授信和信用评级的方式，确保所有贷款客户贷款余额均控制在授信额度范围内，有效防范信用风险，提高了风险管控能力和专业化服务水平，切实服务集团实体经济并促进了集团的战略实施。同样，以本人所在的集团财务公司为例，通过搭建信用风险防控体系，严格把控客户评级授信管理工作，确保所有贷款客户贷款余额均控制在授信额度范围内，有效防范信用风险，公司成立至今自营贷款本息收回率100%，不良贷款率0%。

参考文献

[1] 田娟娟. 战略性新兴产业融资的效率与风险研究 [D]. 东北财经大学，2016.
[2] 陶园. 利率市场化下商业银行信用风险法律防控浅析 [J]. 皖西学院学报，2016,（04）：96-99.

作者简介：

于波，男，1977年出生，毕业于北京交通大学本科专业，现任京能集团财务有限公司业务发展部经理.

改善财务公司资金管理的问题探讨

王　冰

摘　要：财务公司是以加强企业集团资金集中管理和提高企业资金使用效率为目的，为企业集团成员单位提供财务管理服务的非银行金融机构。财务公司的资金营运模式主要包括资金归集、资金计划、资金运作三个环节，通过这三个环节的资金循环周转，进而充分发挥集团冗余资金效益，满足集团和成员单位的融资需求，降低其外部融资规模和成本。本文便是在阐述资金管理对财务公司的重要性之后展开，通过分析资金归集、资金计划以及资金运作三个资金管理环节中存在的问题，从内外部因素等多维度入手，深度剖析财务公司资金管理问题的症结所在，并由此提出了改善和提升资金管理的相应措施。

关键词：财务公司，资金管理，归集，计划，运作

一、财务公司资金管理的重要性

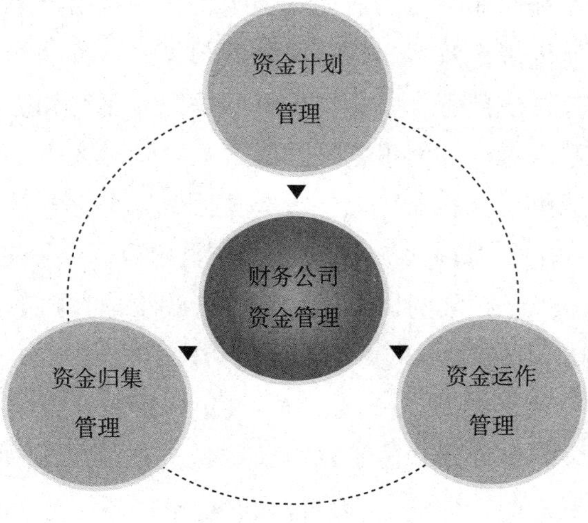

图 1

（一）资金管理是财务公司运营的基础

财务公司虽然是非银行金融机构，但其经营的业务与银行有着非常高的相似性，资金是财务公司运行的基础，作为一个专门经营资本的组织，是无法离开资金独立存在和经营的，所以说资金管理是财务公司运营的基础。

（二）资金管理是财务公司对集团金融服务职能的最佳体现

财务公司成立的目的就是加强企业集团资金集中管理和提高企业资金使用效率，“立足集团、服务集团”是财务公司的宗旨，财务公司通过良好的资金管理，可以满足集团及成员单位不断扩张对资金的需求，将集团分散的资金集中统一管理，促使集团由粗放型向集约型转变，解决集团“存贷双高”的现象，降低集团整体财务费用，所以资金管理是财务公司金融服务职能的最佳体现。

（三）资金管理可以强化集团企业凝聚力

首先财务公司成立之初就吸纳集团成员单位为股东，形成共同的资金纽带；另外财务公司用归集成员单位的闲散资金解决集团内企业的融资需求，打破了成员单位在融资市场上各自为战的局面，增强集团在外部融资市场的议价能力，强化集团整体凝聚力，形成共同进退和共同发展的局面。

二、财务公司资金管理存在的问题

（一）资金归集管理存在的主要问题

从资产负债表看，财务公司的资金来源主要是吸收成员单位的存款，其次再是股东权益和同业拆借的短期资金等，可以看出财务公司主要通过归集集团内部资金产生规模效益，内部资金的归集是财务公司安身立命之本，但目前我国财务公司内部资金归集情况并不乐观。制约和影响财务公司资金归集既有外部因素也有内部因素，外部因素主要体现在由于监管政策产生的“不可归集的专户资金”，内部因素主要是集团和财务公司的协同机制薄弱，对成员单位的统一考核力度不强，部分集团成员单位资金归集的积极性不高。

1. 监管政策对资金归集的影响。种种监管政策导致财务公司不可归集的专户资金规模居高不下，主要的影响政策包括以下几种：

（1）银监会“三个办法、一个指引”规定，银行业金融机构发放的大部分流动资产贷款、固定资产贷款必须由银行受托支付，不得委托财务公司进行受托支付，固定资产贷款资金不得进入企业集团资金池，流动资产贷款资金自主支付部分要由放款银行决定是否可以将其归入集团资金池，可见，企业的贷款专户资金绝大部分不能归入财务公司。

（2）证监会关于《上市公司与集团财务公司关联交易及其规范》第二条规定，“上市公司与集团财务公司发生存款业务时，上市公司存放在集团财务公司的存款余额不得超过上市公司最近一个会计年度经审计的总资产金额的5%且不超过最近一个会计年度经审计的期末货币资金总额的50%，上市公司存放在集团财务公司的存款余额占其银行存款的最高比例不得超过上一年度上市公司从集团财务公司取得的贷款占上市公司贷款总额的比例”等。

（3）深交所《深圳证券交易所信息披露业务备忘录第37号——涉及财务公司关联存贷款等金融业务的信息披露》第五条规定：“上市公司应严格按照本所《主板上市公司规范运作指引》第六章的相关规定专户存储募集资金，不得将募集资金存放于财务公司”。

2. 集团和财务公司间的协同机制薄弱。集团对财务公司的资金归集支持主要体现在宏观的行政手段，但对成员单位的具体绩效考核指标设置中，较少设置在财务公司的资金归集率指标，即使有，指标的权重也不会太高，集团关注更多还是利润和规模相关指标。虽然财务公司在集团中处于特殊地位，但毕竟只是集团的二级成员单位，财务公司缺少对成员单位的考核权，导致部分集团成员单位资金归集的积极性不高。

另外，财务公司在定位上虽是“依托集团、服务集团”，但这种服务的深度和广度还不够，比如在解决集团和成员单位融资需求时往往不能全面、有效满足，集团和成员单位仍需从外部各种渠道筹集大量资金。由于银监会考核商业银行的存贷比，商业银行非常看重成员单位在银行的存款情况。在与商业银行融资谈判中，如果大部分资金都存在财务公司，会使成员单位缺少谈判的筹码，客观上间接影响成员单位支持财务公司资金归集的积极性。

（二）资金计划管理存在的主要问题

资金计划管理是财务公司资金管理的中枢，上承资金归集，下启资金运用，主要是指财务公司的资金计划部门根据公司当下的资金头寸，以及未来不同时点资金头寸的进出信息，在既保证财务公司资金链安全又能充分发挥资金效益的前提下，合理安排不同时间跨度内的资金头寸，使资金使用部门据此运作资金，其重要性不言而喻。但是如何合理的安排好资金头寸是困扰众多财务公司的一大难题，主要表现在以下三方面：

1. 计划管理职能比较薄弱。存在诸如计划编制方法和编制程序不够科学完善，计划控制执行与监控过程流于形式，计划控制考评与激励机制不能完全发挥作用等。财务公司目前资金计划的主要依据是成员单位报送的资金周报、月报、季报和年报，报送质量参差不齐，不报、漏报、错报的情况常有发生，报表编制人员难以全面了解公司经营信息和资金状况，越长期的资金计划越难把握。财务公司在执行成员单位报送的这些计划内资金时还常常遇到很多临时性的大额资金进出，作为服务集团和成员单位的二级单位，一般是尽量满足成员单位的资金需求，对资金计划的执行情况缺少有效约束措施。

2. 资金运作部门对资金预测难以准确把握。财务公司资金运作部门的资金运作方式主要是：对集团和成员单位贷款、存放同业和对金融债券、成员单位企业债券的投资，由于货币市场瞬息万变的环境因素对资金运作影响较大，运作部门会根据市场变化随时调整投资的结构、期限和规模，客观上难以预测出较长期限的资金运作需求给资金计划部门。

3. 财务公司融资渠道不够多元化对资金计划的限制。根据《企业集团财务公司管理办法》规定，当前我国财务公司的资金来源以内源融资为主，主要是股本和吸收集团内部成员单位的闲散资金，外源融资主要是向银行等金融机构拆入时间不超过七天的短期资金。在货币市场资金偏紧的情况下，集团和成员单位通过外部市场获取资金的难度会加大，向供应商付款的压力也会激增，财务公司的吸收存款自然会呈不断下降趋势，资金备付压力变大，此时由于外源融资渠道单一，既无力缓解集团和成员单位的资金压力，也会极大压缩资金运作的头寸安排，不利于提高资金使用效率。

（三）资金运作管理存在的主要问题

目前我国财务公司受经营范围的影响，盈利手段单一，传统的资金运作模式面临挑战，产品及服务缺乏创新，这是财务公司资金运作管理存在的主要问题。

1. 资金运作渠道单一。财务公司目前的资金运作方向主要是对成员单位提供贷款、存放同业、投资成员单位的企业债和金融债等，资金运作的空间很小，在货币宽松的市场环境下，一方面成员单位通过市场直接融资（比如发行债券或票据）可以获取较低融资成本的资金，对财务公司的贷款需求不会很大；另一方面存放同业和债券投资的市场利率一般都不高，财务公司经常考虑流动性安全的平衡而放弃投资，两方面因素共同造成财务公司大量资金难以找到合适的投资标的，无法充分发挥资金效益，从而形成资金浪费。

2. 传统资金业务的利差空间逐渐被压缩。随着近年来国内金融改革的不断深入，金融脱媒以及利率市场化对财务公司的传统业务模式也提出了严峻考验。虽然利率市场化是把双刃剑，可以促进金融机构走市场化的道路，加快改制，但同时带来经营风险升级和盈利能力下降的挑战。利率市场化使市场竞争更激烈，金融机构为稳定存款而增长的成本需要以提高营业收入的方式抵消，而在贷款利率下降的情况下，要通过扩大贷款规模、提高存贷比来实现这一目标。提高存贷比可以缓冲净息差的收窄，但资金链安全的风险也在加大，尤其是我国面临着经济转型发展和结构调整的基础仍不稳定，实体经济领域风险有扩大和蔓延的趋势。此外金融脱媒仍无法消除，与银行间的竞争产生叠加效应，经营风险不容忽视。

三、改善财务公司资金管理的对策

（一）改善资金归集管理的对策

1. 加强资金监管政策研究，争取监管部门支持。

财务公司应深入研究有关资金监管政策出台的深层原因基础，既要理解有关监管政策所针对业务的风险，同时也要看到其积极作用的一面，比如对集团上市公司与财务公司间的关联交易的管理，既不能因噎废食、放任自流，也不能过度死板地约束。财务公司对资金管理效能的提升，受益的不仅仅是企业集团总部，也包括其控股的各类上市公司和非上市公司。可建议财务公司协会将财务公司资金归集遇到的问题和政策障碍向监管部门进行反映和沟通，让监管部门了解财务公司的定位、业务、风险控制能力等，协调监管部门出台相关政策加以改进，严格实施合理的信息披露准则的同时，放开符合有关原则的关联交易，合理利用财务公司这一金融平台，提升财务公司的资金归集，促进集团产业蓬勃发展。

2. 建议集团从上下“一盘棋”的战略高度深入推进资金归集

加强与成员单位的沟通宣传，让成员单位了解以财务公司为平台实施资金归集是集团整体利益和战略管控的需要。建议集团总部层面，一要加大对成员企业资金归集工作的考核力度、审计力度，增加考核权重；二要改进考核方式，从仅考核单位，改为既考核单位也考核个人（公司领导层）；三是逐步提高资金归集率考核要求，建议成员企业积极配合推进资金归集工作，查找不足，总结经验，对无政策限制的可归集资金力争做到“应归尽归”；四是财务公司利用市场化手段，尽可能调动成员单位的积极性，比如借助利率市场化的契机，对资金归集率较高的、对集团资金归集工作贡献较大的成员单位在财务公司的活期、通知、定期存款给予不同程度的利率上浮，同时对资金归集率不高的成员单位给予不同程度的存款利率下浮。

（二）改善资金计划管理的对策

1. 建立存款趋势预测机制，强化市场手段。

（1）运用趋势分析和均值预测的方法，预测未来客户存放资金的变动趋势，同时充分考虑集团及成员单位大额投融资等因素对预测数据进行修正。财务公司相比商业银行更了解集团成员单位的业务情况，以发电和供热企业为例，每月月中和月底都是电网企业支付发电企业电费的时间点，资金集中流入，发电企业一般会在收到电费后再支付燃气费或煤款等；供热企业会在年底前后大量收到供热费，资金流入很大，但是供热季过后基本就只有少量资金进账，更多的是检修费等各项支出。所以了解成员单位的资金规律，对财务公司的资金头寸安排有很大帮助。

（2）随着利率市场化的不断推进，财务公司可以对成员单位报送的资金计划质量纳入贷款定价模型中，对报送质量较高的成员单位在贷款利率方面给予不同程度的下浮，相反对报送质量较差的成员单位给予一定程度的利率上浮。这样促使成员单位不断重视资金计划的报送，财务公司进而通过更加合理的头寸安排获得更大资金收益，用管理提升创造的价值以利率浮动形式合理回馈和激励成员单位，以期报送更高质量的资金计划，不失为良好的管理之策。

2. 增强资金计划的弹性，提高市场研判能力。金融债的发行、国债质押式回购、同业存单质押式回购是解决财务公司缺少长期融资手段的有效工具。积极研究财务公司发行金融债的条件，选择合适时机申请发行；调整债券投资结构和同业存款结构，适量持有国债、利率债和同业存单，在资金链偏紧时积极对接货币市场，开展质押式债券回购交易和同业存单融资，增加长期负债，缓解财务公司的备付压力，增强资金计划的弹性。

另外，通过加强管理促进资金运作部门的市场研判能力，可以要求业务部门合理解释资金头寸安排中未能运作出去的资金，将提高资金使用效率的目标真正落地。

（三）改善资金运作管理的对策

1. 延伸产业链金融服务，拓宽资金运作渠道。一方面延伸产业链金融是财务公司突破服务范围限制，走出去服务集团成员单位上下游企业的良好机会，同时也能拓宽资金运作渠道，调高资金使用效率。产业链金融是指财务公司依托集团成员单位在产业链上的核心地位，借助其对产业链上物流、商品流、信息流的控制，通过资金的封闭运行，对产业链上相关企业提供金融产品和服务的一种金融服务模式。可以开展“一头在外”的票据贴现业务，“一头在外”的应收账款保理业务，对现有客户的金融增值服务，如建店融资、产品维修保养贷款、其他保险代理服务等。以发电企业为例，其下游客户以煤炭企业和设备供应商为主，在当今供给侧改革和去产能的影响下，煤炭企业和设备供应商的资金较为紧张，而传统的结算方式多以银行承兑汇票结算为主，财务公司如果接受下游企业的票据融资，既能帮助成员单位的供应商解决融资难的问题，也可以提高成员单位对供应商的议价能力，提升对成员单位的金融服务支持。

2. 提高中间业务、表外业务等非传统金融的占比。利用中间业务、表外业务等非传统金融对冲利率波动对财务公司盈利的影响，提高资金使用效率。不断拓展资金运作渠道，对集团企业的应收账款进行管理，办理保理业务；统筹集团资产保险资源，广泛开展保险代理业务；利用专业优势，开展财务管理顾问、资产管理顾问服务，成为集团企业委托投资平台。在同业合作方面，扩大交易对手范围，与资本实力强的机构合作，不断优化资金配置。

四、结论与建议

（一）主要结论

通过上述问题探讨可以看出不管是外部监管政策影响，还是内部管理因素左右，目前财务公司在资金管理方面或多或少存在着这样那样的问题。自1987年我国第一家财务公司——东风汽车财务公司成立以来，财务公司已有30年的发展历程，传统资金业务模式和管理已经开始慢慢制约财务公司的发展。特别是目前我国经济增长放缓，正处于增长速度换挡期、结构调整阵痛期和前期刺激政策消化期的“三期叠加”状态，从资金管理问题入手，在监管政策、内部管理、市场环境等多角度去思考并提出改善措施，是很有必要和现实意义的。

（二）建议

由于本人能力和文章篇幅所限，对于不同行业财务公司的经营规模、经营范围、经营特点尚不能全面分析，因此未能分行业对财务公司资金管理问题和对策进行深入研究。希望本文的研究能够对财务公司资金管理提供一定参考价值，建议有志在此方面上继续研究的专家学者能结合财务公司的行业背景进行专项研究，这也是本人在未来研究中的努力方向。

参考文献

[1] 李春梅. 交通集团财务公司资金归集问题思考 [J]. 交通财会，2015 (12).
[2] 付娜娜. 企业集团财务公司资金集中管理问题研究 [J]. 商场现代化，2016 (09).
[3] 王海民. 分析我国企业集团财务公司资金管理现状与策略 [J]. 财经界 (学术版)，2015 (07).

作者简介：

王冰，男，1982 年出生，会计学专业，高级会计师，现任京能集团财务有限公司结算部副经理。

关于保险公司客户忠诚度的研究

王东兴

摘　要：根据市场的调查反馈，我们可以得知，一个客户对保险企业来说，他的忠诚非常的重要，因此保险公司可以通过促销，通过提高产品的服务质量，提高公司人员的素质等等，让公司能够给顾客带来不一样的体验，本文我们通过对市场的调查和分析，着重讨论怎样提高顾客对公司的忠诚度。

关键词：保险公司，客户忠诚度，重要性，策略

在 20 世纪 90 年代，质量好价格低是市场上顾客选择产品的根本要求，他们对产品的要求强调在使用上，后来随着社会经济的发展，各种各样的产品开始出现，可以选择的东西多了，顾客在选择的原则上就多了一些喜欢和不喜欢之间的选择，到了后来，物质消费已经不能够满足顾客的要求了，顾客的要求开始转向精神消费。

在当前的市场情况下，随着我国经济的快速发展，产品的质量也越来越好，各种产品的质量开始形成一定的使用价值，于是顾客在挑选产品的过程中，对产品的精神消费也就越来越高。目前在国内的保险市场中，保险公司的竞争相对比较大，保险市场中由于出现了大多数质量相同的产品，因此顾客在购买的过程中，除了体现出了对产品的满意程度，并没有体现出忠诚度。因为在这一家保险公司购买的保险产品，到了另外一家保险公司中同样能够购买到相同质量的产品，顾客也就并不需要对公司忠诚。想要让顾客对保险公司忠诚，保险公司就应该对产品有一定的设计，争取让自己的保险产品看起来和别人不一样。

一、客户忠诚度对保险公司持续发展的重要性

（一）保险公司自身发展特点需要较高的客户忠诚度

在保险公司之间的竞争中，最初的时候，大部分公司只关心产品的质量程度和产品带来的经济分析，到了最后，开始有学者研究起了顾客对一家企

业的忠诚度，所谓忠诚度，顾名思义就是顾客只在这一家保险公司购买保险产品，顾客对保险公司的忠诚度主要体现在以下四个方面：第一个方面是顾客的行为忠诚，体现在顾客对一家保险公司的产品不断的购买。第二个方面是顾客对保险公司的情感忠诚，这一类顾客体现在对保险公司品牌的喜爱。第三个方面是顾客对保险公司的认知忠诚，具体体现在想购买保险产品的时候，优先购买自己所认知的保险产品，第四个方面是顾客对保险公司未来的变化要求，在这一方面上，保险公司只有通过不断地提高自己对顾客的服务，通过长时间的影响才能够让顾客产生忠诚度[1]。

在各行各业的发展中，由于保险公司销售的保险产品是处于长时间的服务范围，因此保险公司在对顾客的要求中，忠诚度要比其他行业更为关键，保险公司一旦没能够给顾客带来忠诚度，那么这一家保险公司在市场中的发展就处于相对没有优势的状态。没有忠诚度还有可能给顾客带来更多方面的影响，直接导致公司的产品销售不出去。

（二）保险公司塑造自身优质的保险公司形象需要较高的客户忠诚度

在我国的保险公司市场行业中，许多保险公司为了提高销售量的提升，十分注重于产品的营销，保险公司通过不断地寻求新客户来增加保险公司的服务，却不知道更重要的是让老顾客继续在保险公司消费才是硬道理，保险公司投入了过多的精力和时间，不断地追求对新顾客的寻找，让新顾客来代替老顾客的作用，这种模式十分的消耗保险公司的时间和精力，其实对于保险公司来说，在发展销售率的时候，需要更加注重的是提高对老顾客的服务，只有一边让老顾客继续留在保险公司，另一边不断的追求新客户，才能够让保险公司的产品销售量越来越大，让保险公司在市场上的竞争能力越来越强。但是目前市场中很少有保险公司注意到这种情况，他们的时间和精力大多都浪费在寻找新客户之中，忘记了老顾客才是保险公司最重要的购买力，才是保险公司最大的消费力。

二、提高保险公司客户忠诚度的具体策略

（一）提供符合客户需求的产品或服务

保险公司需要及时对顾客有一定的了解，健全各种信息渠道，并且确保顾客在使用服务的过程中，遇到了具体的问题会有客服帮忙解决，在必要的时候，对产品进行一定的调整。顾客的反馈对保险公司的产品来说有一定的作用，保险公司首先要利用好这些反馈信息，想方法弄清楚顾客的需求，才能够

设计出更加符合顾客的保险产品，保险公司在面对顾客提出的具体问题时，需要敏锐地察觉到顾客的想法，进而通过调整等方法帮助顾客解决问题[2]。

紧接着，保险公司的保险产品需要为顾客提供全方面的体验，设置多个顾客和保险公司交流的方法，让顾客在各个环节都能够及时联系到保险公司，确保保险公司能够及时帮助顾客解决疑惑和具体的问题。同时，设置比较方便的购买保险产品的方法也是重点的问题，提高服务态度，帮助顾客提高对保险产品的认知，是一个重要的环节。

（二）规范理赔核赔制度

在理赔核赔制度上，保险公司应进一步规范与完善，以此来提高顾客的忠诚度。在这一方面，具体需要做好以下几个方面的工作：

1. 通过保护好签订的保险条款，确保保险条款能够安全，防止因为保险条款缺失而带来的保险产品工作没办法处理。

2. 对保险公司的内部环境进行规范，因为理赔核赔工作的专业知识要求比较高，在处理这方面的事情也相对比较严肃，因此，保险公司应该制定相对完善的理赔核赔制度，让整个理赔核赔制度能够在不受公司其他条件因素的影响下，处理好每一个理赔核赔的程序，让保险公司有更高的效率，也能够起到维护保险公司形象的作用。

3. 加强保险公司和其他公司之间的合作，让市场上的信息有一个相对了解，保险公司通过各方模式进行商业间的合作，让信息资源能够在公司之间流通，达到一个共享信息的状态，并且合作之间的公司，还可以在一些相对棘手的问题上达成共识。

4. 保险公司应该和各个国家机构等等之间进行合作，例如在交通气象部门的合作之中，参与到具体的法律法规当中，加强和部门的合作，能够分清楚发生车祸问题中的责任，让保险公司在处理理赔核赔过程中能够有更多的信息可以采纳，此外，在和医院之间的合作当中，还能够通过和医院之间的合作关系，达到帮助顾客提供更加方便，更加好的医疗环境，保险公司只有和这些部门之间相互合作，才能够更好地让自己的服务一体化。

5. 让保险公司及时处理各种反馈信息，让公司之间的信息能够达到相互流动，在发生了理赔核赔过程中，能够全部调出这些信息，将各个环节中的信息情况全部反馈出来，达到让理赔核赔更加完善处理的目的。在处理理赔核赔案件问题中，还需要提高员工的意识，一旦发现员工和顾客之间相互交流信息，通过一定的不法手段让本来不应该得到保险资金的顾客得到了保险资金，对于这种员工要及时进行处罚和规范，情节严重的可以让法律进行处理。在理赔核赔过程中，员工遇到了具体不理解的问题，需要及时反馈给公司，让公司进一步做出调整[3]。

6. 加强对保险公司的员工进行培训，加强员工对理赔核赔的认知，及时帮助保险公司的员工进行知识的更新，通过定期的培训，让员工的知识处于最新状态，对法律法规始终处于高度了解的认知。

（三）重视客户投诉，改进服务质量

最后一点就是重视顾客的投诉，及时改进保险公司的服务质量，因为投诉问题也属于信息反馈中的一种，顾客投诉服务之后，保险公司还有一定的时间能够来进行补偿，达到对忠诚度补救的目的，首先对顾客的投诉反馈，保险公司要具体对顾客的投诉信息进行了解，整理出顾客投诉的具体原因，再根据原因找出保险公司的服务缺陷。正常情况下，顾客进行投诉的时候，通常都会帮助总结出消费经历，这些信息对于保险公司的进一步发展有着重要的作用。

三、结语

总之，保险公司在发展过程中，对客户忠诚度的培养是非常重要的环节，只有让客户有了对保险公司的忠诚度，才能够确保保险公司的长远发展，只有顾客认可了保险公司提供的服务，保险公司的发展才能够快速地得到提升。

参考文献

［1］徐芳. 汽车保险业务客户忠诚度研究—以中国人民财产保险公司为例［J］. 中国集体经济，2016（16）：82-84.

［2］张蕾. 保险业客户忠诚模式设计与挖掘［D］. 哈尔滨理工大学，2010.

［3］张永全. 青岛 C 保险公司顾客忠诚度影响因素研究［D］. 山东大学，2013.

作者简介：

王东兴，男，1982 年出生，经济师，现任京能集团财务有限公司业务发展部保险主管。

关于财务公司开展产业链金融服务的分析

高华彬

摘　要： 财务公司作为企业集团内部金融机构，拥有一定的专业优势和信息优势，但是由于国家宏观政策和自身因素的所限，也面临一定困难。如何紧密结合集团实体经济且有效发挥财务公司在集团公司产业链逐步延伸的金融作用变得越发重要。

关键词： 产业链金融，财务公司

一、引言

随着我国金融市场体系的不断完善及实体经济产业链化趋势的加强，产业链金融逐渐成为各类金融机构所重视的创新金融领域。特别是以商业银行为代表的金融机构纷纷推出了产业链金融相关产品及服务，积极抢占市场份额。而作为企业集团的“内部银行”——企业集团财务公司，服务于企业集团及成员单位，为它们提供金融和财务管理服务，具有发展产业链金融的先天优势。财务公司开展产业链金融业务，不仅对集团整合产业资源、推动战略发展有着重大作用，而且有利于自身拓展经营范围，延长服务链条。这不仅仅是提升集团公司核心竞争力的需要，也是实现集团战略转型的客观需要。

2014 年银监会发布了《关于企业集团财务公司延伸产业链金融服务的指导意见》，突破了之前对财务公司服务范围的限制，允许并试点通过延伸财务公司的金融服务范围至成员单位的上下游企业，放开财务公司在离岸业务、资金跨境服务、“一头在外”票据融资业务和保理业务等方面的限制。此外，十八届三中全会对金融服务实体经济提出了更高要求，不论是商业银行还是财务公司，其产业链金融的发展受到越来越多的关注。特别是近日，多部门联合下发了《关于金融支持制造强国建设的指导意见》，明确提出规范发展企业集团财务公司，稳步推进企业集团财务公司开展延伸产业链金融服务时点工作，大力发展产业链金融产品和服务，有效满足产业链上下游企业的融资需求。在监管环境趋于宽松的大背景下，作为连接金融与实体经济的重要一环，财务公司应顺应潮流、抓住机遇，充分发挥其在产融结合方面的特有优势，加大业务创新，积极拓展产业链金融服务的深度与广度，打造出具有集团特色的产业链金融服务模式。

二、财务公司参与产业链金融服务面临的困难

（一）财务公司定位问题

集团公司决定了财务公司在集团扮演的角色，一些企业集团将财务公司等同于商业银行，并对集团控股子公司的要求应用于财务公司，赋予财务公司过多职能，使财务公司承担了许多金融功能之外的责任。此外，一些企业集团对财务公司考核过多关注利润指标，这不仅会影响财务公司持续稳定地经营，而且也不利于财务公司开展产业链金融业务。

（二）财务公司资金来源受限

当前财务公司受限于传统业务的单一性，资金的获取途径也比较单一。由于财务公司不能吸收外部资金，所以其资金主要来源于集团成员单位的归集资金。在遇到经济发展下行时期，企业集团对财务公司集中资金、降低资金成本的要求提高，同时还需要其发挥更大作用。但是在当前经营业务相对单一模式的条件下，财务公司资金的积淀规模将会逐渐减少，对集团整体产业链的发展会有很大的影响。

（三）财务公司服务模式单调且效率较低

财务公司参与的产业链金融服务模式和服务方式较单一，服务效率较低。其主要服务模式是以贷款为主的信贷业务和资金结算业务等，在具体业务上和银行方面有所重叠，不能有效地形成发展优势。除此之外，财务公司还没有建立相对有效与完善的创新服务模式制度，创新资金投入量少、投入期限短，这对整体的创新发展，对产业链金融的进一步发展有着一定的阻碍作用。

（四）财务公司抵御外部风险能力较弱

在当前多变的市场环境中发展，财务公司的竞争压力较大。较之商业银行，财务公司不论是在资金规模、金融功能还是在业务品种、风险管理等方面均存在一定差距，其抵御外部风险能力较弱。特别是在利率市场化的环境下，财务公司承受着较大的经营压力。在参与产业链金融的过程中，财务公司面临着信用风险、操作风险、信息风险，同时也容易受到产业政策的影响。

三、财务公司参与产业链金融服务的优势

（一）财务公司具有专业优势

作为产业型金融机构，财务公司在产融结合方面的经验较丰富，对集团成员单位所处行业更为熟悉，能够掌握产业周期及相应资金活动规律，对产业链上下游企业面临的风险和存在的问题也更为了解。财务公司具有一般金融机构没有的优势，能根据产业链客户的个性化金融服务及产品，降低融资成本。

（二）财务公司具有信息优势

财务公司承担着集团各成员单位的资金结算职能，这使得财务公司可以通过资金规模、流向等大数据分析直接掌握产业链客户的资金信息，进一步了解其生产经营情况，为成员单位制定科学合理的金融服务方案。

（三）财务公司具有产业链金融风险易控制优势

尽管在现行风控体系方面，财务公司还不能完全有效地适应产业链金融的发展需要。但是，财务公司作为集团内部的金融机构，其产业链融资服务的对象仅限于与企业集团有直接业务关系的企业。尤其是对上游企业，财务公司产业链融资服务对象一般只限于核心供应商，所以其金融风险传播范围相对较窄。

（四）财务公司依托集团，保障集团利益

财务公司作为企业集团的成员单位，作为内部的非银行金融机构，财务公司和企业集团在利益选择上高度的一致。财务公司的宗旨是“依托集团、服务集团”，当集团发展面临瓶颈时，为实现集团可持续的发展战略，财务公司要充分发挥其金融机构的优势，通过各种途径来降低集团产业链发展中的融资成本等问题，从而保障集团利益最大化。

四、财务公司参与产业链金融服务的必要性

财务公司参与产业链金融服务，从内部环境来说，是企业集团市场化改革和发展的需要，有利于集团企业及各成员单位持续筹集资金。与传统金融服务不同，产业链金融的服务对象由单独的项目和企业，发展为产业链上下游各环节的多个项目和企业，服务内容表现为不同金融产品的组合，以此创造整体金融服务价值，有助于支持企业集团实体经济发展，有利于金融机构争取更多业务机会，具有广阔的发展前景。但是，随着集团企业业务规模的不断扩大，财务公司仅靠对产业链上下游的经营情况熟悉的优势是不足以支撑产业链金融服务满足集团企业自身发展、中小企业融资途径拓展、适应我

国市场经济新常态等多方面的需求。这也恰恰是财务公司对产业链金融服务业务进行创新的必要性所在。

财务公司参与产业链金融服务，从外部环境来说，监管层放开服务范围的限制后，财务公司的上下游产业服务链得到延展，财务公司应及时把握政策机遇期，加快产业链金融服务的布局。具体来说，财务公司的产业链金融服务就是以成员单位在产业链中的地位为依托，针对产业链的各个环节，设计个性化、标准化的金融服务产品，为整个产业链上的企业提供融资、结算等一体化的综合金融服务。

五、结论

财务公司根植于实体企业，是产业金融的突出代表。根据财协问卷调查，2016 年，除 5 家已经获得延伸产业链金融业务试点资格的财务公司外，有 200 多家财务公司具有很强的产业链金融业务开展意愿，占比达到 90% 以上，另外有 56 家财务公司所属集团已经提出了产业银行概念，或已把产业银行相关工作列入“十三五”规划。当前，行业对于进一步深耕产业金融发展思路具有较强共识。

总之，企业集团财务公司时刻要以服务实体经济为切入点，专注于服务企业集团及成员单位，根据所属集团的实际情况，充分发挥财务公司作为企业内部金融机构的优势。为企业集团提供金融和财务管理服务的同时，发挥其产融结合的专业优势，探索具有财务公司自身特色的产业链金融服务模式。此外，财务公司应不断丰富自身的角色定位，突出产业链金融服务的战略发展地位，将财务公司发展成为立足集团产业集群的产业链金融解决方案和金融产品综合提供商。在可预知的时期内，产业链金融业务一定能成为财务公司最重要的利润增长点。

参考文献

[1] 官皓. 财务公司产业链金融业务探析 [J]. 特区经济，2015（12）：78-79.
[2] 王金梁. 财务公司产业链金融服务有关问题探讨 [J]. 财务与会计，2017（01）：51-52.
[3] 张校伟. 财务公司产业链金融发展迎来新机遇 [J]. 中国会计报（综合新闻），2017（002）.

作者简介：

高华彬，男，1987 年出生，悉尼大学银行和金融双专业硕士，现任京能集团财务有限公司投资部主管。

关于企业资产管理控制细节的研究

贾 彬

摘 要：企业资产管理控制工作对企业决策和经营发展都有重要影响。对企业资产管理控制的主要目的是解决企业资产管理在企业经营管理中存在的问题，并找到解决方法，加快企业经营目标的实现。本文首先分析了企业资产管理控制工作中的主要问题，然后细致讨论了资产管理控制细节的相应对策。希望本文对资产管理工作人员提供参考。

关键词：企业资产，资产管理，控制细节

现阶段，我国经济体制不断完善，社会竞争日益激烈，如何在市场竞争中提升企业的核心竞争力，提高经营效益是企业管理者思考的关键。企业资产管理是内部控制的重要部分，是企业管理的重要措施，对企业经营发展具有十分重要的意义。因此，企业管理者要加强对资产管理控制细节的深入研究，针对存在的问题及时调整，更好地促进企业未来的经营和发展。

一、企业资产管理控制工作中的主要问题

第一，缺乏对投资项目的事前分析与评估。企业在投资前没有对投资项目做出事前分析与评估，导致无法收回投资。企业为了赢得投资项目，盲目扩大生产规模，把项目的可行性作为可批性投资，造成资产闲置。第二，缺乏健全的固定资产管理制度。对于固定资产的采购、验收、入库、核算、保管以及维修、调拨、处置、清查都没有明确的管理规范与考核制度，有些企业虽然建立了考核奖惩制度，但形同虚设，无法跟员工兑现。第三，企业内部审计监督机制不健全。在现实中，很多企业不重视内部审计的重要性，有的虽然设立了内部审计机构，但是没有下放足够的权力，执行力度不够。第四，企业资产管理人员的素质参差不齐。目前，很多企业的资产管理人员缺乏资产先进的管理知识，很少将管理的新知识应用于资产管理。

二、企业资产管理控制细节的对策

（一）加强资产评估与分析

在投资之前对资产进行评估和分析，从而保证资产的合理利用，为投资决策的准确性提供保障。在具体的评估和分析内容上，要对企业的固定资产、无形资产、低值易耗品和办公用品等资产均进行细致评估。企业固定资产评估对企业决策有深远影响，所以在工作中要对固定资产进行全盘清点。办公用品资产的数量很难统计，低值易耗费品的数量通常比较大，所以尽管低值，但是资产金额并不小。所以，在企业资产管理控制中要格外注意这两项资产管理内容，对办公用品的使用量进行分析，对低值易耗品的有效耗散量细致分析，从而让资产评估的数值更加精确。资产分析工作是资产评估工作的前提，在资产分析方面需要格外注意，既要注意资产管理的内容，又要注意资产管理的细节。

（二）完善企业资产管理制度

企业资产管理制度需要完善是由于企业规模扩大和经营管理细致化的结果。传统的企业资产结构比较简单，主要是针对固定资产而言，资产管理工作也较为容易。当下，企业资产结构复杂，除了固定资产之外，无形资产、低值易耗品和办公用品等资产随着企业部门的增多，相应的消耗也变大，所以固定资产之外的其他企业资产也要引起高度重视。管理的有力武器是制度，完善企业资产管理制度，有利于资产管理控制。当企业资产管理都按照制度顺利进行之后，再进行资产细节管理。资产管理过程中，需要注意资产的数据要保持一致。部分资产清查过程中，相关部门的台账上已经登记某些固定资产报废，但是在财务部门却没有显示。这就是因为基层使用固定资产者，没有按照规章制度处理报废的固定资产，最终导致财务部门的固定资产登记缺失。因此，资产管理制度要细致到各个部门，每个部门对固定资产的购进和使用以及处理都要遵守既定的工作制度，财务部门也要定期对各个部门固定资产的台账进行审核。此外，信息技术和互联网高度发达的今天，企业可以在 OA 上来实现固定资产数据统计的共享，从而方便财务人员进行统计，也避免了不同部门之间工作时间碰撞而延误了固定资产的报废处理报告。

（三）优化内部监督审计

企业资产管理工作非常庞杂，管理工作需要有效的监督审计来辅助。只有加大内部监督审计力度，才能够有效保证资产管理质量达到预期。传统的固定资产监督审计工作相对成熟，但是无形资产和低值易耗品以及办公用品等资产的监督管理工作还处于摸索中。由于办公用品和低值易耗品在数量上的弹性比较大，监督审计工作也很难有效开展。所以，要通过有效的方法来优化内部监督审计工作。在具体工作中，可以从以下两个方面来优化内部监督审计工作。第一，监督审计工作人员要对自己的工作模式进行创新，从而避免被监督的工作人员投机取巧，徇私舞弊。审计工作要优化自身的工作策略，让资产管理各个环节的工作人员之间实现责任连带，让他们之间形成相互制约。这样就通过内部监督来降低了资产管理数据的错误率，企业掌握了精准的资产管理数据后，就可以对资产进行有效控制，有利于企业各项改革决策的制定。全面深化改革背景下，企业在市场经济中的发展建设需要不断创新，也就增加了企业调整经营策略的频率，所以优化内部监督审计工作，对企业经营管理有重要作用。第二，内部监督审计工作要调整监督工作方式。既要有定期的监督审计工作，又要有抽查审计工作。定期监督可以让工作人员时刻保持警惕，避免滋生腐败思想；抽查审计工作可以突然袭击，对钻空子的工作人员进行及时制止。

（四）提升员工综合素质

企业资产管理控制细节工作需要所有员工都有较强的综合素质，这样才能够将资产管理工作的各个环节都落实下去。企业资产管理涉及到的工作非常多，这种资产管理内容之间有一定的内在联系，在资产统计工作中，较强的综合能力可以协调好相关的工作，从而让资产统计的数据具有更好的参考价值。提升员工的综合素质，需要侧重以下几个方面。第一，对员工的基础职业能力进行完善和优化，随着计算机在各个行业的普及，企业资产管理工作方式也在与时俱进的改变，所以工作人员需要掌握相应的工作技能。第二，对工作人员的政治素养和职业道德进行引导。市场经济环境下，大众的趋利性非常强。企业政工部门要对员工的思政修养和职业道德进行适当培训，从而避免员工主观性工作错误，保证资产管理工作各个环节都顺利进行。第三，对工作人员的人际协调能力进行培训。企业资产管理控制工作需要与企业各个部门的工作人员打交道，良好的人际交往能力，有利于及时获取较为准确的数据。

（五）建立健全企业资产管理内部控制机制

根据企业实际情况，建立专门的资产管理机构，确保企业内部管理工作的有效性。其中，财务部、资产管理部门等都可以参与其中，对资产管理的各项流程进行监管，对于其中存在的问题与风险应及时提出，找出问题所在，从而完善和细化管理流程，规避风险。形成一个领导重视，制度保障，统一管理，专人负责，全员参与的管理体系。另外，要建立科学的风险评估体系，企业大型资产申请建设前，充分论证，编制可研。同时，要加强资产管理监管力度，将管理制度落实到位。有效的监管是实现企业管理目标的重要手段，如果监管部分缺失，势必会影响管理制度的实施，从而导致其在内部控制体系中以形式的方式存在，失去其所拥有的价值。

三、结语

综上所述，企业资产管理控制细节要从多方面着手，加强评估和分析有利于避免资产闲置，完善固定资产制度有利于资产控制落实到实处，优化内部监督审计可以切实发挥出企业资产管理的作用，提升员工综合素质有利于将资产管理控制细节做得更加精致。因此，企业资产管理控制工作要把握各个管理维度的细节，在固定资产、无形资产、低值易耗品、办公用品等各个资产管理项目中都要处理好细节控制工作。

参考文献

[1] 朱泽波. 企业固定资产管理与核算存在的问题及改进措施 [J]. 财会学习，2017 (10).
[2] 孔燕. 企业固定资产管理内部控制研究—基于《企业内部控制规范》的要求 [J]. 低碳世界，2017 (13).

作者简介：

贾彬，男，1979 年生，交通大学人力资源管理专业，京能集团财务有限公司综合管理部后勤主管。

激励理论在国有企业人力资源中的研究与应用

冯　赟

摘　要：随着社会的进步，经济的发展，国有企业作为现代社会中不可缺少的组成部分发挥着越来越重要的作用。激励作为开发和管理人的一个重要方法，已被越来越多的企业所采用。本文从国有企业激励机制入手，就有关激励的一般性理论做了简单阐述，对企业员工激励的现状进行了分析，并提出加强员工激励的措施及应用。

关键词：国有企业，激励机制，应用

在知识经济蓬勃发展的时代，国有企业正在从传统的人力资源管理中逐步改变认识，迈向以绩效管理机制作为企业发展战略的核心。随着金融市场进一步的开放，尤其作为非银行金融企业遇到前所未有的挑战，增强对存在问题的认识、解决措施和综合服务能力，开发和创造金融人才的能力，已成为现今国有金融机构着手解决的重要问题。本文探讨了在国有金融企业激励机制理论的执行下，员工工作的积极性和创造性，并为提升企业价值和影响力保驾护航。

一、激励的概念及内容

（一）激励的含义

激励机制也称激励制度，是通过一套理性化的制度来反映激励主体与激励客体相互作用的方式。激励主体运用多种激励手段并使之规范化和相对固定化，而与激励客体相互作用、相互制约的结构、方式、关系及演变规律的总和。

（二）激励理论的内容

激励理论包含以下几个方面的内容：

1. 内容型激励理论

所谓内容型激励理论，是指针对激励的原因与起激励作用的因素的具体内容进行研究的理论。主要包括马斯洛的“需要层次论”、赫茨伯格的“双因素论”和麦克莱兰的“成就需要激励理论”。

（1）需要层次理论

人的需要可以分为五个层次：

1）生理需要——维持人类生存所必需的身体需要。

2）安全需要——保证身心免受伤害。

3）归属和爱的需要——包括感情、归属、被接纳、友谊等需要。

4）尊重的需要——包括内在的尊重如自尊心、自主权、成就感等需要和外在的尊重如地位、认同、受重视等需要。

5）自我实现的需要——包括个人成长、发挥个人潜能、实现个人理想的需要。

（2）双因素论

该理论又称为激励因素－保健因素理论。其要点是：使职工不满的因素与使职工感到满意的因素是不一样的。如公司的政策、行政管理、职工与上级之间的关系、工资、工作安全、工作环境等。具备了这些条件并不能使职工感到激励，这些没有激励作用的外界因素称为“保健因素”。能够使职工感到非常满意的因素，大都属于工作内容和工作本身，如工作的成就感、工作成绩得到上司的认可、工作本身具有挑战性，等等，这些因素称为“激励因素”。

（3）成就需要理论

成就需要激励理论的主要特点是：它更侧重于对高层次管理中被管理者的研究，所研究的对象主要是各级经理、职能部门的官员以及科学家、工程师等高级人才。

2. 过程型激励理论

过程型激励理论重点研究从动机的产生到采取行动的心理过程。主要包括“期望理论”“归因理论”和“公平理论”等。这种激励机制运行模式，是从员工进入工作状态之前开始的，贯穿于实现组织目标的全过程，故又称之为全过程激励模式。

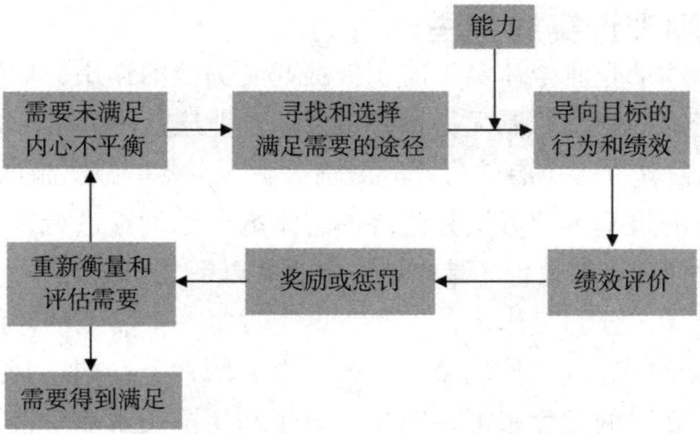

图 1

二、我国人力资源考核中激励机制的问题表现

如何运用好激励机制也就成为各个企业面临的一个十分重要的问题。但随着我国国有企业员工激励机制的不完善日益暴露出其弊端和误区，主要表现在：

（一）物质激励手段单一

随着市场经济体制的确立，我国国有企业员工工资开始与市场接轨，员工的收入也越来越具有吸引力。但是，从目前来看，在执行物质激励的时候，缺乏更多的有效手段选择，更多的时候加薪似乎成为唯一选择。现行的工资制度不能很好地反映企业员工的工作业绩与实际才能，难以通过工资来体现激励机制，奖勤罚懒，激励能干的、高效的、有才干的，调动企业员工的积极性。

（二）道德激励作用弱化

随着我国从传统的计划经济体制向社会主义市场经济体制的转变，人们的道德观念受到极大冲击，物质需求对传统道德提出强有力的挑战，道德的评价权威受到挑战，企业员工本身对自己的评价标准也多元化，所追求的价值观念也不一样，道德的约束作用也就自然被弱化了；针对企业员工的道德评价标准缺失导致传统的道德激励作用必然出现弱化。

（三）人才流失较为严重

国企人力资源管理缺乏科学性，吸引人才机制滞后，企业害怕人才流动，并设置种种措施以尽可能减少人才流失。企业过分依赖人才管理，忽视制度管理。人才激励机制不健全，许多国企仍在采用职称作为划分人才档次的主要标准，从初级到高级，等级分明，被认为是“硬条件”。这种不平衡阻碍了国有企业员工能力的展示和积极性的发挥，造成的后果是人才大量流失。

三、激励理论实施方法

激励对于调动企业全体员工的积极性起着关键的作用，如何建立一个适应企业实际情况的激励机制显得格外重要。企业应从一些实际常见的企业激励问题分析出发建立一个有效可行的激励机制。主要措施实施如下：

激励下属的最基本的方法是围绕内容型的激励理论进行，主要包括工作激励，成果激励和培训教育。具体地说主要有以下几个方面：

1. 合理设计，分配工作。首先，要事先对每一个员工的才能结构有一个比较清楚的认识，通过工作轮换，了解各个人的才能结构。其次，要从“这位员工能做什么”的角度来考虑问题，合理利用扬长避短。根据“成就激励论——三种需要理论”人们的成就需要只有在完成了具有一定难度的任务时才会得到满足，把这项任务交给一个能力略低于工作要求的员工，让他可以通过思考努力，得到目标。再次，建立必要的人力资源管理制度。在工作分析的基础上，结合自身特点设置岗位，明确岗位职能与责任。使之流程化、制度化，增强内控，防范风险。

2. 针对员工的需求，给予合理的报酬。除正常的国家规定的各项报酬外，可以多考虑员工的后顾之忧，如子女托管、意外伤害及直系亲属的体检等。建立切实可行的津贴制度，以体现地区差别、行业差别、岗位差别。在工资制度中引进利益原则，注重物质利益的重大激励作用，承认企业员工个人利益的合理性，将员工的工资收入与绩效挂钩，在一定程度上体现出员工劳动的差别，可以对每一级工资设定一个浮动的范围，在此范围内根据年度员工的工作表现来逐步提升岗级，决定其收入。建立各项工作小组的激励机制，经过年度工作的完成及满意度情况，对于表现优秀的小组个人给予一定比例的奖励；给予部门一定的活动经费，用于部门内部团建及感情沟通。

3. 通过教育培训，增强员工自我激励的能力。结合企业文化现状来统筹安排，组织文化活动，从行为中予以发展和深化，继承和沉淀公司广泛认同的理念，成为互相遵守的内在约定。加强对新入职员工的培训及教育，让员工清楚的了解公司的规章制度、文化礼仪。通过专业技能培训，提高员工的工作能力。遵循 PDCA 原则，内训和外部培训均应关注培训的实际效果，研究尝试反应评估、学习评估、行为评估和效果评估四层次的评估方式，内部培训应采用双向评估方式、外部培训应采用转内训的方式强化培训效果，并实现培训资源的共享。培训课程分为新员工培训、学习日计划、外训以及高级财务管理人才培养计划。加强培训效果评估及其基础管理工作，将学员和讲师的培训参与度和参与效果纳入到年度考核中。

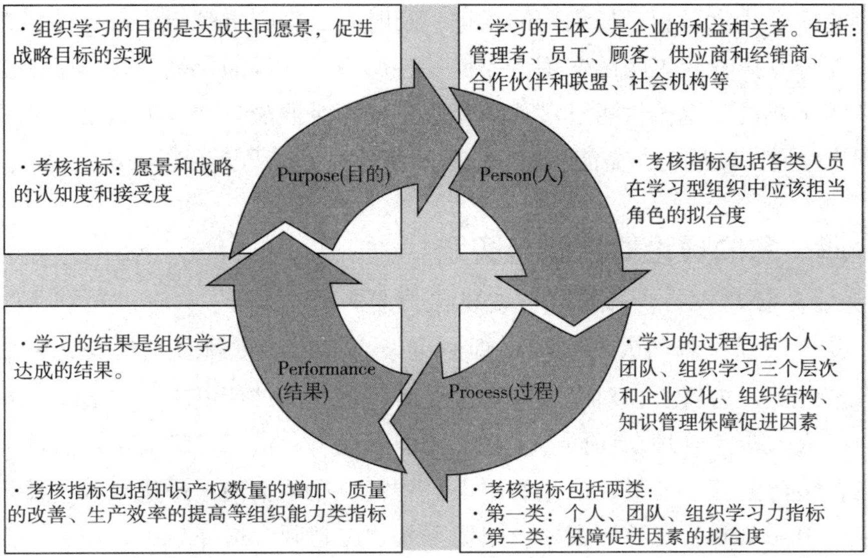

图 2

4. 加强企业文化建设，为激励机制建立良好的文化环境。结合公司特色，摸索建立起一套适合企业员工队伍的企业文化体系，增强企业员工的主人翁精神、团队协作精神和企业部门的凝聚力，使企业员工的潜能得到最大限度的挖掘。在文化建设过程中，通过活动及宣传，为企业文化注入民主意

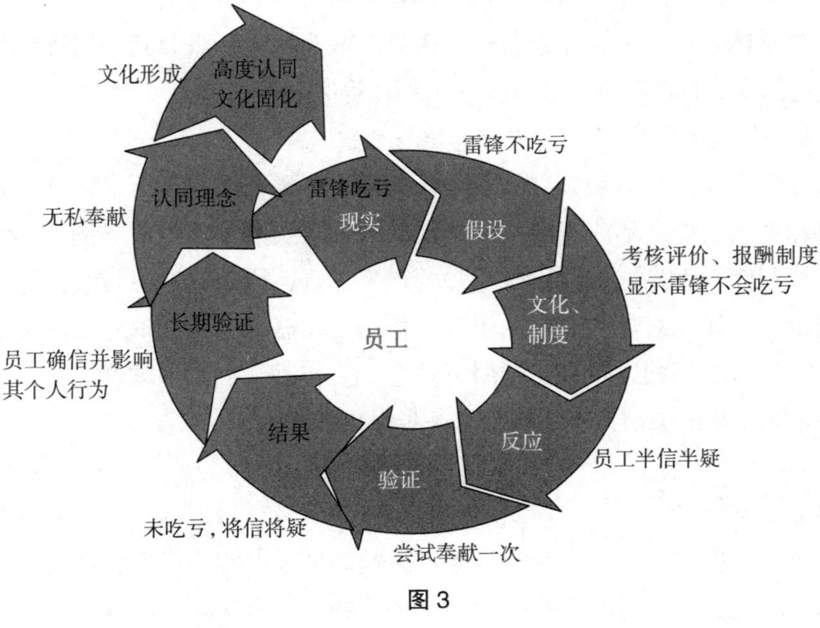

图 3

识、高效企业意识和开拓创新的意识，及时对员工的贡献给予必要的仪式表彰。充分发挥党政工团的作用，保持与各部室有效沟通，基于物质基础上倡导新的企业员工道德，通过潜移默化真正发挥企业文化强大的激励功能。尝试开展每周茶歇活动，交流感情，增强对工作、人员乃至新领域知识的认知。

四、激励理论的创新与实践

（一）优化人力资源配置，实现优秀团队

通过激励机制与人力资源各项制度及企业组织安排灵活结合，有效促进合理配置人力资源，对真正实现国企呼唤多年的“能者上、庸者下、平者让”的人力资源管理新局面。建立干部能上能下、员工能进能出的灵活竞争机制，实行公开、公平、公正的用人自主权，竞争上岗，择优录取，盘活人才，吸引高素质、高学历人才，把优秀人才选聘到合适岗位上，使企业需要的人走进来，不需要的人淘汰出去，搞活企业，提高效率。

（二）打造品牌，创升独特价值

在积极考评制度的激励下，打造成复合型人才培养，深化培训管理、创新培训形式，并通过年度考核和评选年度学习标兵的机制保障、鼓励员工在工作中学习，在学习中促进工作。鼓励和激励科研创新能力不断提升，创作发表理论文章，出版专业岗位管理文章在全国各级刊物发表，并获得奖项，提升团队整体素质，为企业获得创新荣誉，成为行业标杆，传授行业经验，对企业的组织目标的实现和品牌建设工作取得突破性进展。

（三）塑造文化氛围，文化理念进一步深化

通过激励理论的应用，将绩效、行为准则、规范有机结合，建立企业文化体系和理念，使之不流于形式，而是认可并在实践中实施和巩固。实行科学的考评制度，就是这一核心价值观的现实体现，同时，通过在绩效考评的指标制定中，体现对员工健康、团队合作、工作态度等指标的考量，也能够使全体员工对公司的风险理念、服务理念、工作理念、团队理念、公共关系理念等企业文化的关键指标的认识进一步强化和加深。

五、结论

企业要根据自身的性质和特点制定激励制度，在实施激励机制时一定要考虑到个体差异。通过对国有企业激励理论的分析和应用，发现合理的使用能够帮助企业提升团队的整体素质和动力，从而提高队伍的融合、战斗力，

凝聚人心，存进内在理念的生根发芽，逐渐积累成企业特有的模式和文化，为企业创造更大价值。

参考文献

[1] 让. 雅克. 拉菲. 激励理论 [M]. 北京大学
[2] 王培玉，傅勇. 激励理论在企业管理中的运用 [M]. 南昌大学
[3] 俞文钊. 现代激励理论与应用 [M]. 东北财经大学

作者简介：

冯赟，女，1981 年出生，毕业于对外经济贸易大学行政管理硕士专业，中级职称，具备国家人力资源管理师和企业文化师的职业资格，现任京能集团财务有限公司综合管理部经理助理。

以敬人之心，行管理之道

——中小企业如何做好办公室服务与管理的思路研究

陈晓敏

摘　要：在中国大力推进现代企业制度建设的大背景下，承担着企业运营与发展“枢纽”和“桥梁”作用的办公室，其职能也在悄然发生着变化。尤其在人员规模小、脑力密集和部门设置简单的中小企业，它不仅仅是单纯的服务机构，更是体现一个企业对内对外管理现代化水平的重要标志之一。如何将内外服务融于日常管理，在提升服务水平和服务质量的同时达到提升公司管理水平的目的，是值得现代企业研究的一个重要课题。

关键词：中小企业，办公室，服务与管理

由于公司整体人员规模的限制，中小企业机构设置通常较为简单，企业涉及到行政、后勤、安全，甚至信息化、人力资源工作都可能放在办公室，其主要职能就是对上对下、对左对右的上情下达、组织筹划和沟通协调。同时，办公室是重要的辅助决策和参谋机构，是公司决策的基础管理环节。这样重要的一个管理部门，是企业对内对外的第一形象，每个工作细节展现出的专业、高效直接体现着企业的整体精神面貌和职业素养，办公室带入的工作作风其实是企业文化的源头，所以搞好办公室服务与管理建设工作至关重要。

一、中小企业办公室特点

（一）面对的群体更加广泛，具有工作灵活性。

由于中小企业办公室职能较为集中，需要横向、纵向沟通协调的事项多，加之企业人员规模小，基本和每个人都会有打交道的机会，使办公室与各部门的事项沟通方式、信息传达渠道以及问题处理方法更具有灵活性。

（二）部门职能更加繁杂，具有事件突发性。

办公室工作并非重复性的简单劳动，而是每天处于解决不同事件的环境中，每天面临着新挑战和新问题，这也考验着办公室人员的沟通协调能力、应变能力和迅速反应能力。

（三）人员配置更加紧张，具有一人多岗性。

较之大型企业的分工精细化和专业化，中小企业的分工更多依据的是岗位工作量的大小，不同专业和领域跨岗、兼岗的情况较多，尤其在办公室工作中，职能多与人员配置有限这一矛盾的存在必然导致一人要身兼数职，这也是办公室工作性质决定的。

二、中小企业办公室工作面临挑战

（一）企业对办公室重视不足，战略定位较低

对于企业而言，办公室作为“公司大总管”，虽然事务繁杂，但在传统观念中，它只是服务和办事机构，并不直接创造价值，而且是经营费用的主要出口。所以，在资源分配、激励配比以及职业发展上，企业更倾向于业务部门及其员工。基于此，如何保证办公室工作正常运转和内部稳定，保证员工工作热情和工作主动性，是企业管理层需要考虑的一个难以回避的问题。

（二）办公室工作繁杂且疲于应付，管理提升难

对于办公室部门管理者也就是办公室主任来说，职能分工决定其每日关注的管理条线比较多，很容易造成“拆东墙补西墙”的管理混乱，领导和员工每日头晕眼花的埋头处理突发事件，根本没有时间深层次思考如何更有效地开展工作，管理水平停滞不前，甚至跟不上企业经营管理需要。

（三）对于办公室人员培养较随意，员工发展空间小

通常企业中办公室人员，尤其是基层管理人员，流动性是比较大的。究其原因，在较强的人际关系压力下，办公室人员往往是学习培训机会少，领导同事关注少，职位发展通道窄。当然，办公室员工流动性不影响公司整体运行，但对于队伍稳定、对于文化建设甚至公司可持续发展的影响不容小觑。

三、中小企业办公室职能发挥的一些思路

（一）牢固树立“以敬为先”的职业素养，提升问题解决技巧。

不管办公室职能如何转变，服务是办公室工作的基础职能，因此办公室人员应首先树立浓厚的服务意识，在工作中摆正位置、进入角色，才能在对

领导、对同事和对外部的沟通过程中体现出企业文化中优秀的职业素养。

有了“以敬为先”的职业素养，就有了从凡事从工作出发的公正原则，就有了一切服从大局的团队精神，就有了想他人之所想的换位思考，那么在面对诸多错综复杂的矛盾时，其实很多问题就可以迎刃而解了。懂得“尊重”二字，是解决各类问题的关键技巧和原则。

因此，不管是公司领导还是部门领导，身先士卒的引导员工树立这样的职业素养，通过多种形式的学习、培训或者是案例分享潜移默化影响员工，是企业文化建设工作的一项重要内容。

（二）夯实办公室各项制度规范，提升基础管理水平。

很多时候，办公室工作出现“拆东墙补西墙”的窘境，甚至政令不畅的情况，还是因为基础管理工作没有夯实。一个企业基础管理任务，可以说80%都在于办公室。办公室管理水平的高低决定着企业整体办公效率的高低。

因此，办公室要建立一套科学合理、准确高效和反应敏捷的管理制度体系以及工作流程，同时在工作实践中紧跟企业发展，持续验证、纠正以及优化这套体系，更要注意的，制度存在与其执行情况是两回事，真正的贯彻执行至关重要。

（三）多种渠道推动办公室综合素质，提升办公室辅助决策能力。

1. 要充分发挥办公室主任的领导作用。

管理工作再细也不多余，但精力有限，越是多头绪的工作职能，办公室主任越应该从复杂的日常工作中解脱出来，做到抓重点、管“要害”，协助领导考虑全局性的工作，统筹兼顾。办公室工作往往“牵一发而动全身”，所以这“一发”是不是要牵，如何牵，是办公室领导要思考和协助筹划的事情。当然，针对基础工作领导要做好岗位分工，贯彻好岗位目标责任制，让各自岗位都可以有计划、有方法的开展具体工作，是充分发挥领导作用的基础。

2. 要不断提升办公室员工的学习能力。

由于每天面对不同人与事的变化，办公室人员的学习能力比其他部门员工显得更为重要。因此，不仅要具有扎实的文字功夫，要不断提升公文写作能力，更要在公司业务状况、有关政策法规等公司内外信息方面随时学习和吸收并与工作实际结合，每一项重要工作完成以后，办公室人员要认真总结经验教训，总结是提升学习能力的有效方法。

3. 要大力提高办公室整体创新管理水平。

办公室创新意识是服务管理水平得以提升的关键。创新，就是要转变服务方式，将忙乱的、被动的服务向从容的、主动的服务转变，要立足于实现公司战略目标，实现超前管理，早计划、早研究和早动手，被动性工作主动去做，变被动为主动；创新，也是要转变管理方式，将无序的、低效的管理向规范的、高效的管理转变，要立足于建立现代企业目标，增强协同办公能力，优化管理组织、共享管理资源、顺畅管理渠道，最终实现企业决策效能的提高。

（四）统筹包括办公室在内的员工梯队建设，提升办公室员工职场竞争力。

办公室作为企业运行的“中枢”，员工参与服务与管理的主观能动性至关主要，否则办公室将是“一潭死水”。企业领导应积极转变对办公室职能的传统观念，充分认识到办公室职能对于企业发展的重要意义。

重要的一点，是要提升办公室在企业的战略地位，将办公室员工的职业发展纳入到企业整体梯队建设当中，赋予他们更多的学习、培训和展现的机会，让积极要求进步的员工得到提升理论水平和业务素质的机会，同时也可以考虑将办公室作为企业员工锻炼综合能力的必修课，通过人员的流动加强其他部门对于办公室工作的了解、理解和支持，增强员工之间的平等意识。

总之，作为一个沟通上下、联络各方的综合管理部门，办公室要深谙“尊重”的含义，怀着“敬人之心”，立足企业发展战略，踏实、深入的做好管理协调工作，推动企业内部领导之间、部门之间、员工之间思想一致、行动统一，从而减少企业内耗、发挥最大效能。

作者简介：

陈晓敏，女，1979 年生，燕山大学经济管理专业，中级经济师，现任京能集团财务有限公司稽核部经理助理。

企业集团财务公司开展保理业务初探

韩　羽

摘　要：财务公司设立的根本目的在于服务企业集团，它的发展也为我国企业集团的壮大起到了不可替代的推动作用。财务公司开展应收账款保理业务可以进一步发挥财务公司的金融牌照优势，为成员单位提供更加多元化的金融产品，提升财务公司的金融服务水平，并扩宽财务公司业务收入来源。加强对企业集团财务公司这个产融结合体的研究，不仅对于我国大型企业集团的健康发展有着深远的影响，而且对于我国现代金融体系的构建和完善具有重要的现实意义。本文重点研究了财务公司这一具有特殊背景的金融机构在应收账款保理业务创新模式中所能发挥的作用并提出了诸项风险防控措施。

关键词：财务公司，应收账款，保理

一、保理业务的定义及几种主要类型

（一）保理业务的定义

保理业务是指公司应集团成员单位（卖方）申请，受让其在贸易中以赊销方式向买方销售货物或提供服务所产生的应收账款，或公司应集团成员单位（出租人）申请，受让其向承租人提供租赁服务所产生的应收租金，并为卖方或出租人提供综合金融服务，包括保理融资、应收账款管理及催收等。

（二）保理业务的几种主要类型

1. 按照是否向买方公开，分为公开型保理和隐蔽型保理

公开型保理指应收账款转让时，公司或卖方将应收账款转让事实通知买方的保理业务；隐蔽型保理指应收账款转让时，应收账款转让事实暂不通知买方，但公司保留一定条件下通知的权利。

2. 按照是否附有追索权，分为有追索权保理和无追索权保理

有追索权保理是指公司受让应收账款后，发生保理合同约定的回购情形时，保留要求集团成员单位（卖方）回购应收账款的权利；无追索权保理

是指公司应收账款转让时，公司或卖方将应收账款转让事实通知买方的保理业务。

3. 按照应收账款是否可置换，分为定保理和池保理

定保理是指开办定保理业务时，卖方收到的应收账款的回款必须逐笔用于归还公司已发放的保理资金，以覆盖风险敞口，不得再次用于对外支付；

池保理是指在满足“应收账款池内的有效应收账款余额 × 融资比例＋保理保证金账户余额≥融资余额”的前提下，财务公司允许卖方在授信期限内，用符合财务公司审批条件的特定债务人的有效应收账款置换原应收账款池内的应收账款或支用池内应收账款回款资金的特定操作模式。

二、财务公司保理业务开展的必要性

（一）拓展业务品种，实现经营收入多元化

随着资本市场的发展，金融脱媒成为一种融资趋势，金融机构的相关传统间接融资业务的拓展难度日益增大，资金价格日益市场化，导致出现优质客户的信贷新增空间收窄、信贷产品价格走低的态势。开展应收账款保理业务能充分发挥财务公司作为金融服务的功能，通过应收账款催收、保理预付款、信用销售控制和信用风险担保等服务，组合有追索权保理和无追索权保理等形式，为公司带来保理管理费。同时，通过开展保理融资，可获取与传统信贷业务等同的利息收益。

可见，应收账款保理业务已成为金融机构为企业客户提供金融服务的重要中间业务，符合金融机构多元化业务综合经营的总体趋势，是稳固和拓展优质客户并实现盈利模式多元化的一项优质产品。

（二）契合监管要求，促进供应链金融融资业务

一方面，应收账款/应收租金保理业务属于供应链金融范畴，契合产融结合的金融服务发展趋势，公司通过开展供应链金融业务可以进一步服务实体经济发展、优化公司经营业务结构，并有助于防范和化解金融风险。对金融机构来讲，产业链金融服务模式在符合其风险收益相匹配的基本原则的基础上，能够为其带来稳定的客户资源，为其他类型业务拓展提供保障；对产业机构来讲，产业链金融服务中的个性化与全方位服务特点不仅能降低企业财务成本，还能提升资金和运营管理的效率，实现对有限资源的最大化利用。而产业链金融服务模式对经济结构调整、国民经济发展都有着重要意义，正因为此，政策层面上也鼓励对产业链金融服务模式进行创新，产业链金融业

务的拓展与壮大仍在继续。国内企业集团财务公司是我国现行经济环境下的产物，具有鲜明的产业与金融双重属性的特点，为其创新与发展产业链金融服务模式提供了优势。以产业链金融业务为基础，深耕集团核心产业链条，提高集团综合竞争能力是财务公司选择产业链金融战略的历史使命，也是其特色化发展道路上的必然选择。

另一方面，2016 年 4 月 29 日，中国人民银行营业管理部下发了《中国人民银行营业管理部关于 2016 年应收账款融资服务平台推广应用工作的通知》（银管发〔2016〕113 号）文件，文件要求各金融机构作为资金借出方积极引导客户实现供应链融资业务的线上操作。同时，文件针对财务公司明确了以下考核指标："2016 年财务公司至少促成 1 条供应链融资，完成交易 10 笔以上，或成交金额折合人民币 10 亿元以上。供应链融资标准为全年累计至少 5 家上下游企业加入服务平台且促成融资超过 10 笔的供应链。"

鉴于此，财务公司开展应收账款和应收租金保理业务，即契合供应链金融服务发展的趋势，又可满足人民银行的相关考核要求。

（三）创新业务品种，提升公司金融服务能力

产业链金融服务模式是近年来我国金融体系重要的金融创新之一，其通过将产业与金融的紧密结合，达到产业与金融共同发展、共同成长的效果。应收账款保理业务模式的推进也得到了越来越多金融机构和产业机构的欢迎与认可。财务公司作为依托集团、服务集团的非银行金融机构，必须充分利用自身特殊的金融功能，有效发挥自身政策、资金、信息优势，提供优质服务，这就需要业务创新，以创新服务集团，以创新促发展。保理业务的开展，不仅可丰富公司现有业务产品线，又可带动公司其他相关金融产品的开展，提升公司的客户满意度水平。

三、财务公司开展保理业务的主要原则

（一）权属确定，转让明责原则

严格审核债权的真实性，确认应收账款初始权属清晰确定、历次转让凭证完整、权责无争议。

（二）统一授信原则

应收账款保理额度纳入总量授信额度统一管理。若申请人尚未进行信用评级及总量授信或授信有效期已过期，须进行评级和统一授信后，方能正式受理业务申请。

四、开展保理业务的风险防范措施

（一）完善风险调控机制，防范信用风险

加强贷中核查，确保交易行为的真实性。要加强对商品交易背景及合同真实性的审查，主要审查商品交易合同条款，如对商品有关描述、合同金额、付款方式、付款日期、交货时间等是否有明确规定，还要核查发票的真实性，发票的主要内容是否与商品交易合同及货运单据一致，发票开出时间是否合理等，防止开票后注销或交易双方合谋先开票后退货骗取资金的行为。同时，不能将应收账款的催收、管理等业务外包给第三方机构。

（二）加强业务研究与学习，防范操作风险

一方面，要加强岗位人员培训，提高交易识别能力，从而尽量防止欺诈性交易的发生。另一方面，要综合考虑保理客户的背景，正确选择适用保理业务类型。财务公司在开展国内保理业务时，应对比分析出哪个交易主体的履约能力更强，或由哪个交易主体履约更具效益性，正确选择和适用保理业务类型。

（三）严格合同条款审查，防范法律风险

由于国内保理业务是一项专业化程度较高、技术性要求较强的新型短期融资业务，涉及国内保理业务的合同主要有销售商和买方之间的买卖合同和保理商与销售商之间的保理合同两类。买卖合同是交易双方基于货物买卖而签订的商务合同，其目的在于规范交易双方的商业行为和保证交易预期效果的实现。国内保理合同的订立是保理商对销售商的选择与受理的结果，是保理商实现对应收账款的回收从而获得收益的基本保障。财务公司在开展国内保理业务时，应设立专职的法规岗位，严格合同的条款审查，防范因合同瑕疵带来的法律风险。

作者简介：

韩羽，女，1981 年出生，高级经济师，北京理工大学市场营销专业毕业，对外经贸大学金融学专业硕士，现任京能集团财务有限公司投资部经理。

企业集团财务公司配置同业存单的可行性研究

韩　羽

摘　要：同业存单是存款类金融机构在全国银行间市场上发行的记账式定期存款凭证，是一种货币市场工具，同业存单配置业务即企业集团财务公司作为投资人，在一级市场认购其他存款类金融机构所发行的同业存单，以及在二级市场进行同业存单交易的业务。为了进一步发挥企业集团财务公司的金融牌照优势，丰富财务公司投资品种，扩宽公司业务收入来源，合理配置资产结构，企业集团财务公司可以通过配置同业存单的方式，促进财务公司资产的安全性、流动性、收益性多重提升。

关键词：财务公司，配置，同业存单

一、开展同业存单配置的必要性

（一）同业存单的安全性较强

同业存单的发行人为存款类金融机构法人（以下简称“存款类金融机构”），主要以政策性银行、股份制银行和城商行为主。以银行信用为基础，能够保护和锁定投资者的收益，具有较好的安全性。与同业存款相比，更加标准化，流动性更好，也避免了提前支取风险，发行同业存单是商业银行主动负债的行为，银行可以根据自身要求发行不同规模期限的存单，更加灵活调整银行负债结构。

（二）同业存单的流动性较好

同业存单能够在二级市场交易流通，包括买卖、回购以及人民银行批准的其他交易品种，其变现能力较强。开展同业存单业务，可以在公司资金头寸相对紧张时，通过二级市场卖出及回购操作，补充资金，相对解付定期大额存放同业业务的成本较低。

（三）同业存单的收益性较高

同业存单的发行利率和发行价格均以市场化方式确定，市场敏感性较高，当货币市场资金相对紧张时，同业存单价格优势较其他投资产品相对较高（优于 AAA 级信用债，与大额存放同业定期持平）。此外，央行 387 号文规定，非保险公司持有同业存单不缴纳存款准备金，免征利息收入增值税，因此发行同业存单在为银行增加可贷资金的同时，负债成本也有所降低。

存单简称	发行日期	发行方式	期限	收益率（%）
17 兴业银行 CD083	2017/02/17	报价发行	3 月	4.4001
17 招商银行 CD062	2017/02/17	报价发行	1 年	4.1000
17 兴业银行 CD084	2017/02/17	报价发行	6 月	4.3000
17 招商银行 CD061	2017/02/17	报价发行	6 月	4.3000
17 华夏银行 CD038	2017/02/17	报价发行	1 月	4.2006
17 华夏银行 CD041	2017/02/17	报价发行	3 月	4.4501
17 浦发银行 CD053	2017/02/17	报价发行	3 月	4.4501
17 华夏银行 CD039	2017/02/17	报价发行	1 年	4.3000
17 招商银行 CD060	2017/02/17	报价发行	3 月	4.4500
17 广发银行 CD009	2017/02/17	报价发行	3 月	4.4500
17 中信银行 CD038	2017/02/17	报价发行	3 月	4.4501

二、开展同业存单配置的可行性

（一）业务政策的合规性

《同业存单管理暂行办法》第四条规定："同业存单的投资和交易主体为全国银行间同业拆借市场成员、基金管理公司及基金类产品。"

同时，按照 2 月 20 日北京银监局发布的《关于企业集团财务公司投资比例计算公式调整的通知》"自 2017 年起，财务公司购买商业银行发行的保本类理财产品不再归属于投资业务，也不纳入投资比例计算"。经口头咨询监管机构，同业存单可参照保本类理财产品办理。

（二）市场供给的充沛性

同业存单于 2013 年末推出，2015 年起同业存单发行量快速发展，发行人范围从大行扩大到信用评级 AA 以上的 1500 多家中小银行，截至 2016 年年末，同业存单存量为 6.3 万亿元，在 57 万亿元的银行间债券市场托管规模中，占比已达 11%。从发行结构来看，同业存单发行人主要以股份制银行和城商行为主。

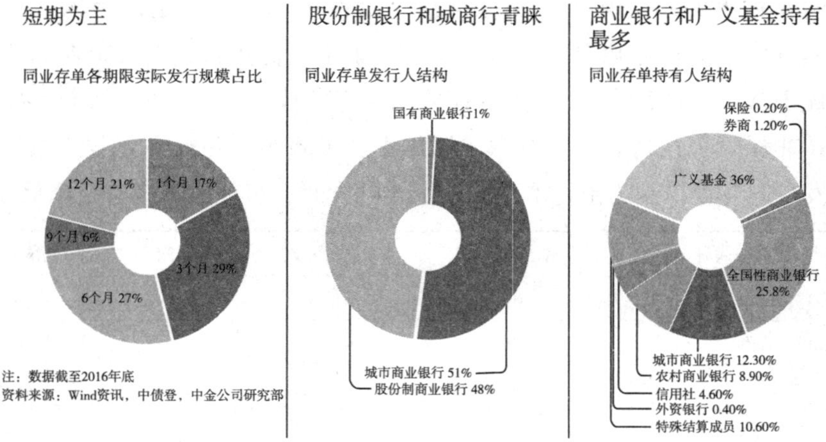

（三）同业存单发行展望

同业存单可以使得中小银行能够与大行在负债层面“公平竞争”，随着同业存单逐渐替代“一般存款”，商业银行整体负债的利率市场化程度上升明显。同业存单未来作为平衡中小银行和大行流动性差异的重要手段，发行前景看好。

三、开展同业存单配置的原则

（一）同业存单的定义

同业存单指存款类金融机构在全国银行间市场上发行的记账式定期存款凭证，是一种货币市场工具。目前，同业存单的期限有 1M、3M、6M、9M、1Y、2Y 与 3Y 七种标准期限。

同业存单配置业务即企业集团财务公司作为投资人，在一级市场认购其他存款类金融机构所发行的同业存单，以及在二级市场进行同业存单交易的业务。

（二）财务公司开展同业存单配置的基本原则

1. 同业存单业务采取分类管理，限额控制。

对认购同业存单的发行银行进行五类管理，包括第一类国有商业银行、第二类政策性银行、第三类股份制商业银行、第四类合资银行、第五类城市商业银行。按照监管部门规定，以前一年度的资产总额的一定占比数额为限，第二类政策性银行存放同业限额为财务公司前一年度资产总额的 40%，第三类股份制商业银行存放同业限额为财务公司前一年度资产总额的 35%，第四类合资银行存放同业限额为财务公司前一年度资产总额的 30%，第五类城市商业银行存放同业限额为财务公司前一年度资产总额的 25%。

2. 同业存单业务操作依据价格优先、均衡配置的原则。

对同业存单的发行银行期限和利率进行询价，并及时登记市场询价表，依据价格优先合理配置同业存单的单笔存量规模。

3. 科学规范交易流程，既高效运作又互相制约。

交易环节与后台管理，实施岗位分离，科学规范交易流程，防范操作性风险，以确保账目正确无误。

四、同业存单配置的业务流程

（一）同业存单认购的准备工作。

1. 系统操作权限准备。在全国银行间同业拆借中心的本币交易系统设置同业存单权限。

2. 同业存单投资权限准备。向合作的同业存单发行机构申请开通并定期维护同业存单投资权限。

（二）同业存单业务计划

财务公司应定期拟定同业存单业务方案，列示同业存单配置规模计划及投资目标。

（三）市场询价

根据发行方式不同，财务公司在发行系统查询当日发行要素公告或根据各家发行人向财务公司发起的同业存单报价，记录发行价格（或者票面利率、利差）和发行量，填制市场询价表。

（四）业务审批

首先审核同业存单配置的业务合规性，同业存单投资应按其主体评级确定风险权重。《商业银行资本管理办法（试行）》里明确商业银行 3 个月以内的风险权重为 20%、3 个月以上的风险权重为 25%。合规性审核通过后，按照财务公司流程，逐级提交审批。

（五）认购确认

根据发行方式不同，投资部发行结束后，可以在发行系统直接打印《发行结果通知书》（《中标结果确认书》）、《认购缴款通知书》（《中标缴款通知书》）。

（六）缴款手续

于发行日下一日（T+1 日）14∶00 之前办理划款手续。

（七）同业存单交易

同业存单完成登记后可在银行间市场交易流通，可进行的交易品种包括买卖、质押回购以及人民银行批准的其他交易品种。定向发行的同业存单可在初始投资人之间转让，不得作为回购交易的抵（质）押品。

作者简介：

韩羽，女，1981 年出生，高级经济师，北京理工大学市场营销专业毕业，对外经贸大学金融学专业硕士，现任京能集团财务有限公司投资部经理。

企业集团资金管理系统规划与设计

于　森

摘　要：随着我国经济体制的改革，资金集中管理已经成为企业集团的发展方向，其模式也在不断创新。财务公司作为非银行金融机构，与商业信用管理的金融功能组织已经成为当今企业集团资金管理的重要载体，其作为集团成员和金融机构的双重身份使其具有一些独特的优越性，而有效搭建具有资金管理功能的信息化平台，更新管理理念，则显得更为至关重要。

关键词：资金管理，核心系统，财务公司

一、项目目标

建立先进的核心业务系统，体现资金管理、结算管理、信贷管理、电票管理和外汇管理的需要，构建具有高效的信息查询分析、资金支付及金融平台，通过资金集中管理，加强资金管控力度，发挥集团资金优势，增强集团核心竞争力，提升集团财务公司的金融服务水平，保证集团资金链健康而有序地发展。考虑财务公司未来全方位资本运作的需要，系统应具有如下特色：

1. 面向集团管理层，建设风险管控平台，为集团战略决策提供依据。

2. 面向财务公司，建设核心业务管理系统，实现资金集中管控和有效配置。

3. 面向成员单位，建设内部网银系统，实现集团资金管理业务流程的一体化。

4. 面向商业银行，建设银企直联平台，实现各商业银行网点柜台桌面化。

二、系统建设原则

财务公司资金管理系统采用 B/S（浏览器 / 服务器）结构，实现数据大集中、处理分散化的模式，网银、核心业务、信贷、报表等系统及其数据库实现跨服务器、跨子网部署，并且充分与集团已经建设的集团核心业务系统紧密集成。同时，系统应满足以下要求：

1. 系统支持防火墙穿透功能，保护网内数据安全；数据传输采用加密形式，支持 IPSEC VPN、SSL VPN 等加密隧道传输；支持应用服务器集群，支持单一应用多台服务器部署、前端负载均衡设备轮巡访问应用资源。

2. 通过服务器、网络支撑及安全系统、存储备份设备、基础软件、虚拟化软件的集成实施，实现完整的基础软硬件系统运行支撑，快速灵活的 IT 基础设施资源管理，为核心业务系统提供稳定可靠的基础保证。

3. 系统具备技术的先进性、系统的稳定性、系统扩展性和系统安全性。

（1）技术的先进性

采用成熟、先进的技术，确保系统技术的先进性，保证投资的有效性和延续性。

（2）系统的稳定性

系统应保证 7×24 小时稳定可靠运行，具备崩溃恢复机制，在系统出现故障的情况时，1 小时内抵达现场，并在 1 小时内恢复系统的正常运行。

（3）系统可扩展性

满足与其他应用系统之间的互联，在设计时分析现有需求并预测未来的拓展。系统结构要具有先进性和模块化，易于配置，以利于今后的扩容和增加。

（4）系统的安全性

提供完整的安全防范措施，防止系统外部成员的非法攻击、病毒传播以及操作人员的越级操作。系统中的所有交易采用第三方 CA 认证方式，通过数字签名、电子签章、数字加密提供交易的安全性、可靠性、身份不可抵赖性。

三、系统架构设计

财务公司资金管理系统解决方案分为四个层面设计：系统基础层、业务运营层、财务核算层、报表分析层。

系统基础层是财务公司业务系统整体架构中的基础模块，主要包括系统管理、客户管理、审批流程管理等模块。

业务运营层是财务公司业务系统整体架构中的核心部分，主要分为资金结算、信贷管理、资金计划、票据管理、资金监控、客户管理等功能模块。同时核心业务层可以与外部银行系统、征信系统、监管系统等做接口。

财务核算层主要处理实现财务公司的会计核算工作，在核心业务层处理后的业务，通过与财务 /ERP 系统做数据接口，把业务处理后形成的会计信息导入财务核算层。

报表分析层主要提供对业务数据和财务数据的分析处理，包括报表管理、监测与预警分析、风险控制管理等功能模块。

四、软硬件平台设计

1. 服务器配置方面

服务器采用64位的CPU，且CPU：内存的比例，至少按1：8关系进行。由于JAVA应用耗费大量内存，建议配置的内存尽量大。使用快速磁盘、高缓存等技术提升存储的性能。

其中，应用服务器建议采用PC服务器，PC服务器通常使用负载均衡进行性能的并行处理，能力扩充可采用增加服务器的方式来进行，应用服务器可通过集群软件和硬件负载均衡技术来提高性能，推荐采用硬件级别的负载均衡技术提高性能；数据库服务器采用UNIX服务器，并且具备1倍的扩充能力。

存储系统采用双控制器，并要求存储系统磁盘个数具有一倍的扩充能力；存储使用RAID0+1技术，提高存储可靠性并保障高效的性能，存储容量为RAID0+1后的可用空间。磁盘应采用高转速（15Krpm）的磁盘。

2.SAN环境配置方面

数据库服务器按双冗余方式配置，保证可靠性。考虑到两台数据库服务器的切换因素，主机和备机按1:1配置，即每台服务器均可以支持所有的业务性能需求。数据库服务器至少有2个双口光纤HBA通道卡，其中1个用于备份。

SAN光纤交换机采用双冗余架构，交换机接口为8GB/秒；SAN交换机的接口数量能容纳各个主机系统和存储系统。备份需要在其中一个SAN交换机上实现所有连接（主服务器、备份节点、存储服务器、备份服务器和磁带库）。

备份通过两个层次来实现，操作系统、应用系统、运行参数文件的备份采用备份软件工具备份到虚拟磁带库；数据库采用LAN–free技术，加快备份，减小备份窗口。

3. 灾难备份方面

配备灾难恢复所需的数据处理设备，并处于就绪或运行状态，保证恢复时间目标（Recovery Time Objective，RTO）为8小时以内；实现数据有效传输，确保数据差异时间（Recovery Point Objective，RPO）为15分钟以内。

生产中心和灾备中心的设备按2∶1的比例配置，降低项目成本。

五、系统安全策略

1. 网络采用联通、电信双链路接入，通过双DDOS、双链路负载均衡设备、双核心防火墙进入双核心内网交换机，有效保证网络冗余及高可用；

2. 在核心防火墙上开启相应安全模块，对网络中的各类异常事件进行实时监控，实时、主动拦截黑客攻击、蠕虫、网络病毒、后门木马、DDoS等恶意流量，保护企业信息系统和网络架构免受侵害，防止操作系统和应用程序损坏或宕机；

3. 系统提供高级别的访问安全控制，出差用户或下级成员单位访问网银系统需要通过专门的VPN通道和防火墙设备，可以有效保证网银系统访问的安全。

4. 在网银系统用户登录过程中，配备电子签名认证系统。每一个操作网银系统的用户都配备一个USB-KEY，USB-KEY里存有CA证书，CA证书在通过网银系统的确认后，才能登录到网银系统。

六、其他建议

1. 为保证项目实施成功并具有一定的先进性，系统尽可能部署在企业私有云中，并从设计之初应该充分考虑支持未来“云计算”的应用，与集团和行业的发展相符合，支持云架构和云应用。

2. 系统应支持将查询数据、文本审批等推动至手机和各种PAD上，客户给领导更好的体验，同时系统支持采用移动蓝牙Key的技术实现对业务数据的移动终端审批功能。

3. 对于新老核心系统的数据切换，建议采用将正在使用的数据进行分析和切换，历史数据只用于在原有老系统中查询。

作者简介：

于淼，男，1980年出生，现任京能集团财务有限公司信息技术部副经理。

企业在互联网经济背景下的财务管理创新研究

陈静心

摘　要：随着网络经济的快速发展，互联网在经济当中运行已经成为了现代各企业重要的发展环境，受互联网经济的网络化、数字化、风险性以及时效性等特征，企业财务管理在适应时代发展的过程中还存在较多的问题，本文以网络经济背景下的财务管理为主要着手点，对其中的问题进行深入分析，并提出相关的创新解决策略。

关键词：网络经济，互联网，财务管理

一、企业在互联网经济背景下的财务管理现状

（一）缺乏财务管理风险意识

现如今，经济活动越来越趋于互联网化，企业在发展的过程中也将面临越来越多的挑战，其中最为突出的，便是企业在网络经济背景下的财务管理问题，经济的高度发展对企业财务管理的要求也就越发严格，一旦企业存在对外信息披露不及时、不真实等情况，企业就有可能会面临极大的经营风险。同时，及时地调整自身的发展策略，适应不断变化的市场环境，也是企业有效规避风险的重要措施。但就目前来说，企业在财务管理方面缺乏一定的风险意识，在日常的工作中也忽视了对风险的处理规避工作，这些都给企业的发展埋下了隐患。

（二）过于陈旧的财务管理理念

对于企业的经营者来说，他们大多都只将管理关注重点放在创收方面，在对企业进行管理时也多是凭借着自己的经验，财务管理部门的管理仅流于表面，未真正发挥作用。同时，在这种环境之下，企业的财务管理部门对经营者的要求完全服从，其为经营者提供信息决策支撑的功能被大大削弱。由传统财务观念影响下的企业，不仅盲目重视有形资产，更缺乏科学的制度管

理，因此企业很难在未来得到有效发展。

二、加强企业在互联网经济背景下财务管理的创新策略

（一）更新财务管理的模式

1. 实现企业网络财务管理

在新的发展背景之下，企业也应该及时调整自身的财务管理模式，拓展远程处理、集中管理以及在线操作等范畴，由以前的静态管理向动态管理转变，提高财务管理的质量与能力。具体来说，实现网络财务管理主要分为三个步骤：首先，实现企业财务管理的信息化，企业会计应该利用并熟悉计算机技术，提高无纸化办公程度，同时企业建立其业务与财务的联系，增加企业各个部门业务、各个集团公司业务的协同性，为企业财务管理奠定基础，实现企业业务与财务的一体化；其次，企业应该尽可能的加强业务联网率，提高互联网程度，通过业务网络化，增加移动办公及自动化办公等，拓展企业互联网业务功能，提高企业对网络计算机技术的利用，帮助企业跨向财务管理的新时代；再次，在具体的操作过程中，企业需要重视财务管理的安全性，例如，构建可续的网络财务系统，加强对网络输出、输入和信息传递安全性的控制力，并对财务管理的应用平台、操作平台、网络平台以及通信平台等采取相应的防范措施。

2. 网络财务管理的优势

实现网络财务管理之后，将使企业的财务管理更为便捷，主要可以得到以下四个方面的发展：第一，提高财务管理的效能。以网页数据的方式呈现财务信息，有利于使用者随时随地的提取有用信息，增加信息的共享性。第二，促进办公方式的多元化。根据互联网的便捷性，企业的相关工作人员可以用移动办公、远程办公以及在线办公的方式来对财务进行管理，可以大大提高工作效率。第三，增加财务管理的时效性。在网络财务管理中，所有的财务数据都具有实时性，业务信息一旦被输入将会自动受到财务信息系统的检测，并自动生成相应的财务报表，帮助企业管理者及时了解企业的发展情况。第四，打破了企业进行财务管理的控制限制，网络财务管理的实现，企业可以通过互联网，对所有子公司的远程审计、远程报账、远程处理等进行实时监控，及时掌握各个子公司的资金情况。

建立网络财务管理体系，利于企业提高财务管理的效率，在互联网的帮助下，企业可以对其他分支部门的财务数据实现集中处理，包括集中算账、记账、生成报表以及登账等，真正实现企业资金的有效配置。

（二）更新财务管理对象以及主体

随着互联网经济的发展，原有的财务管理方式已经无法再满足现有市场的变化需求，如今网络的共享性也要求企业对自身的财务管理进行不断地创新，不断地更新和完善财务管理的对象及主体。除此以外，因为网络的不稳定性，企业在进行财务管理时，还需要重视财务风险的管理工作，重视制度标准化，避免业务中的操作风险。

（三）构建相关的网络信息安全保障系统

就目前来说，我国关于互联网的法律法规普遍较少，不完善的法律制度无法对互联网发展进行严格掌控，企业的随意性增大，打擦边球现象频频出现。因此，对于企业来说，构建相关的网络信息安全保障系统刻不容缓，在这个系统中除了需要关注电子资金安全、网络安全以及网络经营管理等方面之外，还应该尽可能地从监管、制度以及技术层面来提高网络信息的安全性。同时，应该要注重对信息安全教育的宣传培训工作，帮助相关的财务人员正确地认识到信息安全的重要性，并提高其专业能力与技术。

（四）注重企业财务人员的综合素质培训工作

互联网经济的快速发展，使企业迫切的需要一批掌握法律知识、现代信息技术、财务管理理论以及现代商贸实务与理论的全能型复合人才。因此，作为企业来说，除了高薪聘请专业人才之外，还应该注重现有人才的培训工作，通过头脑风暴、专业讲座、企业培训以及外出调研等方式，开拓相关人员思维，提高人员创新意识，加强人员的专业素质及能力，并建立激励机制，提高相关人员不断学习深造的积极性。

三、结论

在互联网经济的发展形势之下，企业在财务管理方面还存在着很多的问题，而这些问题的彻底解决并不是在短时间内就可以完成的，它还需要一个很长的摸索努力阶段。

参考文献

[1] 刘洋兵. 现代企业财务管理中面临的问题及对策［J］. 民营科技，2014（4）.

[2] 王海兵. 以人为本企业财务问题研究［D］. 西南财经大学，2011.

作者简介：

陈静心，女，1987 年出生，金融专业，现任京能集团财务有限公司结算主管。

浅析美联储利率调整对A股指数所产生的影响

范　晔

摘　要：一直以来，美联储利率的调整都受到金融界高度重视，因为其是影响全球经济的重要信号，但是究竟传导至中国A股市场会造成什么样的影响仍有待研究。本文采用定性与定量相结合的方法，分析研究近20年来11个周期下美联储利率变动对A股指数所产生的影响，以更好的预期A股走势变化。

关键词：美联储，利率，A股

一、引言

美联储的利率调整一直都受到全球的重视，被认为是重要的经济信号。本文对近20年的美联储利率数据进行搜集并分析，旨在研究其调整对A股指数的影响。自2016年6月加息后，美联储进入了新的一轮加息周期，主要源于美国经济的逐步复苏。而此前美联储利率经历了接近长达8年的“0息时代”，因此此轮加息不仅是对美国经济，更是对全球经济的重要信号。

联邦基金利率走势的相关研究不胜枚举，但其对A股及板块轮动究竟有多大影响以及具体到数理化分析，目前仍有很大空间。随着联邦基金利率经历了漫长的8年0息周期，此次加息很可能是一轮新利率调整的元点，代表着新趋势的到来。这些变化，究竟会对A股和板块的投资带来什么影响呢？

二、理论基础

1. 联邦基金利率历史走势

自1994年以来，联邦基金利率经历过了大起大落，本文收集了所有数据，具体利率走势，如下图所示：

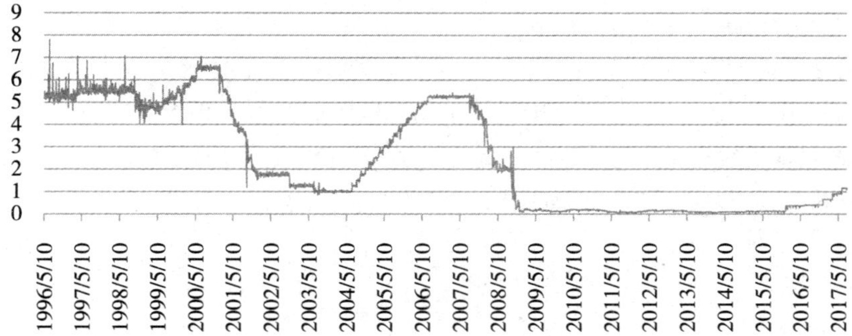

图 1

自 1994 年以来，联邦基金利率经历过了大起大落，具体可分为 11 个阶段：（1）1994.01.01–1995.04.12，加息周期，联邦基金利率从 3 附近加到 6 左右；（2）1995.04.13–1998.06.30，调整周期，联邦基金利率在 6 左右盘整；（3）1998.07.01–1999.06.28，降息周期，联邦基金利率从 7 左右降到 5 左右；（4）1999.06.29–2001.01.10，加息周期，联邦基金利率从 5 附近加到 6 附近；（5）2001.01.11–2003.07.06，降息周期（快速降息），联邦基金利率从 6 左右降到 1 附近；（6）2003.07.07–2004.06.22，调整周期，联邦基金利率在 1 附近盘整；（7）2004.06.23–2006.06.15，加息周期，联邦基金利率从 1 附近加息到 5；（8）2006.06.16–2007.9.17，调整周期，联邦基金利率在 5–5.3 区间内盘整；（9）2007.09.18–2008.10.09，降息周期（快速降息），联邦基金利率降到 1 左右；（10）2008.10.10–2016.6.15，调整周期（0 息），中间经历了盘整和小幅反弹然后一路进入 0 息时代；11. 2016.6.16 – 至今，加息周期，联邦基金利率从 0 息时代加息至 1.16。

我们可以看出，联邦基金利率可谓是经历了“三起三落”，而自 2007 年 9 月起，由于受到金融危机的影响，联邦基金利率进入了历史上第二快速降息周期（此前 2001 年至 2003 年主要是受到 9・11 恐怖袭击及互联网泡沫爆破的影响），直至 2008 年 10 月至今，联邦基金利率处于最漫长的 0 息时代，直到 2016 年随着美国经济复苏，进入新的加息周期。

2. 理论传导机制

仅从理论上考虑，短期来看，美联储加息会造成以下传导效应（降息则相反）：

下图主要从三个方面揭示了美联储利率变动对 A 股的影响，理论上，美联储加息将对 A 股来说是短期的利空，无论从“①、②、③”哪条路径传导。其中，“②”由于导致了人民币相对贬值，部分板块将会受益于此，如：

主要经营出口类贸易的企业会受益于人民币贬值、黄金类贵金属由于具有保值能力也会受到青睐、而由于人民币贬值带来的通胀将更加刺激人们消费的需求等，但会使以人民币计价的资产泡沫加速破裂，就会波及房地产等板块，最终对指数仍将产生负面影响。此外，可想见的传导链还有：美联储加息将导致美元存款上升，进而拖累美国股市，波及海外市场。

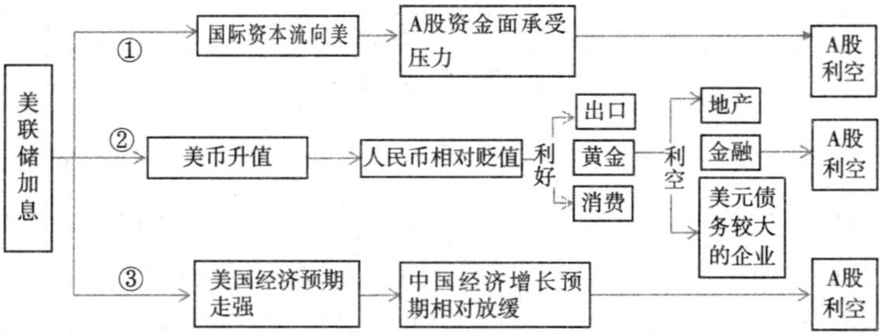

图2

尽管如此，以上只是基于理论层面，而且政策的影响通常是短期的，金融市场瞬息万变、错综复杂，单一变量很难对整个金融市场产生波澜，通常一个结果的发生多是归因于多个因素的共振，究竟历史上美联储利息的重大调整短期对A股及板块产生了什么影响，又会不会在长期影响中国股市，我们将通过数据进行实证分析，重新演绎历史。

3. 同期A股走势概述

在美联储利率政策与美国经济高度一致的背后，对中国A股在大趋势上造成了何等影响，我们搜集了近20年联邦基金利率、上证指数、深成指数的数据并制作了折线图，如下图所示：

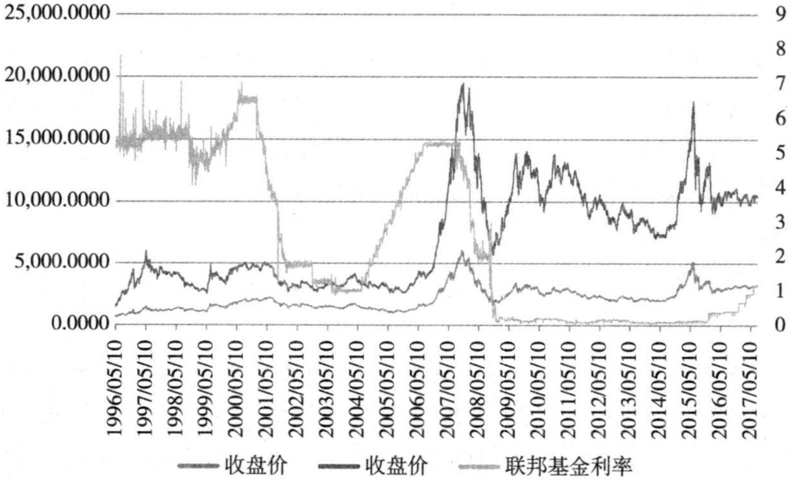

图3　走势对比

另外，我们按照之前联邦基金利率 11 个周期段统计了 A 股上证指数点位，在这 11 个周期中，上证指数同期表现为：-23%、107.56%、26.43%、25.54%、-29.46%、-3.34%、5.7%、253.55%、-61.73%、39.17%。数据整理分析后，可以看出，长期上两者之间并无太多因果关系，但在 2007 年中至 2009 年初附近，出现了高度影响全球经济的金融危机事件时，美联储降息与 A 股指数下跌出现一定的相关性。

三、数理分析

1. 事件研究法

本文选取 7 段（个）时间节点，分别统计美联储重大降、加息消息发布后 A 股指数的涨跌幅，由于此种研究方法较适合衡量短期因事件而发生的变化，所以最短按当天、最长按一个月（即按一周 5 个交易日、一月 22 个交易日）来作为划分依据，分别计段。

表 1

美联储行为	时间节点	A 股涨跌幅							
		【-22.0】	【-5.0】	0	【0.5】	【0.22】	【-5.5】	【-22,22】	平均
降息	1998-7-1	-7	-6.09	-1.7	-1.11	1.78	-5.52	-7.08	-3.82
	2001-1-11	3.57	0.08	-0.3	-4.28	-8.9	-3.91	-5.36	-2.73
	2007-9-18	16.51	6.09	-0.55	-0.01	7.78	7.26	25.48	8.94
	平均	4.36	0.03	-0.85	-1.80	0.22	-0.72	4.35	
加息	1999-6-29	23.63	1.02	-5.36	-2.61	6.07	-1.34	28.65	7.15
	2004-6-23	-7.07	-2.35	-0.69	-2.89	-2.98	-4.52	-9.22	-4.25
	2015-12-16	-1.97	1.16	-0.29	3.46	-14.57	4.97	-16.01	-3.32
	2016-6-16	1.62	-2.15	0.45	1.14	5.94	-1.05	7.11	1.87
	平均	4.05	-0.58	-1.47	-0.23	-1.39	-0.49	2.63	

* 均以交易日考虑

从上图首先我们可以观察到，无论以哪个时间段计算，更靠近当今的美联储利率变化更会引起符合理论层面的变动，如 07 年降息导致的上涨以及 04、15 年加息导致的下跌。此外，从“0”列可以看出，A 股大盘当天对于美联储利率调整并不敏感，通常会在之后的一个月内出现一定的变化规律。

2. 相关性研究

在本文中运用相关性分析及 eviews 软件分析长期对 A 股市场及板块轮动的影响。设联邦基金利率为因变量 Y，上证指数 X_1、深证成指 X_2 为自变量，运用简单线性回归模型计算相关系数等指标。相关系数公式为：

$\rho=\frac{Cov(X,Y)}{\sqrt{Var(X)}\sqrt{Var(Y)}}$，$Var$（$X$）是变量 X 的方差，Var（Y）是变量 Y 的方差，Cov（X，Y）是变量 X 和 Y 的协方差，由于本文采用数据为近 22 年，未观察全部数据，数据为样本数据，则采用样本相关系数 $r_{x,\ y}$ 近似 ρ，公式为：

$$r=\frac{\sum_{i=1}^{n}(x_i-\overline{x})(y_i-\overline{y})}{\sqrt{\sum_{i=1}^{n}(x_i-\overline{x})^2\cdot\sum_{i=1}^{n}(y_i-\overline{y})^2}}\quad X_i=X_1，X_2。$$

另外，相对于样本 X，Y 并不完全代表平均值轨迹的回归线上，而是围绕回归线上下波动，因此设置随机扰动项 C，公式为：$Y=E(Y \mid X_i)+C$，这里的随机扰动项 C 表示那些对 Y 有影响，但未纳入模型的诸多因素的综合影响。

运用相关软件进行回归，相关系数近似于 0，按照相关系数判定标准，可以判断 Y 与 X 之间并无相关关系。可以得出结论，长期来看，联邦基金利率对 A 股指数不构成影响。

四、结论

本论文通过利用近 22 年联邦基金利率及 A 股和板块走势的数据，结合事件研究法、相关性分析等工具的实证研究，从理论和实证两个方面得出以下结论：

一是随着经济全球化的进程，美联储利率调整正逐步加大其对 A 股及各板块走势的影响。

二是短期来看，美联储利率调整会对 A 股及板块轮动产生一定的影响。

三是长期来看，美联储利率调整对 A 股产生的影响不显著。

四是如果美联储利率调整是受某种外因，且此外因为全球都高度关注的且共同受影响的某件金融事件，而会与 A 股指数发生联动效应。

参考文献

［1］吴承礼. 美国量化宽松货币政策的退出几期对中国经济的影响［D］. 吉林大学，2016.

［2］陆晓明. 美联储利率决策框架的变化、困境及未来发展［J］. 国际金融，2016（09）：61–66.

作者简介：

范晔，男，1987 年出生，毕业于西南财经大学，现任京能集团财务有限公司业务发展部主管。

浅析我国财务公司未来发展道路

张天一

摘　要：在经济全球化、金融自由化的背景下，随着集团公司规模越来越大，相应的财务公司也应运而生。自 1987 年中国人民银行批复同意设立东风汽车工业财务公司以来，经过 30 年艰难的探索，我国企业集团财务公司取得了长足的发展并且初具规模。截至 2017 年第 1 季度，全国共有 239 家财务公司。6 月末，全国财务公司资产总计 4.54 万亿元，负债合计 3.81 万亿元，利润总额 485.27 亿元。在新的经济环境下，财务公司面临严峻的挑战。本文从我国目前的财务公司发展现状及问题出发，提出了财务公司未来发展道路的变革意见及对策。

关键词：集团公司，发展探索，变革对策

财务公司作为集团企业的内部银行，其初始定位是为了解决集团公司资金融通、增强企业的凝聚力、优化集团企业内部结构、提高资源利用率。随着经济全球化的发展，集团企业“走出去”战略势在必行，而财务公司的资金管理能力与集团企业发展战略的矛盾越来越突出，面临的挑战越来越严峻。

一、财务公司目前存在的问题

虽然我国财务公司发展较快，资金规模越来越大，但是与国外相比，尚存在一些急需解决的问题。

1. 总体发展环境分析

目前我国金融法律体系尚不健全，财务公司的成立与业务发展面临重重困难。财务公司是全牌照，但落脚点在集团内部，在业务规模上产生了天花板。很多产品财务公司都可以做，服务范围上需要适度的突破，而且短期流动性管理工具对财务公司限制偏多、监管过严，制约了财务公司的发展。各种关卡限制了财务公司做强做大，限制了财务公司发展格局。

2. 财务公司自身定位分析

虽说财务公司是独立的公司，自负盈亏，但是在运营管理模式上高度依赖集团企业的行政式命令，业务运营上不如银行主动。各成员单位都是自主经营的法人实体，如果一旦集团管控力度不够或管控效果不理想，势必直接反映在财务公司各项业务的经营效果上，例如资金归集率、结算业务量、存款规模、贷款规模等都会受到很大影响。

3. 业务发展非市场化分析

在金融自由化、集团企业规模扩大化的背景下，需要财务公司加强业务创新，拓宽新的外部融资渠道。但是目前财务公司受自身资质所限，各种业务开展及金融服务不能实现全面发展，原有格局无法突破。且受制于集团企业对财务公司进行非市场化管理，限制了财务公司全面面向金融市场的业务发展。

4. 专业人员素质分析

由于我国财务公司起步较晚，相关工作人员来自于集团企业内部，人员素质参差不齐且缺乏必要的专业技能。同时受到人事、薪酬等方面因素的影响，部分财务公司无法建立完整高效的研究、风控、决策体系，专业人员业务技能水平有待进一步提高。

5. 集团企业考核机制分析

目前我国集团企业对财务公司的考核大部分是以利润中心为考核指标，且逐年提高。受到公司信贷规模的影响及利润中心考核压力的影响，财务公司被迫从事于高风险高收益的项目，而忽视了其本身服务功能。信贷规模管制的大环境下，财务公司表外业务规模不断增加，部分财务公司表内资产甚至出现了不同程度的减少，这对于财务公司完成考核目标产生了不利的影响。部分财务公司为了完成考核目标，加大了高风险高收益的投资业务的比重。随着利率市场化改革的深入，财务公司以存贷款利差为利润主要来源的模式将无以为继，利润为导向的考核机制有可能导致财务公司选择更加激进的投资策略。

6. 风险控制分析

受到集团公司资金紧缺的影响，部分财务公司资金规模不能满足集团的融资需求，备付资金时常捉襟见肘，需要外部融资来保持流动性。这类财务公司受利润考核导向的影响，加大投资规模，存在外部融资与投资规模双高的情况。由于该部分财务公司资金不足，投资业务一旦出现风险，将导致流动性紧张，未来可能受到这方面的风险困扰。

二、财务公司未来发展策略

挑战是把双刃剑，它将倒逼财务公司尽快适应“新常态”。从更深层次来讲，这意味着增长方式和经营模式的深刻变革。财务公司将告别依靠规模扩张实现增长的方式，改变基本靠利差收入的粗放经营模式，优化升级业务结构。实现资金管理的精细化和多元化是发展方向，而创新则是实现这一变革的最大驱动力。可喜的是，很多财务公司已经意识到了这个问题。有的财务公司搭上了政策试点的列车，开始延伸产业链金融服务；有的财务公司赶着互联网金融的浪潮，推出互联网金融平台或产品等。今年以来，财务公司创新之多、之广泛、之特别，不一而足。

1. 改善内外部环境

财务公司发展受制于央行体质，未来央行应完善金融法律体系，适当放宽政策干扰，取消限制，通过完善财务公司资金来源、经营业务、公司设立等支持财务公司发展的空间。

2. 提高财务公司在集团企业中的地位

我国财务公司原则上是依赖于集团，服务于集团企业及成员单位。未来集团企业应高度重视并提升财务公司的地位，积极发挥财务公司金融职能，提高财务公司运作自主性与灵活性，减少行政式命令干预。运用其金融专业的优势，积极参与金融市场，发挥资本市场运作作用，更好地为集团企业服务。

3. 拓宽融资渠道，扩大金融市场业务范围

目前我国财务公司主要融资渠道比较单一，财务公司应充分利用外部机构的投资能力、资源和风控体系，与一些大型券商、基金公司等建立战略合作伙伴关系。同时充分利用资本市场，扩展自身业务范围，鼓励业务创新，对盈利发展较好的财务公司应给予更多的业务支持。

4. 专业人才发展战略

从根本上讲，人才是财务公司开展业务成功的关键要素。集团企业应积极推进财务公司吸纳专业人才，分岗位、分业务并根据工作年限和技能引进专业的业务人才。通过公司内部传帮带、外部培训等方式，迅速提高业务人员专业业务水平，建立起一支能力较高的业务团队。同时只有给予高端专业人才相应的激励水平才可能引得来、留得住。从长远来看，如果财务公司体制无法改变，应考虑由财务公司成立专业的投资公司、基金公司等，为引进高端人才、提升公司创新业务能力扫除障碍。

5. 完善集团企业考核机制

创收是财务公司第一主业。从国内外来看，财务公司是集团企业的内部银行，属于企业司库平台。集团如果将财务公司定位司库就要利用好，而不是利用财务公司赚钱而限制其业务发展创新；财务公司内部定位也要清楚，作为金融服务不能全靠集团的行政支持，同时要将注意力向内集中，也不应该将注意力过多集中在外部市场赚钱。

6. 完善投资决策和风险管控机制。

根据我国财务公司刚刚起步的状况，建立起完善的投资研究、分析和决策制度是第一要务；建立完善的分级授权管理、投资决策制度和止盈止损制度是公司业务良好开展的前提条件。通过调研等方式，持续改进业务对标管理，学习业务开展较好的财务公司的先进经验，建立起与其自身相关联的风险控制能力、日常管理能力及管理体系，清晰划分岗位职责。

财务公司的出现和发展是市场经济发展到一定阶段，产业资本和金融资本相互融合的必然产物。但是，未来财务公司是否应该并且需要做出改变呢？答案是肯定的，原因在于内部和外部两种因素都需要财务公司做出改变。内在因素有三：一是产业资本和金融资本进一步结合的内在要求；二是支持企业集团和实体经济的宏观需求；三是企业集团创造利润和规避风险的实际要求。而对我国财务公司发展具有影响的外部因素主要是金融市场环境的变化和政策环境的变化。那么财务公司应该如何改变，环境应该如何配合使财务公司能够更好地发挥自身的金融功能呢？从技术上，需要监管部门、企业集团和财务公司共同努力。

认识新常态，适应新常态，引领新常态，是当前和今后一个时期我国经济发展的大逻辑，这也是指导财务公司行业发展的大逻辑。财务公司应将继续坚持稳中求进，坚持服务集团的战略定位，深入挖掘司库管理功能，严抓风险管理，深化金融服务，加大创新力度，为以后财务公司做大做强，更好地为集团企业发展战略做铺垫。

作者简介：

张天一，男，1991 年生，弗吉尼亚理工大学会计专业硕士，原京能集团财务有限公司资金主管。

去库存的成本与利润路径解析

——基于管理会计的角度

赵颖囡

摘　要：笔者从管理会计、成本构成的视角分析存货高企的原因，进而探讨去库存可能要面临的考验，建议国资委和企业使用一篮子考核评价体系，调动经营者积极性，使实施长期战略和提升短期经营业绩统一起来，促进企业发掘内生潜力，创新战略管理、预算管理、成本管理的手段和方法，为企业储备资源、积蓄力量。

关键词：去库存，管理会计，成本与利润

一、去库存的含义和背景

中金公司将库存划分为两类，即狭义库存和广义库存，去库存化也就有狭义去库存化和广义去库存化两类。狭义去库存化，是指降低产品库存水平，这一点可能较快实现。广义去库存化，即消化过剩产能的过程，它不会很快结束，投资过度和消费不足会使得消化过剩产能要比狭义的去库存化更长期、更痛苦。

当前，大多数工业企业都不同程度地存在着库存占用资源、制约企业发展的情况，以前的研究表明：库存高企的主要原因是需求与供给的不平衡、市场的急剧变动或者技术水平落后，但是在管理会计师的眼中，库存高企是多年来利润先导的必然结果，于是去库存也有了多重意义：从实物数量上看，它消化产成品存量，而从价值表现来看，它是对以前年度利润的急剧调整。这种动作，很容易加剧市场的波动，让人猝不及防。

笔者从管理会计、成本构成的视角分析存货高企的原因，进而探讨去库存可能要面临的考验，希望能为企业经营管理提供建设性的建议。

二、库存产生的路径和核算方式

按照中国财务会计准则的要求，库存商品采用完全成本法计量，即成本的构成包括材料成本、直接人工、变动制造费用和固定制造费用，前三者为变动成本、与产量成正比，固定制造费用为固定成本，不与产量成比例关系。于是不同数量批次的商品可能会有不一样的单位成本。

以甲制造企业为例：

原材料单价 100 元，每单位产品耗用 1 单位材料；单位产品耗用人工成本 180 元；单位变动制造费用 20 元；固定制造费用 10000 元；每单位产品售价 380 元。

方案一：生产 100 件产品，出售 100 件产品。

方案二：生产 500 件产品，出售 100 件产品。

方案一（生产 100 件，销售 100 件）的成本构成及收益：

产成品成本 =100×（100×1+180+20）+10000=40000（元），平均每件产品成本 =40000/100=400（元）

收入 =100×380=38000（元）

结转销售成本 =40000（元），利润 =38000−40000=−2000（元）（亏损 2000 元），期末存货 =0。

方案二（生产 500 件，销售 100 件）的成本构成及收益：

产成品成本 =500×（100×1+180+20）+10000=160000（元），平均每件产品成本 =160000/500=320（元）

收入 =100×380=38000（元）

结转销售成本 =100×320=32000（元），利润 =38000−32000=6000（元），存货 =（500−100）×320=128000（元）。

倘若经营者预见到年内将出现亏损的时候，会不会通过提高产量来实现利润目标？不难想到，有些经营者已经开始摇摆了……

如果我们的考核方式只以产量、利润额、资产总额来衡量的话，未来会生出许多忧虑。

首先，产量意味着投入，各种资源被投入其中，资源是有偿使用的，产品如果不能及时销售出去、实现价值补偿，那么意味着资源被占用，由此资产的周转率、资产的回报率都将在低位徘徊。

再者，利润虚增营造出欣欣向荣的假象，会误导领导者的决策，造成对经济形势的误判，致使企业做出不适应未来发展的经营决策。

第三，资产虚增，在例子当中表现为存货虚增 8000 元（按增量计算，方案二的期末存货价值增量表现为材料、人工、变动制造成本之和，等于 400 件 ×（100+180+20）元 / 件 =120000 元，小于 128000 元）。

原因何在？

固定制造费用被纳入成本，并成为了吸收成本的魔法石。所以在财务核算中，完全成本法也被称为“吸收成本法”，正因为固定制造费用对料工费等主要成本的吸收作用。

这个过程乍一看没有违规，仿佛一切都是合规的核算方法和经营行为，但却难以摆脱从一开始被操纵的可能，容易造成利润和资产双重虚增。目前各国会计准则都没有将变动成本法列入正常的成本核算准则，但为了避免“吸收成本法”的负面影响，管理会计学界普遍建议使用变动成本法作为决策的辅助工具。

回到去库存这个题目，如果要消化方案二剩余的 400 件存货，会是什么样子呢？

市场只有 100 单位的需求，剩余的 400 单位产成品在当下没有需求、只能削价处理，损失无法估计。换句话讲，第一年的利润 6000 元、存货 120000 元表现的是虚假的繁荣，本质是透支未来的市场需求，而真正的需求何时出现、数量多少都是未知数。

实施去库存，就意味着企业吐出以前年度的利润，并缩减资产规模。但财务杠杆高企、债务违约近在咫尺的时候，企业还能勇敢地去库存吗？笔者对这种假设下的企业行为难下判断，面对“不去库存要被拖死，去了库存死的更快”的局面纠结不已。

当我们的企业还有选择的时候，以更好的评价体系取代“产量 + 利润 + 资产规模”的形式，可以有效规避经营中的短视行为，促进企业发掘内生潜力，创新战略管理、预算管理、成本管理的手段和方法，避免一拥而上投资、一拥而上去库存的被动局面。

三、建议

使用一篮子考核评价体系，避免“产量 + 利润 + 资产规模”的负面影响，调动经营者积极性，使实施长期战略和提升短期经营业绩统一起来。不让“去库存”的呼声为难，不仅是经济环境的需要，更是为企业储备资源、积蓄力量的必要手段。

参考文献

[1] 中国国际金融有限公司. 经济继续恶化，去库存化之路漫漫 [R/OL]. [2009-01-05]. 慧博智能策略终端

作者简介：

赵颖囡，1983 年出生，会计学硕士，现任京能集团财务有限公司资金计划部资金主管。

如何在网络环境下做好企业财务管理工作

张保龙

摘　要：互联网是构建人类全球平台的必要条件，是知识经济中最活跃的因素，它与计算机技术、现代通信技术的结合创造出全新的人类信息环境，即网络环境，使得企业生存环境发生巨大改变，企业是否能与时俱进和网络经济接轨，这直接关系着企业今后的发展。而财务管理是组成企业经营管理的重要部分，对企业在网络环境下提升竞争力有重要促进作用。因此，在网络环境下做好财务管理工作是企业的当务之急。

关键词：企业，网络环境，财务管理，工作措施

网络环境是自20世纪80年代中期以来互联网商业化产物，是宽带、综合、高速、广域型的数字式电子通信网络，它通过在网中设网以及国际互联，达到覆盖全国、多国甚至是全球的目的。网络环境在为企业实施财务管理信息化提供机遇的同时还带来财务管理模式滞后、工作方法落后、信息管理内容不完善、网络安全存在风险等问题，下面就基于网络环境对企业财务管理的要求，提出解决企业财务管理问题的措施。

一、网络环境对企业财务管理的要求

一方面，在网络环境下，企业不管是采购原材料还是托运货物、申报纳税等均能在互联网上完成，这对企业财务管理模式提出新要求，只有实现集中式管理，做到业务协同，支持处理电子单据与移动办公等，才能适应网络信息时代的经济发展趋势。另一方面，网络环境为企业带来新型的网络财务管理模式，要求企业要在财务管理工作中应用网络技术，解决利用传统财务管理方法不能解决的问题，包括跨地区合并会计报表、实施动态财务分析、在线传递财务数据等，从而远程监控报表、查账以及审计等财务管理内容，帮助企业提高竞争力。同时，网络环境带来企业财务网络安全风险问题，必须加以防范。

二、在网络环境下做好企业财务管理工作的措施

（一）应用财务集中管理模式

财务集中管理模式指的是有机融合网络信息技术和现代化的财务管理理念、方法，提高企业的综合管理水平，合理配置、管控并优化企业的资源，让企业获得最大化的利益。

1. 企业的财务集中核算和控制。企业要基于核算打造财务业务一体化核算平台，提供管理与监控的实时数据[1]。在该过程中，企业要考虑自身组织结构，把特色的、个性化的信息纳入财务数据库，在企业改变业务、管理与控制等模式时重新设置个性化特点，无须修改软件，支持实时控制。

2. 企业的全面预算管理。企业要围绕预算管理建立健全全面预算的管理与控制体系，更好地利用资金，发挥出资金的最大功效。即企业要结合预算的制定、编制、实时控制与分析等工作，对比预算数和实际数，找到差异并分析问题，进行信息反馈，达到财务控制目的。

3. 企业的资金动态管理。企业要集中管理资金，有效控制资金，加快资金运转速度，降低资金风险。具体可在企业的内部设立起财务结算中心、外部设立子公司与客户或子公司与供应商的结算，实施内外结合动态资金管理，减少资金的分散情况，提高资金周转率，有效节约成本。

4. 企业的绩效评价和决策支持。通过测评绩效掌握企业的经营业绩，为企业决策提供支持，通过结合企业成绩和员工成绩，并整合会计资金，在会计控制层最大限度发挥作用，促进集团企业的整体正常运作。

（二）改进财务管理工作方法

企业财务管理工作方法在网络环境下从传统手工作业变成数字化作业，这样的转变是大势所趋，在网络环境里能更便捷地获取财务信息，通过计算机完成各项数据信息处理和项目决策等，使企业财务管理人员获得决策支持[2]。但网络环境导致企业的内部控制越来越复杂，大幅度增加控制的内容，特别是在网络化发展的助推下，企业财务部门的工作内容越来越多，新增的内容势必形成新的影响因素，所以需要企业以传统内部控制为基础改进财务管理工作方法。企业要凭借计算机网络系统，把财务预测系统、经济动态模拟系统以及风险决策系统等总结归纳到一起，完善建立计算机管理制度，并把它运用于财务管理实践；重新构建评价指标，纳入知识资产周转率、资产利润率以及知识资产保值增值率等内容，对企业财务管理工作方法进行综合评价，促使企业提高核心竞争力；优化财务信息资源，综合利用柔性管理方法、网

络管理方法以及财务再生管理方法，针对不同的状况制定财务管理优化方法与措施，提高利用企业各种财务信息资源的效率；在财务管理工作中实行全过程、全方位、全员参与的目标，依托管理信息系统为人员工作提供支持，严格考核他们运用财务管理方法以及审计的情况，保证企业顺利实现财务管理目标。

（三）完善财务信息管理内容

企业要选择多时态、多形式的财务信息报告方式，因为信息用户在知识经济时代要提供有形与无形的资产信息，重视企业今后发展的预测性与前瞻性信息[3]。所以企业的财务信息应打破传统时态的限制，使用多种计量属性，在投资决策中使用现金流的未来价值，或在资产置换中使用重置成本等。

在网络环境下，企业不能只使用货币计量形式，必须结合定性与定量的方法，通过百分比、项、件等单位充分反映出存货、专利技术以及市场份额等情况。另外，企业还要选择和业务同步的财务信息生成形式，使财务信息管理内容不断趋于完善。传统的企业财务信息主要是在业务发生以后生成，通过财务管理加工方法和会计核算方法等获得，但网络技术的快速发展使得企业的所有业务都在同一管理系统中整合，并与政府税务系统、供应商报价系统、消费者需求系统等外部系统有效连接，企业的每一个生产经营环节都可以收集财务信息，同时在财务信息管理之中纳入非财务信息的内容，促使信息内容更丰富、信息渠道更多样。通过使财务信息和企业业务保持同步，及时反映出企业的业务运营情况，并把它加工成最新的信息，保证财务报告的实时性与动态性，发挥出预算控制、财务预警等作用，促进企业优化财务管理。

（四）防范网络财务安全风险

财务管理信息系统建设有个性特征，企业只有立足自身的目标与需求建立网络财务信息系统组织体系，选择先进的产品与技术，优化配置系统软硬件，才能取得理想的效果，尤其是对于网络环境下财务安全风险问题的有效解决。因此，企业要完善组织建设，需要形成网络财务安全制约机制，加强对人员的管理，同时形成安全事件的应急反应中心、网络安全监控中心、病毒防范中心，有效处理突发事件，加强对网络的安全管理与监控，加强检测计算机病毒并将其清除，尽可能降低网络信息系统受损失或危害的程度；形成检查指标系统，对网络财务系统的种种因素进行细致的分析，量化指标工程，围绕人员管理、技术保障、设备安全、网络监控以及病毒防范等建立指标系统，制定对应的工作流程，量化管理计算机，保证安全性；加强监控企业信息系统的安全性，建立并执行计算机安全检查机制，监管安全防范与规范操作；加强文档管理，随时更新企业网络财务系统文档，方便对网络问题作出诊断，方便正常运行网络财务系统，在发生问题时及时通过系统文档寻找答案，有效防范网络环境下的企业财务安全风险。

三、结语

在当今的知识经济时代，网络环境越来越完善，企业财务管理势必要发生深刻的、根本性的变革，在网络环境下做好财务管理工作已经是企业发展财务管理事业的客观要求。面对网络环境下财务管理面临的机遇与新要求，企业务必要坚持改进和优化财务管理，做好财务管理工作，推进企业财务管理的发展与创新，为企业实现可持续发展提供强有力的支撑。

参考文献

[1] 刘颖. 浅谈网络环境下企业财务管理创新 [J]. 财会学习，2016（07）：65.
[2] 孙展. 网络环境下财务管理模式变革 [J]. 科技经济市场，2015（09）：77-78.
[3] 史玮琪. 网络环境下财务管理模式的发展与完善 [J]. 管理观察，2015（21）：158-159+162.

作者简介：
张保龙，男，1989 年出生，河北大学会计专业硕士，现任京能集团财务有限公司资金主管

顺应产业链金融趋势 构建信用导向型产业链金融服务体系

韩　羽

摘　要：随着我国金融市场体系的不断完善及实体经济产业链趋势的加强，产业链金融逐渐成为各类金融机构所重视的创新金融领域。作为企业集团的“内部银行”，服务企业集团及成员单位并为其提供金融和财务管理服务的企业集团财务公司，具有发展产业链金融的先天优势。对于企业集团而言，财务公司开展产业链金融业务，不仅对集团整合产业资源、推动集团战略发展有着重大作用，而且对财务公司拓展经营范围，延长服务链条也有着积极的作用。建立信用导向型产业链金融服务体系，有助于企业集团财务公司切实服务实体经济、延伸产业链金融服务，并拓展多元化金融服务渠道。

关键词：信用，产业链，金融服务

一、信用导向型产业链金融服务的内涵

信用导向型产业链金融服务是以控制信用风险为导向，对客户开展“统一授信”为业务开展的基础，提升信用管理效率，合理配置授信额度，积极延伸信用空间，创新产业链金融服务方式，为集团成员单位提供更丰富和更便捷的融资渠道，并促进产业链实体经济发展。具体内容包括信用风险的统一性风险控制、信用额度的协调性合理配置及信用空间的创新性拓展和延伸（见图 1）。

信用导向型产业链金融服务体系具有以下三个重点内容：

（一）信用风险的统一性风险控制

企业集团财务公司按照定量分析和定性分析相结合、静态指标和动态调整相结合的原则，对成员单位的信用评级和总量授信进行统一标准的科学评估，并通过调研产业链交易上的真实贸易背景，合理分析集团成员单位在产

业链交易中的地位，解决交易各方信息不对称问题，从而实现产业链上下游企业之间的信用的共建和共享，并根据上下游企业的实际需求，提出适宜的金融服务方案，切实提升企业集团财务公司产业链金融服务质量。

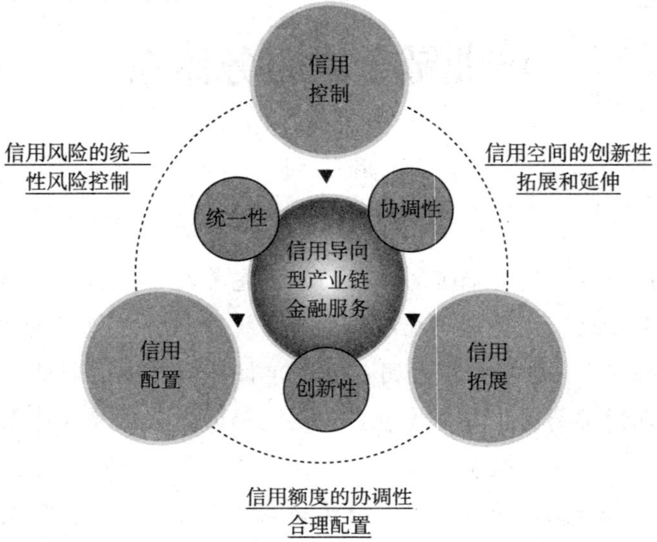

图 1　信用导向型产业链金融服务体系的主要内容

（二）信用额度的协调性合理配置

企业集团财务公司定期对各类授信业务与中间业务进行风险识别与评估，结合风险发生的可能性、风险可能带来的损失及发生频率，并结合产业链中成员单位的经营状况，合理分配该成员单位在产业链金融产品的最高限额。

（三）信用空间的创新性拓展和延伸

信用导向型产业链金融服务将集团成员单位的信用向上下游企业扩展和延伸，使上下游企业可以借助成员单位在财务公司的授信额度进行融资。

二、信用导向型产业链金融服务的特点

信用导向型产业链金融服务具有如下特征（见图 2）：

（一）以信用风险控制为核心，信用风险管理贯穿始终

由于授信业务中信用风险的发生频率最高、影响最大，防控信用风险，成为财务公司提高金融服务质量和资产质量的重要手段。信用导向型产业链金融服务以防范和控制信用风险为企业集团财务公司开展产业链金融服务最

根本的管控核心，并统筹考虑企业集团财务公司作为金融机构固有的信用风险与其他风险（包括市场风险、操作风险等）的关联性，以加强产业链金融服务的基础具体工作流程为抓手，确保企业集团财务公司高效、有序、稳健经营。

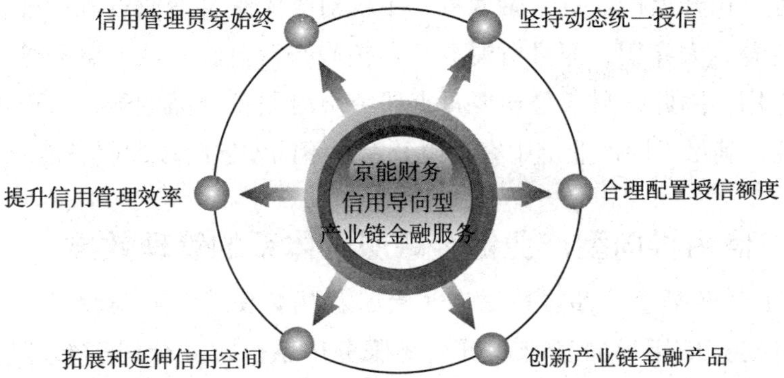

图 2 信用导向型产业链金融服务的特征

（二）坚持统一授信管理机制，信用等级与授信总量联动变化

结合授信评级的基本规则，财务公司定期对集团成员单位的信用状况进行科学、全面的评定，统一测算其信用等级及授信控制总量，并依据评价主体经营情况变化，及时动态调整其授信额度和金融产品的最高限额。即通过动态调整授信额度来实现企业集团财务公司经营活动动态管理目标。

（三）扁平化的刚性管理标准，提升信用管理工作效率

建立刚性的授信评价管理标准，客户经理岗针对不同类型的客户，逐个实施扁平化的定量和定性分析，一次性总体把控授信总量。生产型客户以定量分析为基础，定性分析相结合，基建类客户以定性分析为基础，量化分析相结合。以保证评级结果客观、公正、准确。

（四）结合风险评估成果，合理配置各项业务的授信额度

通过定期对各类授信业务与中间业务进行风险识别与评估，根据评估出的风险发生的可能性、风险可能带来的损失及发生频率，并结合产业链中成员单位的经营状况及产业链中的地位，合理分配自营贷款、票据承兑、贴现、担保等各项表内、外授信业务的全部本外币信用额度的最高限额。

（五）借助财务公司信用，拓展和延伸信用额度使用空间

财务公司作为非银行金融机构，在商业银行有较大的同业授信额度。以此为基础，企业集团财务公司与商业银行合作，使集团成员单位的上下游企

业可以将持有的财务公司承兑汇票在商业银行进行融资。通过拓展和延伸信用额度使用空间，实现了借用财务公司信用为产业链上下游企业增信，促进产业链上下游企业链式融资。

（六）丰富金融服务品种，创新产业链金融服务方式

财务公司开展产业链金融业务，不仅对集团整合产业资源、推动集团战略发展有着重大作用，而且对财务公司拓展经营范围，延长服务链条也有着积极的作用。因此，财务公司要重点研究金融服务产品创新，从而加强产品的多样性，满足不同产业链中客户以及客户不同发展阶段的服务需求。

三、信用导向型产业链金融服务体系的管理效果

（一）创新融资产品占比逐渐扩大，提高集团整体收益

通过建立信用导向型产业链金融服务体系，财务公司创新开展循环贷款、银团贷款、票据贴现、应收账款保理、联合贷款、票据保贴、票据互认等融资方式，加强产业链客户的资金运转能力，促进财务公司收入的多元化。以本人所在的集团财务公司为例，2014 年至 2016 年，创新融资产品在总体融资服务业务中逐渐扩大。在规模上，2014 年创新产品占总体信贷投放量的 2.21%，2015 年占 4.25%，2016 年占 4.96%。在服务客户上，2014 年，创新产品服务客户占总体的 13%，2015 年占 19%，2016 年占 32%。创新业务中以电票承兑尤为突出，2014 年，仅为 3 家客户办理承兑额度总计 1.59 亿元，随着集团发展，基建企业增多，至 2016 年，年内为 12 家客户办理承兑业务，金额总计 12.27 亿元。

（二）为企业节约综合财务成本，降低集团整体融资成本

信用导向型产业链金融服务体系的实施不仅可以扩大融资产品规模，同时为成员单位提供了可靠的资金来源和优质的融资服务，切实节省融资成本。以银团贷款为例，京能财务依托集团，以自身信用为基石撬动外部银行融资；票据承兑可推迟实际付款日期，从而节省出推迟期限内的贷款融资成本；银团贷款方面，通过组成银团，与多家商业银行一同谈判沟通，为成员单位取得较低的融资成本。

（三）提升业务运转效率，并实现集团整体利益最大化

通过构建并实施信用导向型的金融服务体系，不仅满足了财务公司信贷业务管理目标，且针对集团企业特点所构建的授信管理体系具有全面性、科学性、集约性以及可操作性，有效降低了信贷管理的工作量，大大提升了业

务运转效率。同时，财务公司作为企业集团重要的金融平台，以服务集团实体经济为宗旨，充分发挥金融专业人才优势，发掘金融牌照功能，创新融资服务产品，促进集团实体产业与金融资本协调发展，互利共赢。

参考文献

[1] 田娟娟. 战略性新兴产业融资的效率与风险研究 [D]. 东北财经大学，2016.

作者简介：

韩羽，女，1981 年出生，高级经济师，北京理工大学市场营销专业毕业，对外经贸大学金融学专业硕士，现任京能集团财务有限公司投资部经理。

运用统计模拟法对人民币汇率中间价的趋势预测

王　建

摘　要：本文通过分析中国特色的汇率制度下人民币兑美元中间价汇率的历史运行趋势，运用间接方法探讨逆周期因子的影响计量模型，以评估对历史趋势的扰动性，进而对未来一段时期的人民币汇率中间价趋势进行初步预测。

关键词：汇率，统计模拟，趋势

一、研究的背景及目的

浮动汇率制分为自由浮动汇率制及有管理的浮动汇率制。目前我国尚不具备自由浮动汇率制度的条件，而采用有管理的浮动汇率制度。自 2005 年 7 月，中国人民银行宣布：我国开始实行以市场供求为基础、参考一篮子货币进行调节、有管理的浮动汇率制度。随着汇率市场化改革的持续推进，近年来人民币汇率中间价形成机制不断完善。2015 年 8 月 11 日，完善了人民币兑美元汇率中间价形成机制，强调中间价报价要参考前一天收盘价。2015 年 12 月 11 日发布人民币汇率指数，加大了参考一篮子货币的力度，以更好地保持人民币对一篮子货币汇率基本稳定。2016 年 2 月份以来初步形成了“收盘汇率 + 一篮子货币汇率变化”的人民币兑美元汇率中间价形成机制，提高了汇率机制的规则性、透明度和市场化水平。2017 年 2 月份将中间价对一篮子货币的参考时段由 24 小时调整为 15 小时，避免了美元日间变化在次日中间价中重复反映。

2017 年 6 月，央行通知中间价报价银行于近期开始使用新的公式进行每日中间价报价。在之前的中间价计算公式中加入“逆周期因子”。该因子的引入，直接导致 6 月份人民币兑美元中间价出现了阶梯式跳跃。那么，在其影响下的人民币汇率的未来趋势如何呢？

二、研究的理论及方法

本研究通过对2008年5月末至2017年5月末期间的人民币兑美元中间价（以下简称“中间价”）的时间序列资料进行分析，得出其资产漂移率及标准差。采用统计模拟方法（蒙特卡洛方法及基于Faure序列的拟蒙特卡洛方法），对2017年6月1日至2017年10月19日期间内的中间价进行趋势预测，通过与“逆周期因子”执行期间的实际汇率进行差异分析，拟合中间价历史汇率曲线，修正预测模型。进而对未来一定时期的中间价数值进行趋势预测。

（一）资产价值漂移率 μ 及标准差 σ 的测算

$$G(s_t,t)=\ln s_t$$

上式中 s_t 代表资产 t 时的价格，若其符合几何布朗运动（Geometric Brownian Motion），即假设资产价格 s 服从对数正态分布，根据其标准形态：

$$ds=\mu s_t dt+\sigma s_t dz$$

其中，dz 为随机过程 z 的微分形式，其满足关系式 $dz=\varepsilon\sqrt{dt}$ ，ε 是一个服从标准正态分布 N（0，1）的随机变量。

因此，伊藤引理（Itô's lemma）表达式可以写为：

$$\ln s_{t+\Delta t}-\ln s_t=\left(\mu-\frac{\sigma^2}{2}\right)\Delta t+\sigma\varepsilon\sqrt{\Delta t} \quad \cdots\cdots\cdots\cdots\cdots\cdots \text{①}$$

则，资产漂移率（平均收益率）μ 满足下式：

$$\mu=\mathrm{E}\left(\ln s_{t+\Delta t}-\ln s_t\right)=\mathrm{E}\left(\left(\mu-\frac{\sigma^2}{2}\right)\Delta t+\sigma\varepsilon\sqrt{\Delta t})\right)=\left(\mu-\frac{\sigma^2}{2}\right)\Delta t$$

即

$$\mu=\frac{\mathrm{E}\left(\ln s_{t+\Delta t}-\ln s_t\right)}{\Delta t}+\frac{\sigma^2}{2} \quad \cdots\cdots\cdots\cdots\cdots\cdots \text{②}$$

另，标准差 σ 满足：

$$\sigma=var\left(\ln s_{t+\Delta t}-\ln s_t\right)=\mathrm{var}\left(\left(\mu-\frac{\sigma^2}{2}\right)\Delta t+\sigma\varepsilon\sqrt{\Delta t})\right)=\sigma^2\Delta t$$

即

$$\sigma^2=\frac{var\left(\ln s_{t+\Delta t}-\ln s_t\right)}{\Delta t} \cdots\cdots\cdots\cdots\cdots\cdots ③$$

（二）统计模拟方法

本文采用的统计模拟方法为蒙特卡洛模拟及拟蒙特卡洛模拟，二者的主要区别在于随机数发生器的发生机制。前者使用伪随机数序列进行模型模拟，后者主要用低差异性序列代替伪随机数序列进行模拟。

1. 蒙特卡洛模拟方法实际利用统计工具发生符合 N（0，1）标准正态分布的伪随机数序列，通过高频的模拟次数模拟前述的 ε 变量。

2. 拟蒙特卡洛模拟方法通过发生低差异性序列，并经累积分布函数转化形成符合 N（0，1）标准正态分布的高频序列模拟前述的 ε 变量。本文中主要采用 Faure 序列发生器产生均匀分布序列，在通过 Box–Muller 方法将均匀分布序列转化为标准正态分布序列。本研究中不再赘述 Faure 序列的发生原理[1]。另外，简单来说，Box–Muller 方法是指通过如下变换过程将两组符合（0，1）上的均匀分布序列 U_1，U_2 转换为两组标准正态分布序列 N_1，N_2[2]。

$$N_1=(-2\ln(U_1))^{\frac{1}{2}}\cos(2\pi U_2) \cdots\cdots\cdots\cdots\cdots\cdots ④$$

$$N_2=(-2\ln(U_1))^{\frac{1}{2}}\sin(2\pi U_2) \cdots\cdots\cdots\cdots\cdots\cdots ⑤$$

三、实证分析

通过提取 2008 年 5 月末至 2017 年 5 月末期间的人民币兑美元汇率中间价（数据来自 Wind），若 $\Delta t=1$，根据②③式计算得出 μ =–0.0000047291410，σ =0.0012857396437。

①式可写成：

$$s_{t+\Delta t}=s_t e^{\left(\mu-\frac{\sigma^2}{2}\right)\Delta t+\sigma\varepsilon\sqrt{\Delta t}} \cdots\cdots\cdots\cdots\cdots\cdots ⑥$$

则可根据⑥式模拟出 2017 年 6 月 1 日至 10 月 19 日期间 97 个交易日的汇率价格曲线。

（一）蒙特卡洛模拟法

运用 Matlab 软件，以蒙特卡洛方法（即 randn 函数）模拟 10 次、每次 97 个数据点的汇率价格，如图所示：

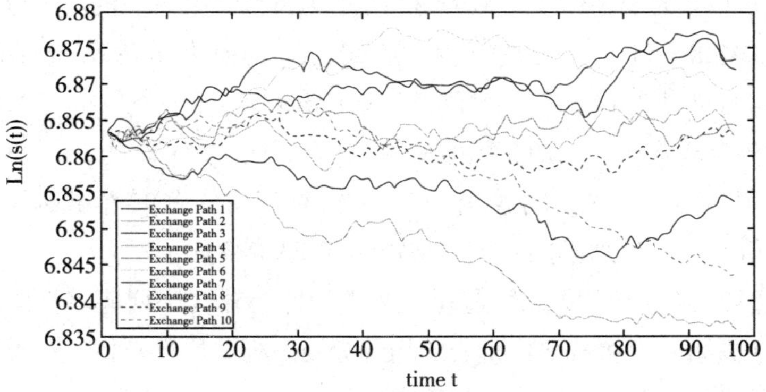

同理，模拟 n 次、每次 97 个数据点的汇率价格，得到 n 个 1 行 97 列方阵，合并为 1 个 $n \times 97$ 方阵，对每列数据求均值，将该方阵“压缩”至 1×97 阶，当 n=1000 时绘制曲线如图：

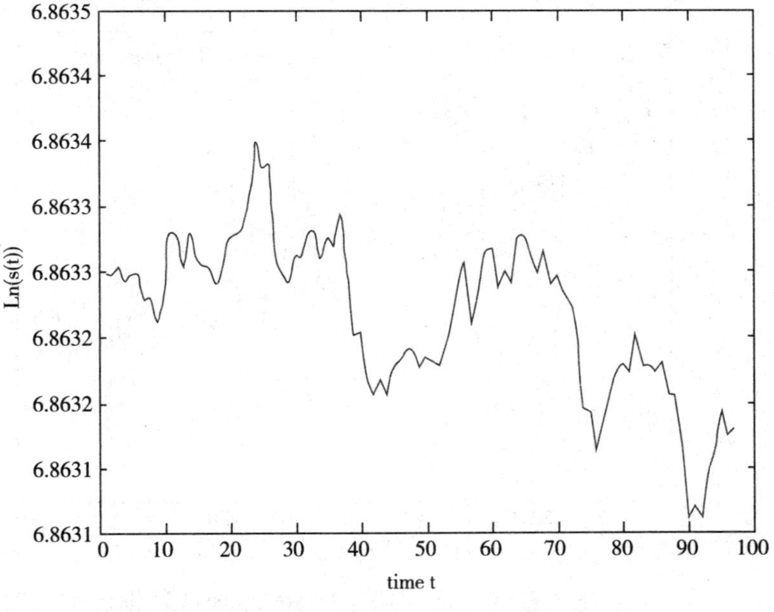

将这 1000 次模拟产生的最终 1×97 阶的数据方阵命名为 MC。

二、拟蒙特卡洛模拟法

采用拟蒙特卡洛模拟法模拟上述期间 97 个交易日的汇率趋势步骤如下：

1. 使用 faure 序列发生器产生 N 个基底为 $b1$ 的序列 A；

2. 同上，使用 faure 序列发生器产生 N 个基底为 $b2$ 的序列 B；

3. 剔除 A、B 中的 0 元素数据，A、B 各指针分别指向下一元素，得到 A 的子序列 U_1，B 的子序列 U_2。则 U_1 和 U_2 均为符合（0，1）的均等分布序列。

4.Box–Muller 过程。根据④⑤式将 U_1、U_2 变换为序列 N_1 与序列 N_2，即 N_1 与 N_2 均为符合 N（0，1）的标准正态分布序列。

5. 将各自均为 $1\times N$ 阶的序列 N_1 和 N_2 合并为 $2\times N$ 阶的 N_3，对每列求均值，“压缩” N_3 至 $1\times N$ 阶的 N_4 序列。将 N_4 按序均分为 97 个数据段，对每段数据求均值，用以分别模拟 97 个交易日的汇率价格。

因拟蒙特卡洛模拟法运用过程中产生的低差异性序列能够克服“维数灾难”，且在高频模拟次数下，生成的均等分布序列匀质性较好。另外考虑步骤 5 中数据分段的便利性，在实验过程中选择 N=9700。

假设采用基底分别为 2 和 3（也可采用其他基底，基底需为素数）的 faure 序列来进行模拟，绘图如下：

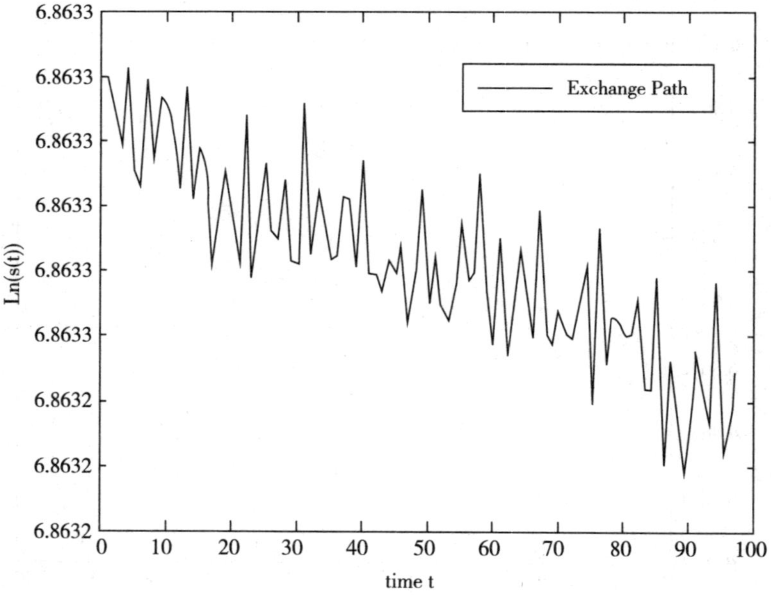

综上，下表中对比了蒙特卡洛模拟方法 MC 生成的数据序列、拟蒙特卡洛模拟方法 QMC 生成的数据序列及真实值 Real Value 的描述统计信息。

	平均	标准误差	中位数	标准差	方差	峰度	偏度
MC	6.8632665384	0.0000061398	6.8632827661	0.0000601580	0.0000000036	−0.0661831342	−0.5004210410

续表

QMC	6.8632709937	0.0000014665	6.8632704161	0.0000143683	0.0000000002	−0.4202274477	0.0000658413
R.Value	6.6921604167	0.0098656557	6.7140000000	0.0966632902	0.0093437917	−1.2636103379	−0.2994502456

相比 MC 方法，QMC 方法的数据方差较小，数据波动性较稳定。

（三）"逆周期因子"的影响计量

由于央行暂未公布"逆周期因子"的计算方法以及比重，在此简单假设如下模型：

$$Y=\beta X+\varepsilon$$

其中，Y 为中间价汇率的真实值，X 为拟蒙特卡洛模拟法生成的数据序列，采用 OLS 回归分析得到分析结果如下：

回归统计		Coefficients	
Multiple R	0.719088379	Intercept	−33195.83259
R Square	0.517088096	X Variable 1	4837.711461
Adjusted R Square	0.511950736		
标准误差	0.06752948		
方差分析			
	SS	MS	Significance F
回归分析	0.458998528	0.458998528	0.00000000000000157
残差	0.428661682	0.004560231	
总计	0.88766021		

通过观察重点统计数据，说明拟合效果较好，进一步可得到回归方程的表达式：

$$\hat{Y}=4837.71146X-33195.83259 \quad \cdots\cdots\cdots\cdots\cdots\cdots ⑦$$

（四）人民币中间价的预测模拟

采用拟蒙特卡洛模拟方法，以 2017 年 10 月 20 日始至 2018 年 6 月 30 日止，模拟未来第 174 个中间价报价日（工作日）的中间价，带入⑦式进行数据修正，以考虑"逆周期因子"的影响扰动，最终得到中间价数据 ≈ 6.3381。

四、结语

本文的研究表明拟蒙特卡洛模拟法相较于蒙特卡洛模拟法发生的随机数更为稳定、匀质。在对汇率的趋势性预测中起到了较好的模拟效果。另外对于"逆周期因子"的影响作用采用了较为保守的 OLS 拟合方法，为人民币汇率中间价的预测建立了可参考的理想化模型。然而，对于具体"逆周期因子”数值的量化求解并未给出答案，仍需将来的后续研究。另外，本研究基于了多种理想性假设，例如假设汇率变动符合几何布朗运动及其维纳过程、汇率历史的波动性分析中并未考虑中国汇率制度政策的几度改革影响、未来汇率趋势预测中无法预知未来汇改政策的或有。因此对于我国有管理的浮动汇率制度的研究仍将是一个长期性、可研性的探索过程。

参考文献

[1] 黄仿伦. Faure 序列的一种构造方法 [J]. 安徽大学学报自然科学版，2004，28（3）：1-5.

[2] 이현석（李玄锡）. 금융공학을 위한 수치분석 기초 [M]（金融工程数值分析基础）. 경문사（经文社），2007.

[3] 王建. Quasi-Monte Carlo 시뮬레이션 방법에 의한 한국 주식워런트（ELW）의 평가 [D]（Quasi-Monte Carlo 模拟法对韩国股指涡轮的评价）. 인하대학교（仁荷大学），2012.

[4] Black，F. and M. Scholes. The Pricing of Options and Corporate Liabilities [J]. Journal of Political Economy，1973，81（3）：637-654.

[5] Brandimarte P.. Numerical Methods in Finance and Economics [M]. Wiley-Interscience，2006.

作者简介：

王建，男，1987 年出生，仁荷大学货币金融学硕士，现任京能集团财务有限公司外汇主管。

PRACTICING THE FINANCIAL-INDUSTRIAL INTEGRATION

第三篇

业务与实践

MPA 对金融机构信贷资产管理产生的影响及对策

韩　羽

摘　要：2016 年开始，中国人民银行全面实施宏观审慎评估体系（Macro Prudential Assessment. 简称 MPA），以全面有效地管理金融部门多元复杂的资产端，加强货币政策的逆周期调整作用，进一步完善宏观审慎政策框架，防范系统性风险，保障金融体系的稳定性。MPA 对于金融机构的业务模式和风险管理等诸多方面产生重大的影响。对此，本文重点分析了 MPA 对金融机构信贷管理带来的影响，并在影响分析的基础上对金融机构信贷管理方面提出了几点建议，旨在更好地为金融机构促进 MPA 指标达标，并提高综合金融服务水平和防范金融风险提供参考。

关键词：MPA，金融机构，信贷管理

按照人民银行总行政策指引，自 2016 年起实施“宏观审慎评估体系”（Macro Prudential Assessment. 简称 MPA），参评机构包括农商银行、村镇银行、财务公司、汽车金融公司、金融租赁公司。

一、宏观审慎评估体系背景介绍

（一）宏观审慎评估体系简介

为进一步完善宏观审慎政策框架。更加有效地防范系统性风险，发挥逆周期调节作用。按照人民银行总行政策指引，自 2016 年起实施“宏观审慎评估体系”（Macro Prudential Assessment. 简称 MPA），从以往盯住狭义贷款转为对广义信贷（包括贷款、证券及投资、回购等）实施宏观审慎管理，通过一整套评估指标，构建以逆周期调节为核心、按照系统重要性程度和机构属性差别考量的宏观审慎评估体系（MPA），根据季度数据动态评估，引导金融机构广义信贷合理增长，加强系统性风险防范。

（二）宏观审慎评估体系的监管核心变化

1. 从狭义信贷管理到广义信贷管理

人民银行将此前狭义信贷的管理转为广义信贷的管理，将债券投资、股权及其他投资、买入返售、存放非存款类金融机构款项等新型资产端组成部分悉数纳入到管理体系之中。

2. 强化资本充足率标准

宏观审慎评估体系一共七大方面的 14 个指标，对金融机构的评价更加全面和客观，而且更加注重过程和连续性管理，体现了监管理念从计划管制向市场化管理的转变。根据宏观调控需要，人民银行可对指标构成、权重和相关参数、评分方法等进行调整。

3. 时点管理到日常管理

人民银行不再设立信贷额度，根据需求进行调整，按照季度进行事后评估，但同时按月进行事中监测和引导。这意味着，此前金融机构的季度末时点调整指标的考核意义就大大淡化了，需要更加平稳、真实地维持相关监管指标的稳定性。

4. 从存贷款基准利率定价到市场化利率定价

由于利率市场化的加速推进，特别是存贷款利率限制的取消使得存贷款基准利率的基准性弱化，金融机构自主定价的能力就成为风险管理和经营发展最为核心的竞争力。人民银行要求金融机构要提高自主定价能力和风险管理水平，约束非理性定价行为，防范其潜在的系统风险。

二、MPA 对金融机构信贷管理带来的影响

（一）通过广义信贷指标制约资产配置方式

在 MPA 的框架下，广义信贷将涵盖五个领域：一是各项贷款，二是债券投资，三是股权及其他投资，四是买入返售资产，五是存放非存款类金融机构款项。这样，此前金融机构十分盛行的“大资管”资产配置模式将被纳入到宏观审慎评估体系之中，接受广义信贷指标的约束。这对于金融机构的资产配置将带来实质性的挑战，特别是 2015 年开始飙升的股权投资将面临更大的压力。

（二）以广义信贷指标进一步加强资本约束

MPA 更加重视宏观审慎资本充足率。原则上，法人金融机构资本充足率应不低于宏观审慎资本充足率，而且这一项指标在 7 项评估内容中占有重要

的地位，如果此项指标不达标，机构评级基本为C级。宏观审慎资本充足率主要取决于广义信贷增速和目标GDP、CPI增幅，并体现了巴塞尔Ⅲ资本框架中逆周期资本缓冲、系统重要性机构附加资本等宏观审慎要素。因此如果财务公司等金融机构想实现广义信贷的高增长，就需要有更高的资本充足率进行配套，这必将提升法人金融机构对资本充足率的重视程度。

（三）信贷规模过快增长将受到抑制

MPA对金融机构的信贷调控，不仅包括原来差别准备金动态调整中的人民币贷款，还要包括广义信贷（如贷款、证券及投资、回购等），所以，MPA是强化了对金融机构的信贷调控。此外，MPA关注点从狭义的贷款转为广义的信贷、同业负债、委托贷款等，这将在很大程度上抑制金融机构将表内资产大量转向表外的可能性，制约金融机构表外资产的过快增长。

（四）促使金融机构建立多元化业务模式

按照宏观审慎监管理念，金融机构的发展不仅面临资本约束，还面临着利率定价行为、信贷政策执行等方面约束，金融机构必须以有限的资本赢取更高的回报，而不是通过规模扩张的粗放经营模式简单地“以规模换效益”。这将迫使金融机构加快发展其他业务模式，建立多元业务模式，促使金融机构向精细化经营转变，细分客户、精细定价。

三、对金融机构信贷资产管理方面的对策与建议

（一）加强信用风险管理，合理控制风险加权资产总额

由于“资本与杠杆”这个指标具有一票否决权，而其中的分项指标资本充足率占80分，因此各家金融机构会把资本充足率作为首要指标来对待。该指标的分子是机构持有的资本，是短期内难以调整的。分母为风险加权资产，是可以在短期进行调节的。那么，金融机构可以通过对资产的重新配置，达到降低风险加权资产总额的目的。全面提高信贷资产质量，加强日常信贷管理，实现信贷业务快速健康可持续发展。主要途径为：

1. 有扶有控，不断优化信贷结构

坚持有扶有控的原则，提升资产质量，加强风险防范，不断优化信贷结构。定期排查信用风险隐患，建立科学的监测体系和监测方法，对于排查发现异常的客户，适时纳入主动压缩退出客户管理，尽快降低风险敞口。

2. 规范管理，控制信贷工作操作风险

（1）严把准入关。在客户选择上，认真做好贷前调查、评级授信、市场

分析，客观评价客户申请贷款的真实用途，确保每笔贷款都有真实的贸易背景，认真核实客户提供财务报表、生产经营及担保资料等的真实性，提高识别风险的能力，确保上报审批资料的真实有效。

（2）严把审查关。实行集体审议制度，通过对新增信贷业务的集体审议，将信贷风险隐患消除在萌芽之中，推动信贷业务持续稳健发展。

（3）严把核准关。切实做好贷前审查及贷后管理，认真审查各类信贷资料，确保信贷业务资料合规、完整、有效。

（二）适度控制广义信贷增速，提高资产负债情况指标

1. 合理控制信贷投放节奏

结合宏观经济形势、自身业务发展和风险控制能力，在控制信贷风险的前提下，均衡把握贷款投放的节奏和力度，实现信贷在季度、月度末以及月度之间的平稳投放，力争在促进结构调整中保持信贷总量的适度增长。保持信贷总量的合理增长与均衡投放，有助于实现支持实体经济平稳健康运行与金融机构自身可持续发展的协调统一。

2. 提高信贷资金周转速度和配置效率

根据全球系统重要性银行的监管要求，以现在的国内金融机构规模扩张速度，我国金融机构资本压力整体上升。通过信贷存量管理，可以提高信贷周转速度，扩大同等信贷资金投入的实际资本供应水平，相当于大幅节约了资本。更重要的是，通过存量收回再贷，也检验了原贷款投向的质量和效率。

3. 适度压缩贷款承诺规模

适度压缩贷款承诺规模，可以达到降低信用风险资产规模的效果。金融机构可以通过提高贷款合同的精细化管理程度，在合同条款中明确有效期限，超过期限未提款合同则自动终止。

4. 培育新的利润增长点

在稳健经营的前提下，积极拓展传统存贷款业务以外的其他中间业务，逐步降低对存贷利差的过度依赖。实现盈利模式从存贷利差占绝对优势转向存贷利差和中间业务并重的轨道上来，通过培育新的利润增长点，从资本消耗型业务向资本节约型业务的转变。

（三）创新信贷产品，提高自身持续发展能力

金融机构要适应金融发展和资产多元化的趋势，建立多元业务模式，其有助于金融机构以有限的资本赢取更高的回报。创新信贷产品，扩大信贷边界对于实现实体经济和金融经济的对称运行意义重大，金融机构可充分利

用自身优势，锁定一定范围内深耕细作，稳定客户基础，提高自身持续发展能力。

1. 积极探索贷款证券化及贷款出售

金融机构可以将所持有的各种流动性较差的贷款组合成若干资产出售给专业性的融资公司，再由融资公司以这些资产库为担保，发行资产抵押证券，或是金融机构通过证券发行市场以公开发行和私募的方式推销给投资者，这样既可以迅速回笼资金，又可以继续投入，达到资产结构调整优化的目的。

2. 深入研究并开展并购贷款

发展并购贷款是金融机构体制解决同质化竞争，提高非息差业务比重，提供综合金融服务方案，丰富资产多元化，减少信贷分散系统风险的重要战略，同时可以维护优质客户的银企关系。金融机构通过开发发放并购融资的资金，把资产从传统贷款分散至其他的经济领域，丰富资产组合多元化、分散系统风险。

参考文献

[1] 星焱. 宏观审慎评估体系符合时代需求 [J]. 金融博览，2016 (3).
[2] 尹振涛. 宏观审慎评估体系（MPA）概念之由来 [J]. 金融博览，2016 (2).

作者简介：

韩羽，女，1981 年出生，高级经济师，北京理工大学市场营销专业毕业，对外经贸大学金融学专业硕士，现任京能集团财务有限公司投资部经理。

财务公司的价值创造与综合收益测算

李　尹

摘　要：财务管理理论认为企业管理以“财务管理”为中心，财务管理以“资金管理”为中心，资金管理又以“资金控制”为中心。财务公司作为集团内部专业进行资金管控的金融机构，是集团管理的手段，是产融结合中以金融理念提升产业价值的工具，在优化资金配置，节约财务成本，保障资金安全，提升资金的运行效率方面起到的作用是毋庸置疑的。本文从财务公司的价值创造与综合收益测算两个方面入手系统性的展示财务公司相对于集团其他单位的优势。

关键词：财务公司，价值创造，收益测算

一、财务公司的价值创造

1. 资金池作用

在财务公司成立之前，集团内部成员单位的资金均存放于银行，从资金总量来看这些存量资金远远大于日常备付的需要，闲置的资金存放于银行仅能取得一般企业利率，而财务公司作为金融机构可以取得同业存款利率，以京能财务为例，当期商业银行给的最高活期存款利率为 2.62% 且无任何限制条件，远高于一般企业存款利率。另外，资金池存款总额相对于单一的企业存款具有较强的稳定性。根据存款沉淀率公式“沉淀率 = 一年内最低存款 / 一年内存款日均数”，财务公司资金池各年活期存款稳定率为 50%–70%，而根据银行统计数据显示，一般企业活期存款稳定率大约为 10%–30%。

2. 派生存款效应

财务公司作为存款类金融机构，具有货币乘数效应，即在集团内部通过发放贷款进行存款派生，派生存款再继续放贷，循环往复产生货币放大功能。

3. 同业业务

同业业务是财务公司作为金融机构所特有的业务品种，财务公司通过同

业市场进行竞价交易，将闲置的资金，通过期限错配，投放于1月–3月的同业存款，获取利差。虽然目前一般企业也可以通过大额可转让存单的方式进行议价，但由于财务公司汇聚资金和议价能力强大，仍然有较大机会获取超过市场平均利率的收益。

4. 同业拆借

财务公司按照规定可以拆入实收资本额度内不超过7天的资金，且不得展期，如采用分次拆入，京能财务大约可维持10亿左右的存量，这样资金池备付率即使保持10%左右也可覆盖95%以上的流动性风险。另外办理同业拆借还有成本低、操作快捷等优势，还可在某种程度上增加本公司在拆借市场上的活跃度。

5. 资金融通功能

在财务公司的历史上，曾在对外融资的高峰期间出现过一些风险，因此监管部门对财务公司对外融资持谨慎态度，但财务公司作为金融机构，积极参与资金市场融通业务，也是平衡流动性、合理利用杠杆的正常需求，目前财务公司可以利用的资金融资渠道主要包括央行再贴现、金融债和资产转让等。

6. 产业链金融

产业链金融是今后财务公司信贷业务市场化的突破口，财务公司作为立足于集团的金融机构，是产融结合的最佳载体。目前，在我国成立财务公司的均为大型集团公司，完全具备以集团内处于产业链核心的企业为依托，针对产业链上的各个环节，设计个性化、标准化的金融服务产品，为整个集团产业链上的所有企业提供综合解决方案的服务能力。

二、财务公司资金归集、运用与综合收益测算

我们通常将财务公司通过资金归集和运用为集团创造的总价值称之为“综合效益”，一般而言主要包括两个部分：第一，利差收入：由于财务公司的金融机构身份，银行存款执行同业存款利率，经过测算同业存款利率与企业存款利率间的利差保守估计为1%；第二，为集团节省的财务费用（也就是所谓的融资成本），财务公司将归集的资金在留足备付金、缴纳存款准备金后的余额，可以在集团范围内发放内部贷款，从当前利率看，可为集团节约4%左右的外部融资成本，并且款项的发放速度快，环节少，可满足集团成员单位临时性、紧急性的需求。财务公司创造的综合收益和集团货币资金、归集资

金及资金运用方面存在着如下恒等关系：

1. 货币资金 = 未归集资金 + 头寸

2. 可归集资金 = 已归集资金 + 未归集资金

3. 头寸 = 归集资金 ×（备付率 + 存款准备金率）

4. 归集资金 = 可归集资金 × 归集率

5. 综合收益 = 头寸 × 利差 +（归集资金 – 头寸 + 资本金）× 融资成本

为了方便测算，我们以集团合并报表货币资金为 100 亿元，假如结算备付率为 20%，存款准备金为 7%，当资金归集率为 50% 时，可为集团创造综合收益 3.31 亿元，且资金归集率每提高 1%，综合收益就增加 3% 左右。如果资金利用率偏低，假如备付率为 50%，则归集率为 50% 时可为集团创造综合收益 2.26 亿元，此时资金归集率每提高 1%，可为集团创造的综合收益为 1.5% 左右。因此财务公司应尽可能地提高资金归集率，压缩结算备付率，当然在压缩备付率的基础上还应关注流动性风险。

财务公司作为集团的资金归集平台、资金结算平台和监控平台具有金融服务和辅助管理的双重属性，是产融结合的最佳平台。要达到这样的目的就一定要加大资金归集力度，力争做到“应归尽归”，另外还要做好资金计划管理，督促成员单位及时、准确地上报期间内的收付款计划，使得财务公司资金调度人员可以在满足流动性的前提下，充分发挥财务公司的自身优势为集团的战略规划及日常资金管理提供有力的支持。

参考文献

[1] 袁明辉. 基于价值创造和公司治理的财务分析与预测模型研究 [J]. 改革与战略，2015（11）：53–56.

作者简介：

李尹，男，1981 年出生，会计专业，高级会计师，现任京能集团财务有限公司资金计划部副经理。

财务公司行业宏观审慎评估体系的现状及应对

王雪莹

摘　要：自 2015 年人民银行对法人金融机构引入“宏观审慎评估体系”以来，对财务公司行业的发展带来了不小的影响，也存在着一些问题。如何正确认识宏观审慎评估体系，以及如何应对考核机制都成为了财务公司行业的一项重要课题。

关键词：宏观审慎评估，财务公司，考核

一、审慎评估体系简介

为进一步完善宏观审慎政策框架，人民银行自 2015 年以来陆续下发了一系列文件要求和工作安排，并对法人金融机构引入了“宏观审慎评估体系”（Macro Prudential Assessment，简称 MPA 体系）。从以往盯住狭义贷款转为对广义信贷（包括贷款、证券及投资、回购等）的季度数据动态评估。MPA 指标体系包括资本和杠杆情况、资产负债情况、流动性、定价行为、资产质量、跨境融资风险、信贷政策执行等七大方面，共 14 项指标，其核心是资本充足率。

二、财务公司行业宏观审慎评估体系考核现状

宏观审慎评估体系按季度评估，通过建立激励约束机制，对广义信贷投放形成事前引导，评估结果分为 ABC 三档：

MPA 评估分类表

	要求
A 档	七大类指标均为优秀（优秀线 90 分）
B 档	除 A 档、C 档以外的机构
C 档	资本和杠杆情况、定价行为中任意一大类不达标，或资产负债情况、流动性、资产质量、跨境融资风险、信贷政策执行中任意两大类及以上不达标（达标线 60 分）

（一）MPA 对财务公司行业的影响

MPA 是继“差别准备金动态调整”和“合意贷款管理机制”监管取消后，央行引入的增强宏观调控市场化程度的监管指标，用于防范系统性风险、维护金融体系整体稳定。

1. 扩大监管覆盖范围，符合金融混业经营趋势。MPA 体系的广义信贷指标与合意信贷相比涵盖了除存放同业、拆放银行、购买同业保本理财与存放央行以外的所有资产，与资产多元化趋势一致。

2. 加强对资产、负债两端的监管，进一步压缩不规范融资空间。负债端监管方面，强调“利率定价行为”，为货币政策调控框架由数量型向价格型过渡做准备。资产端监管方面，进一步理顺信贷派生渠道，提高货币政策的边际效用。

3. 评估体系以“宏观审慎资本充足率”为核心。资本充足率较高的金融机构处于相对有利的位置。吸收成员单位存款、为成员单位办理贷款是财务公司的立身之本。对于大部分以传统业务为主、金融市场业务开始起步和快速发展的财务公司冲击较大，进退两难。进，则以损失在监管的印象分以及后续的潜在机会成本为代价；退，则以实实在在的利润损失为代价。

（二）存在的问题

MPA 旨在通过持续评估对广义信贷投放形成事前引导，从而控制广义信贷增速，更好地适应资产多元化趋势，减少金融机构的套利行为。然而在下列情况中的信贷增量上却没有起到相应作用，甚至背离了监管意图。

1. 伴随吸收存款规模增长而自然增长的信贷资金。

2. 资金需求型行业（如涉及大型基建类项目的行业等）的良性信贷资金需求。

3. 涉及战略性投资、合并重组等重大产权扩充带来的自然信贷增量。

三、应对措施

根据人民银行 MPA 指标体系要求和评分标准，定价行为、流动性、资产质量、跨境融资风险和信贷政策执行五方面达标难度较低，资本和杠杆情况、资产负债情况达标难度较大，难点主要在于资本充足率（与宏观审慎资本充足率 C* 作比较）和广义信贷（广义信贷增速与目标 M2 增速的偏离程度），且资本和杠杆情况为一项否决项，即不达标即划为 C 档机构，执行存款准备金下浮利率。

人民银行文件中明确了宏观审慎资本充足率 C* 的计算公式，并对其中相关参数给出了范围和计算方式，* 主要受到机构广义信贷增速影响，为线性正相关关系。因此，要想在 MPA 评估体系中获得较好的结果，机构的广义信贷增速和资本充足率水平至关重要。

目前，财务公司行业发展迅速，规模不断扩大，资本增速和业务规模增速不断提高。财务公司作为企业集团司库，贷款、债券投资、买入返售资产等均为主要业务品种，在财务公司业务中占据了很大比重，而这些业务都属于广义信贷范畴，因此，在集团公司和财务公司快速发展的过程中，广义信贷将会保持一定的增速。尤其是近期完成增资的财务公司，广义信贷增速很可能保持在较高的水平。此外，在资本充足率方面，广义信贷增速直接影响了宏观审慎资本充足率 C* 的水平，较高的广义信贷增速将会导致宏观审慎资本充足率 C* 也处在较高水平，实际的资本充足率与其偏离度也将越大。且资本充足率受到诸多因素的影响（如下图 1 所示），涵盖公司几乎全部业务，提升难度较大。即使从增加资本净额、降低表内外风险加权资产等角度提高公司资本充足率水平，也较难在 MPA 评估中保持持续性的良好结果。

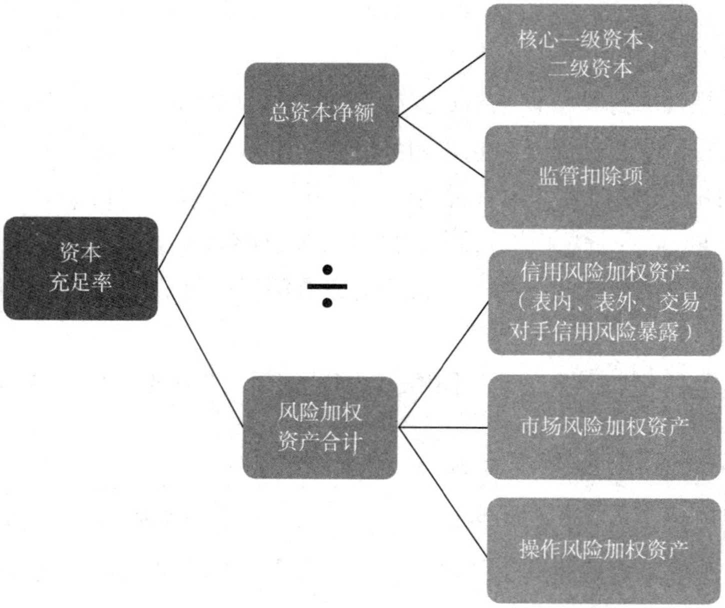

图 1　资本充足率计算

因此，如何在保持财务公司行业良好发展的前提下，更好地在审慎评估体系中完成达标，在调整资产和业务结构之外，也需要适当考虑财务公司行业的特殊性，例如降低宏观审慎资本充足率 C* 计算公式中结构性参数的取值，扩大广义信贷定义的范围，以降低对广义信贷增速的限制，兼顾财务公司的盈利性，及财务公司对实体经济的资金支持，更合理和贴切的对财务公司进行宏观审慎评估。

参考文献

[1] 王爱俭，王璟怡. 宏观审慎政策效应及其与货币政策关系研究 [J]. 经济研究，2014 (4).

[2] 蒋润祥，魏长江. 宏观审慎政策框架的最新理论和实践进展 [J]. 南方金融，2012 (5).

[3] 王力伟. 宏观审慎监管研究的最新进展：从理论基础到政策工具 [J]. 国际金融研究，2010 (11).

[4] 黄孝武，唐毅. 宏观审慎监管理论研究新进展 [J]. 财经问题研究，2012 (5).

[5] 张健华，贾彦东. 宏观审慎政策的理论与实践进展 [J]. 金融研究，2012 (1).

作者简介：

王雪莹，女，1989 年 12 月出生，对外经济贸易大学会计专业硕士研究生，京能集团财务有限公司资金主管。

财务公司外汇资金集中业务的思考

赵 敏

摘　要： 跨国公司外汇资金集中政策的出台，财务公司通过在岸归集，充分利用“两个市场、两种资源”，不仅满足了企业集团境内外资金集约化、便利化需求，而且提高了外汇资金流动性，降低财务成本。

关键词： 财务公司，外汇资金集中

跨国公司外汇资金集中管理政策的出台，源于2011年中央经济工作会议提出的“金融服务实体经济”要求，当年经北京地区“总部经济”的试点，于2012年和2013年推广至广东、浙江等省市，最终在2014年全国实施，为实体经济发展带来便利的同时，实现了政策设计涉及方企业、银行、外管部门的三赢。财务公司在跨国公司总部外汇资金集中运营管理试点时，就成为首发阵容中的重要成员与试点业务的具体践行者。

一、财务公司开展外汇资金集中业务的必要性

1. 统筹集团境内外资金管理的需要

随着企业集团规模的扩大，境外项目的逐步增加，财务公司作为集团重要的金融资产管理与运作平台，面临的将是如何实现集团资金在全球范围内的合理规划，降低财务成本，提高资金收益，实现境内外资金一体化调配运营的需要。

2. 满足成员单位业务需求的需要

成员单位在“走出去”的过程中，自身禀赋条件有所差异，外债额度、结购汇需求、政策把握成为影响财资管理效率的系列难题，企业集团境内、外资金集中管理后，财务公司通过对成员单位在外债和对外放款额度集中调配，实现无外债额度企业共享外债，而且通过有序的意愿结汇灵活管理和控制汇率风险，更好地满足成员单位需要。

3. 提升财务公司服务管理的需要

跨国公司外汇资金的集中业务的开展，财务公司不仅可以获得外币存款、国际结算量及收入、结售汇量及收入、现金管理业务收入及各项指标的增长，而且在学习摸索逐步熟练运用各种金融政策工具的过程中，在业务流程、风控手段和服务理念方面得到质的提升。

二、财务公司开展外汇资金集中业务的可行性

财务公司作为“内部银行”的金融机构，科学的管理架构和严谨的内控流程，具备业务合规运行的前提；作为企业集团的资金中心，便捷的结算网络和集中的账户平台，具备实施内外联通的便利；再加上先进的信息化技术、集团的行政支持和专业的人才储备，使得财务公司开展跨国公司外汇资金集中业务具备先天优势。

三、财务公司实施外汇资金集中业务的路径

按照《跨国公司外汇资金集中运营管理规定（试行）》《银发【2014】324号》和《跨国公司外汇资金集中运营管理实施细则》（京汇【2015】231号）要求，确立的“在岸归集、有限联通、主体监管”的具体思路，财务公司实施中需要做好“三个池子、两条通道、一个阀门”的建设工作。

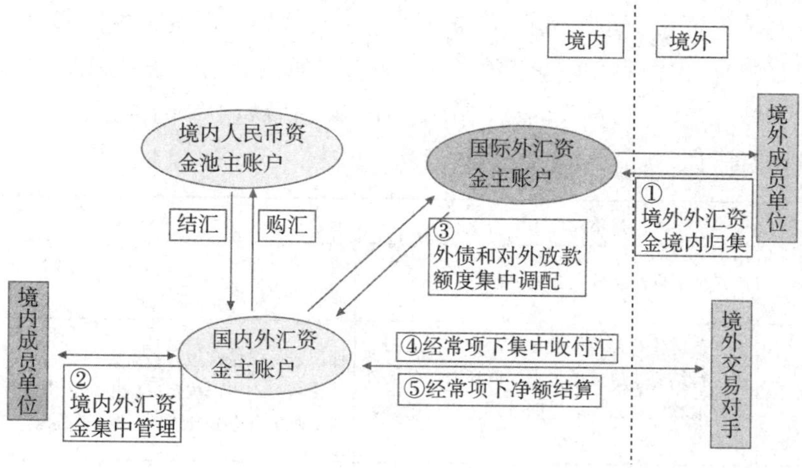

“三个池子”包括人民币资金主账户、国内外汇资金主账户、国际外汇资金主账户；“两条通道”包括人民币资金主账户与国内外汇资金主账户联通、国内外汇资金主账户与国际外汇资金主账户联通。一个阀门指国际外汇资金主账户

与通过额度控制与境内设立的国内外汇资金主账户发生关系。具体建设如下：

1. 开立外币账户

财务公司向国家外汇管理局申请跨国公司外汇集中运营管理资格，根据外管局批复，在主办银行分币种、开立外币资金归集的国际主账户与国内主账户，用于归集境内成员单位、境外成员单位的外币资金。

2. 进行通道管理

财务公司的国内外汇资金主账户用于集中运营管理试点企业境内成员公司外汇资金，在限额内与国际外汇资金主账户联通；国际外汇资金主账户用于集中运营管理境外成员公司的外汇资金及从其他境外机构借入外债资金。除允许在限额内与国内外汇资金主账户联通外，不得与境内（非居民账户除外）发生资金往来。

3. 设定阀门额度

根据外管局批复的资金通道限额度，一方面通过财务公司自主开发的系统或台账进行记录控制额度使用，另一方面借助于合作银行的业务系统实现，即确保在任一时点，国际、国内主账户之间的净调入额不得超过限额。

其中，调入资金净头寸限额（已集中的外债额度）= 境内成员公司外债额度 – 境内成员公司已登记中长期外债签约额 – 境内成员已登记短期外债未偿余额 – 参与部分集中的境内成员企业保留的外债额度。

4. 确立集中模式

按照外汇资金管理的实际需要，财务公司归集外汇资金可以选择全额归集、留底归集、比例归集等多种方式的归集，实际运作中根据账户管理和资金运作差异，又可分为“落地前集中”和“落地后集中”两种模式。

具体对比如下：

模式	落地前集中	落地后集中
账户	成员单位只在财务公司开立外汇账户	成员单位在财务公司和银行开立同户名、同性质的外汇账户
结算	财务公司代替参与成员单位以全收全支的方式进行结算。成员单位直接以在财务公司外汇存取款的形式，通过账务调整参与结算，并不发生实际资金支付	保留成员单位在银行原有账户，收入上划至财务公司，支出下拨至成员单位合作银行账户。成员单位自行参与结算，发生实际资金支付
优势	整个集团只需开立一个外汇账户，降低了操作负担和行政费用	不涉及三方合同和发票问题
劣势	因贸易主体与收付汇主体不一致的原因，存在合同与会计方面的障碍	成员单位需自行开户，管理成本较高

前者对于财务公司和集团的集中管理能力、领导能力、跨部门跨公司的协调能力、操作纪律有较高要求。

综上所述，财务公司作为主办机构，在构架跨境资金管理平台、完善外汇账户体系、新业务设计、试点制度建设上齐抓共管，搭建贴合集团经营管理需求的外汇现金管理架构，建立了以境内外资金池及跨境调拨通道为主体的外汇试点模式，在助力集团业务经营方面发挥了巨大作用。

参考文献

[1] 李超. 跨国公司外汇管理政策改革与探索 [M]. 北京：中国金融出版社，2015.
[2] 陈政. 强化外汇集中管理、服务集团发展 [J]. 中国财务公司，2015 (11).

作者简介：

赵敏，女，1979 年出生，中央财经大学财政学硕士，高级职称，现任京能集团财务有限公司稽核部经理。

国有企业财务公司安全工作机制的创新构建与实施

冯　赟

摘　要：党的十八大以来，国务院关于深化国有企业改革决定和部署与习近平总书记治国理政的新理念、新思想、新战略方面，先后有针对性地出台了多项政策文件，其中加强安全管理，尤其是敏感时期、重大活动期间的应急安保工作是公司的一项重要工作任务，因此，企业以及负责安全保障工作是重中之重，在思想观念上对安全保障工作高度重视，牢固树立大局意识，把安全工作作为经营管理工作的前提保障，完善各项工作举措和制度，切实抓出实效，使各项工作得以顺利开展。

关键词：安全保障，工作机制，构建实施

一、实施背景

（一）贯彻国家及集团党委有关维稳安全的工作要求

近来，国际局势更为纷繁复杂，社会矛盾焦点易出多发，在党的十九大召开前夕，安全稳定工作面临严峻挑战。作为一家非银行金融机构，面临银监局风险管理要求和集团党委关于落实党的主体责任要求，在新形势下必须密切关注特殊时期形势发展变化，做出系列工作举措，抓好各类隐患苗头的排查工作，做好教育引导，为党的十九大胜利召开营造和谐稳定工作环境。

（二）服务公司经营管理及发展的需要

当前，公司处于十二年发展的成长期，也是人、物、财、信息流的高峰期，在这样的形势下，需要有稳定的工作环境和基础，严格、合理化的管理与优质的服务，公司才能长期的发展下去，员工的利益才能得到长期的保障。在管理上就采用公平、公正、透明、民主化的管理模式以及服务质量是我们使命性的服务精神。员工在工作中必须端正态度、努力学习，在“态度决定一切”的指导思想上贯彻执行。

（三）提高组织合力，提升干群关系的保障

为进一步促进组织更好发挥推动发展、服务群众、凝聚人心、促进和谐的作用目标，针对当前群众工作中存在的突出问题，通过工作方式改进，查找存在问题根源，探寻解决对策，解放思想创新思路，完善体制机制，切实提高新形势下群众工作能力，密切党群、干群关系，为维护公司内部和谐稳定夯实群众基础。

二、内涵及特点

（一）内涵

所谓安全保障是指在经营管理过程中消除或控制危险及有害因素，保障人身安全健康、财产安全、职业安全、公司设备完好无损及管理工作顺利进行，保障员工安全、健康、舒适地工作。

（二）特点

1.“管理必须安全，安全促进管理”。这一理念科学地揭示了管理与安全的辩证关系，经实践证明这是一个正确的指导思想。在应用这一思想指导实践时，必须坚持“安全第一”的原则和“经营管理”必须同时管安全的原则。落实安全保障的各项措施，自觉地执行安全管理的各项规章制度，考虑可能存在的危险因素和应该采取哪些预防措施来防止事故发生，以避免影响管理工作的正常进行。

2. 安全工作，人人有责。安全保障是一项综合性的工作，必须坚持群众路线，贯彻“专业管理和群众管理相结合”的原则，在充分发挥专职安全管理人员骨干作用的同时，应充分调动和发挥全体员工的安全积极性，做到安全管理人人重视，个个自觉，提高警惕，互相监督，发现隐患，及时消除。

3. 安全保障，重在预防。在安全前提下，严格坚持预防控制为主，超前防范的原则，在安排部署好各项工作中，然后，通过严密有效的组织落实工作。从安全决策、规范、工作方案、组织控制、监督责任等方面实施好。

三、主要做法

（一）建立科学组织保障

为保障工作顺利开展，公司领导亲自部署、亲自过问、亲自协调、亲自督办，建立安全保障领导小组和工作小组。领导小组组长由公司高管担任。负责传达安全工作精神、研究和部署安全工作，对突发事件进行掌握和解决；建立工作小组，由负责安全工作的主管领导担任组长，办公室主任为工作小组副组长，来自各部门骨干为小组成员。主要负责按照要求和工作方案实施和执行；定期布置和落实特殊时期、日常安全工作。

（二）安全管理责任制个性化

1. 对部门以及各类岗位人员在安全工作中的责、权、利进行明确界定，以牵头部门层层落实并签订《安全责任书》的形式，逐级逐人明确职责，严格落实各项安全责任制度，并按所分管或承担的责任和要求追究其相关责任。

2. 其次，人人签署《个人安全责任书》，进一步明确个人遵守的各项安全事项。主要内容包含涉密、办公安全、交通安全、岗位安全、廉洁安全、财产安全等。

3. 完善安全保证体系和安全监察体系，认真落实安全行政一把手负责制；坚持齐抓共管的工作责任制；做好检查监督工作，把安全责任制真正落实到个人及一些重要的部门岗位中。

（三）建立预防工作机制

1. 教育培训机制。教育是夯实服务安全保障工作的思想基础。员工是工作的基础，只有整体观念和素质提高了，才能做好发展工作。

（1）严格执行年度安全培训计划。结合公司年度培训计划，组织新入职员工的培训工作，在课程方面增加安全、保密及舆情内容，提前传达和教育，同时以考试作为辅助。

（2）定期组织廉洁教育。针对职务犯罪、经济犯罪及其他犯罪问题，以各部门为核心，层层传达和落实，责任到人，提前教育预防。

（3）定期听取汇报。将教育内容列入汇报中，定期听取落实及安排情况，对未落实的内容列明原因，提出进一步改进措施及建议。进一步增强了安全意识、责任观念和服务改革、发展、稳定大局的观念。

2. 层层负责汇报机制。

（1）从日常员工行为规范入手，严格执行考勤及请假制度，工作日期间要求全体员工严格执行上班下班时间，员工对自己负责，对部门经理负责；部门经理对主管领导负责；主管领导对总经理负责，层层执行，分级汇报。

（2）实行到家汇报机制，每日下班时间执行微信汇报制度，部门经理汇报部门到岗及到家情况。下班后，主要领导实行检查监督机制，报送值班情况及安全检查情况，形成上下互动，环环相扣的工作联动机制。

3. 严守值班及请假机制。

（1）建立24小时值班机制。敏感时期及重大节假日期间，设立平时、周末值班表，明确责任区、责任人及带班领导，实行安全签字，领导和值班人员保持电话24小时畅通。建立工区值班机制。每天每个工区要设立值班人，主要领导查岗后最后离开。

（2）做好离京人员请假及统计。对特殊时期、重大节假日期间离京人员进行备案，登记个人信息，主管领导要掌握部门人员的离京信息及出行方式，对员工个人的安全进行提示和负责。

4. 实行应急机制。

（1）定期进行公司办公场所、员工工位的安全大检查，小组通过巡检安全隐患区，对存在的问题提出要求，对工位安全提出整改建议。

（2）遇到突发事件，第一时间报送领导，然后逐级上报。一旦发生非正常上访、滋事闹事行为，提前做好信访工作和日报告，来访登记《信访维稳登记册》，并将有关事项按照层级进行上报。

（3）建立《应急联络表》，对员工住所和应急联系人及联系方式进行确认，确保电话畅通，关键时候能保证联系到人。

5. 做好舆情管理机制。

明确工作机制。按照岗位职责分工，分别对公司网络、办公系统、网站、微信群、微博、QQ群、微信公众号等媒介加强监控及检测，加强舆情信息预警与联络工作，各主要领导对所分管部门进行舆情教育和管理。对各项报送的信息严把风险关。同时做好向上管理，及时向公司领导汇报情况，与上级部门保持沟通。建立新闻发言人，做好公司舆情及舆论管理工作。

6. 加强日常安全管理。严格执行中央八项规定及有关文件精神，要切实做到没有兼顾各地方利益的政策不出台、得不到大多数群众支持的政策不出台、与民争利的政策不出台、配套措施跟不上的政策不出台。在国家重大活动或敏感时期，对于出国、集体性活动取消，不接待公务，对公司的服务及外围人员实行所属部门管理。

（四）建立预案及应急处置机制

牢牢把握工作主动权，建立维稳、防火防盗预警及应急处置流程。对发现及发生的倾向性、苗头性和热点性的人和事件，按照公司流程上报，清楚自己的责任和定位，果断采取措施，防患于未然。对于重大突发事件以及其他重要紧急情况，应立即以最快速度向有关领导和上级单位报告，确保信息渠道畅通，防止发生瞒报、漏报、虚报的现象。

（五）落实检查督查机制

按照“谁主管、谁负责”的原则，公司主要领导对各自分管的部门进行严格管理和把控，对落实的各项工作进行检查，每月有安排、有部署，有落实，有检查。对存在的问题说明原因，提出和制定改进措施。

四、实施成效

（一）组织和工作全覆盖，提升了领导群众的能力

党支部书记充分发挥第一责任人的作用，加大了保障力度，引领、带领全司上下，第一时间部署研究，以当前任务为中心，以目标为导向，团结干部及群众，进一步理清思路，充分拓展资源，发挥骨干及优势，增强服务保障中心的能力，形成联动的工作互动机制。

（二）统一了思想，全力投入工作

打破了部分员工的思想观念存在的理解误区，从机制的制定到落实，层层传达，上下明确职责和内容，部门耐心解释和说明并强调机制内容，进一步解除员工思想顾虑，避免脱离工作，从落实的情况说明全员顾全大局，提高了素养和站位，上下一心，齐心协力，相互负责，共保平安。

（三）及时解决问题，提高工作效率

针对可能出现的问题逐项制定工作措施，丰富了日常工作机制，尤其在特殊时期的工作，不仅是对日常管理制度的补充，同时增加了精细化管理态度要求，加大了工作力度，分工细化，职责清晰，员工执行力度强，提高了工作效率，提升了管控水平，快速有效地解决问题。

（四）加强了沟通，预防“五化”问题出现

机制的建立和实施，使上下层之间的沟通进一步得到畅通，以部门为核心，亲自提醒，使责任意识更加记忆深刻。沟通机制畅通了，使容易出现的“倾向化、扩大化、过激化、组织化、政治化”问题能够预判，提前化解，加深干群关系，从根本上提高了党组织的战斗力，提升了干部的合力。

参考文献

[1] 京能财务维稳安保工作方案［S］.
[2] 京能财务应急管理细则［S］.
[3] 京能财务维稳管理办法［S］.

作者简介：

冯赟，女，1981 年出生，毕业于对外经济贸易大学行政管理硕士专业，中级职称，具备国家人力资源管理师和企业文化师的职业资格，现任京能集团财务有限公司综合管理部经理助理，先后负责人力资源、党群文化、行政及工会工作。

集团财务公司投资业务创新

高华彬

摘　要：财务公司定位在资金集中管理以提高资金使用效率和为集团内企业提供财务管理服务上，客户对象为集团内企业，有效地降低了财务公司经营风险，使其处于一个相对安全的避风港里，但却缺少市场竞争的锤炼，整体市场化程度并不高。随着金融市场的快速发展，集团财务公司行业日益激烈的竞争环境将给各财务公司的经营管理带来极大的挑战。随着我国金融改革和创新的深入发展，投资业务成为财务公司一个重要的发展领域。

关键词：集团财务公司，投资业务

随着我国经济改革创新深入推进、企业转型升级持续提升，投资业务将成为财务公司拓展外部融资的重要手段和途径。此外，财务公司根据集团企业资金和业务现状及相关管理需求，利用金融工具及产品，建立并维持低成本的融资渠道，最大化现金管理及投资价值，以有效降低财务成本，提高收益。本文主要从财务公司投资业务的发展机遇、工作策略和思考等方面谈谈想法。

一、财务公司投资业务处于发展机遇期

（一）财务公司政策环境

在当前经济发展“新常态”的情况下，特别是在“十三 五”改革攻坚期间，国资委要求所属集团财务公司按照《关于中央企业进一步促进财务公司监管发展的指导意见》，进一步提升财务公司金融服务的品质，提升对集团服务的支持水平，助力集团转型发展。目前集团财务公司传统的信贷业务不能满足集团成员单位对资金的需求，为了更好地帮助集团转型发展，财务公司要充分发挥金融机构的优势，特别是发挥投资作为金融服务的基本功能，投资业务要积极地进行拓展，满足集团成员单位的需求。

此外，基于当前复杂的经济金融形势以及行业稳健规范经营的内在要

求，为了对财务公司进行规范有效的监管，银监会首先对部分财务公司监管制度进行了修订，推进简政放权；其次，为了积极支持财务公司改革创新，新出台了一些相关金融服务的指导意见。比如《关于企业集团财务公司试点延伸产业链金融服务的指导意见》，在风险可控的基础上支持符合条件的财务公司探索并开展试点业务，提高企业集团的产业链竞争力。这一系列举措，不仅为财务公司开展投资业务有了制度及法律层面的保障，而且拓宽了财务公司的业务范围，突出了在企业集团内部的核心金融企业的地位，最重要的是促进了整个财务公司行业的稳健发展。

对于财务公司来说，不管是国家经济政策环境还是监管政策环境都对财务公司的发展有着积极的意义，财务公司要牢牢把握住当前发展的机遇期。

（二）企业集团发展环境

当前，多数企业集团已经由过去的单一经营模式转变为混业经营的模式。随着企业集团经营板块不断增加，业务规模和业务范围不断扩大，为了满足集团发展的内部需求，财务公司作为依托集团，服务集团的非银行金融机构，必须结合当前企业集团的发展战略，拓展满足于集团各个业务板块的金融服务需求，努力发展成为多元化的金融服务体，助推财务公司成为全能型金融机构。

在企业集团转型期内，需要筹措大量资金以满足企业集团的业务重组、新项目的开建等活动。财务公司作为企业集团的金融机构，可以发挥自身优势，作为承销企业债券，或者作为金融咨询顾问协助集团成员单位从金融市场上获取大额度、低成本资金。

二、财务公司投资业务的工作策略

（一）加强宏观政策研究

财务公司作为产融结合的金融实体部门和对实体经济具有重要服务功能的持牌金融机构，其加强对宏观经济政策的研究及对金融市场信息的分析能力必不可少。金融市场瞬息万变，选择时机很重要。当获取新的市场信息时，能及时有效地对金融市场未来的走势做出预判，从而调整投资结构和策略，为投资决策起到辅助支持的作用。

（二）加大创新产品研究

目前财务公司传统信贷业务的利率差收窄，并且大额存放业务的收益率水平持续维持在低位。只有加大投资业务的创新和开拓，寻找财务公司新的收益增长点，才能有效地规避财务公司资产收益下行风险，提高资金的使用效率，提升财务公司的盈利能力，并且保证财务公司快速可持续发展。

（三）加深市场参与程度

财务公司有必要加深市场参与度，特别是在与金融机构合作的过程中，要积极拓展并参与新的投资业务。这不仅能够提高我们的投资技能，而且还能提升公司在行业中的知名度。比如，承销集团成员单位债券发行业务。集团财务公司为成员单位承销债券，首先能够从集团企业利益最大化的角度出发，努力为集团企业承销最适合的债券品种，确定最恰当的发行额度，选择最好的市场发行时机，从而通过自己的专业化咨询顾问服务，为集团成员单位获取最优的融资成本。另外，财务公司在发行债券过程中，通过与各金融机构的合作，可以加强对债券市场承销、包销等经验，加深对市场的了解。

（四）提高投资产品流动性

在财务公司的运营中，流动性是衡量财务公司运营状况的重要指标之一。财务公司在进行投资业务时，通过对整个企业集团的资金进行合理配置，从而降低资金头寸的流动风险。根据不同时期的头寸，制定不同的投资业务方案，提高资金使用效率，增加收益。比如，对不同时段的闲置资金，可以通过不同有价证券投资产品的组合投资，满足保值增值，达到进一步提高资金使用效率，提升投资收益率的目的。

（五）借助信息化提升市场前瞻性与判断能力

由于金融领域的信息种类数量繁多，分布广，包括股票市场行情数据、资讯新闻、交易资金统计等，又包括分析机构、证券公司、基金公司发表的分析文章，研究报告，所以财务公司借助资讯分析软件平台，能够全面有效地对金融市场信息、数据分类进行浏览研究，通过这些信息对市场进行研判，从而做出最优的合理投资决策。

三、财务公司投资业务的创新思考

（一）建立投资资产产品池

投资资产产品池体现的是一种投资组合和资产配置，目的是更好地把握市场机会，形成多元化投资策略，降低投资风险，提升财务公司的盈利能力。

构建投资资产产品池需要对金融市场产品进行充分调查研究，建立一个“比较基准”。“比较基准”是一个符合财务公司风险偏好，适合财务公司安全性、流动性和收益性要求的投资产品备选库。“比较基准”的设定有助于形成正确的价值投资理念，并有效地防范金融风险。

此外，构建投资资产产品池还可以根据行业、收益风险、期限结构等，将资产产品池设计为不同期限业务的组合。一般情况下，短期投资资产业务的资金来源于公司富余的头寸，可由货币基金业务、券商货币型产品、银行理财产品等组成，这有利于提高使用效率，使资金头寸得以充分利用；中长期投资资产业务资金来源于注册资本，由于注册资本既可以提高资金的稳定性，又可以合理地确定财务公司的风险承受力，所以业务可由金融机构股权、信托理财产品、债券业务、定向资产管理理财等组成。

上述两种投资产品池的构建，不仅能够明确投资金融资产的配置方案，减少选择的随机性、盲目性及其所招致的金融市场风险，而且能够明确资金来源，有利于合理地分配财务公司资源，减少资金头寸波动所带来的影响。

（二）布局金融股权投资

金融股权投资是财务公司与较强的金融机构合作的重要方式，是财务公司重要的中长期的战略性投资方式。此外，财务公司必须构建一个以财务公司为平台的金融股权投资模式，整合集团内部金融资源，将企业集团金融股权进行集中，改变原有的分散管理方式，集中优良资源，更好地开展金融服务，满足整个集团的多层次金融需求。

财务公司用现金的方式向金融机构（可参股银行、保险、证券、基金和信托）投资并取得相应股权，不仅可以优化公司的资源配置，提高资本收益、分散经营风险，实现优势互补，增强财务公司持续发展能力，而且通过参股证券公司和基金公司等，能充分利用其研究咨询信息优势，提高市场判断的预见性和前瞻性，对自身做好证券投资业务有帮助。此外，以财务公司作为平台，相当于在产业资本和金融资本之间建立了一个防火墙，能够降低集团的金融风险。

参考文献

[1] 黄亚娟. 论集团财务公司开展投资业务 [J]. 财经界，2015（21）：207，245.

[2] 李彦. 企业集团财务公司资金集中管理的效率研究 [D]. 太原理工大学，2014.

作者简介：

高华彬，男，1987 年出生，悉尼大学银行和金融双专业硕士，现任京能集团财务有限公司投资部主管。

京能集团财务公司
全面风险管理布防的构建路径与实施

侯莉娟

摘　要： 财务公司作为非银行金融机构，在不断挖潜服务国有大型企业产融结合战略的同时，面临信用风险、流动性风险、市场风险、操作风险、法律风险等诸多考验。本文以现代管理理论为支撑，试图通过在搭建风险管理布防策略实践中取得的成果，系统性地强化全面风险管理三道防线职能。持续为集团产融结合助力，为集团发展提供保障。

关键词： 全面风险管理，布防，实践

京能集团财务有限公司（以下简称“京能财务”）是由北京能源集团有限责任公司（以下简称“京能集团”）控股的一家非银行金融机构，目前注册资本为30亿元。京能财务始终秉承“依托集团、服务集团”的宗旨，深化“资金平台”“金融平台”功能，满足集团发展运营的金融需求，通过产业资本和金融资本互动，有效保障了集团快速发展时期的资金链安全。

京能财务作为非银行金融机构，在不断挖潜服务效能的同时，一方面面临信用风险、流动性风险、市场风险、操作风险、法律风险等诸多考验，一方面接受银监局的金融监管和人民银行的政策指导。为确保安全运营，持续发挥“两大平台”作用，持续为集团产融结合助力，京能财务在创新与实践中逐步完善全面风险管理体系建设，强化全面风险管理三道防线职能，为集团发展提供强有力保障。

一、京能财务全面风险管理实施的基础

风险是未来带来有害后果的不确定性。京能财务在把握各种风险规律的基础上，借助现代管理理论成果，搭建起全面风险管理三道防线的组织架构，以实现风险环节的系统化管理。

（一）京能财务全面风险管理理论工具

1.PDCA 循环理论

PDCA 循环，是管理学中的一个通用模型，PDCA 是 Plan（计划）、Do（执行）、Check（检查）和 Action（行动）的第一个字母，是能使任何一项活动有效进行的一种合乎逻辑的工作程序。

2. 标准化理论

标准化是为在一定的范围内获得最佳秩序，对实际的或潜在的问题制定共同的和重复使用的规则的活动。标准化是一项制定规章制度的活动：所制定的条款应具备的特点是共同使用和重复使用，条款的内容是现实问题或潜在问题，制定条款的目的是在一定范围内获得最佳秩序。这些条款将构成规范性文件。

3. 内部控制理论

内部控制是指由公司的决策层、管理层和全体员工实施的、旨在实现公司战略、提高经营效率和效果、保证经营管理合法合规、资产安全、财务报告及相关信息真实完整等控制目标，而制定和实施的一系列控制方法、措施和程序。

4. 风险管理基本程序

风险管理按其程序分为风险识别与分析、风险计量与评估、风险监测与报告、风险控制与缓释。

风险识别与分析：对尚未发生的潜在的各种风险进行全面、系统的分类和分析，找到引起风险的主要原因，并将风险加以分类，预测风险可能引起的后果等。风险计量与评估：根据公司风险偏好，制定包括风险发生可能性以及影响程度的风险判断标准，并据此进行风险评估，划分风险等级。风险监测与报告：根据法律、法规或规章的相关规定，结合公司实际需要，建立和完善风险指标体系、风险因素分析机制、风险监测机制和风险报告机制，定期组织风险资产分类。风险控制与缓释：根据风险管理策略，针对各类风险或每一项重大风险制定风险解决的具体目标、所需的组织领导、所涉及的管理及业务流程、所需的条件、技术手段等资源和控制措施及方法。

（二）京能财务全面风险管理组织架构

京能财务全面风险管理三道防线分别为：第一道防线为公司结算部、业务发展部、投资部、资金计划部（同业业务）业务部室，作为公司风险防范和应对的具体牵头部门与执行部门；第二道防线为风险控制委员会、贷款审查委员会、公司经营层、风险管理部、综合管理部以及资金计划部，负责风险管理体系的建设和整体运转；第三道防线为公司监事会、审计委员会和稽核部，建立公司风险防范垂直审计条线，对全面风险管理体系进行有效的监督和评价工作（见表 1）。

表 1

管理层面	机构设置	职责分工	风险防线
战略层面	董事会	制定公司全面风险管理战略和政策、评估，了解各项重大风险及其风险管理现状确定可以承受的总体风险水平	决策层
监督层面	监事会	监督董事会和经营层为完善全面风险管理所做的相关工作	第三道防线
	审计委员会	审查评价并改善公司经营活动、风险状况、内部控制和公司治理效果，确保风险控制在公司风险框架内，达到可承受水平	
	稽核部	对全面风险管理进行稽核评价，发挥风险后督作用	
执行层面	风险控制委员会	对公司在资金支付安全、结算、信贷、投资、担保、重大资本运作、资产经营项目等方面的风险控制情况进行检查并提出建议，审议风险管理策略和重大风险管理措施	第二道防线
	贷款审查委员会	对信贷业务的有关工作制度和工作程序进行审批决策，评估信贷业务风险	
	经营层	落实公司风险管理政策，确保全面风险管理战略的合理执行等	
	风险管理部	负责全面风险管理体系的建设和实施	
	综合管理部	负责公司日常管理风险排查核控制（信息化风险、采购风险等）	
	资金管理部	负责公司业务风险的核算控制	
控制层面	业务部室	负责控制自身管理、业务风险为出发，控制自身风险	第一道防线

三、京能财务全面风险管理实施路径与创新

（一）管控基础：底层设计固化风险导向

京能财务全面风险管理注重基础管理，致力于建立有据可依的风险管理标准化体系、流程清晰措施明确的内部控制体系、风险导向独立客观的后督管理体系。从全面风险管理体系设计层面，将风险管理理念和公司风险偏好植入企业规章，指导业务活动和管理活动的执行。

1. 京能财务标准化管理实践

京能财务成立至今始终未松懈制度建设脚步，2011 年初步建立了标准化体系，形成了一套符合国家、行业、地方等外部法律、法规的规范性文件。

京能财务标准化体系既结合财务公司金融行业特点，又满足集团标准化要求和公司经营管理需要，包括技术标准体系、管理标准体系、工作标准体系。检索和识别了适用的 112 项技术标准，编制完成 23 类 207 项管理标准、4 类 7 个部室 69 个岗位工作标准。所有标准均已实施。京能财务标准化体系根据公司要求和各部门需求，每年组织新编、修编工作，以保证各项标准与实际管理的适用性，满足新出台法律法规、监管文件、集团要求的合规性。京能财务将《标准修编申请表》《规范性文件审批单》等固化到 OA 协同系统，保证了标准审核、审批的规范性和严肃性，以及相关部门间的充分沟通。通过将标准体系文件在 OA 协同系统共享，使得标准变动信息在全员范围的及时传递。

京能财务标准化体系是全面风险管理的制度基础。京能财务标准化体系拥有独立的风险管理模块，包括 18 项管理标准（见图 1）。

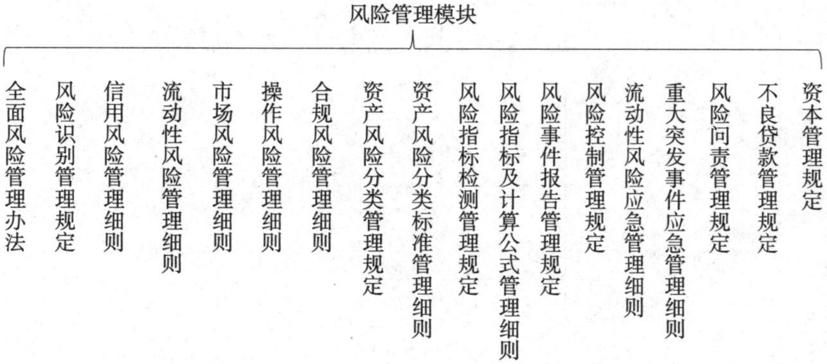

图 1

京能财务各项标准中均设有“风险控制”章节，对关键的管理环节可能发生的风险因素进行描述、评估，设置必要的控制措施并加以详细规定，明确具体执行岗位和操作流程、同时满足内部牵制原则要求。

2. 京能财务内部控制管理实践

京能财务内部控制体系建立在对公司所面临的风险进行全面识别以及系统性评估和分析的基础上，进而形成了《重大风险清单》《重大风险解决方案》《内部控制管理手册》《授权管理手册》《风险预警体系》《内部控制自我评价手册》等内控体系文件。内部控制体系不仅将公司的业务操作和关键管理活动流程化，同时在流程中明确风险点的具体环节，并针对识别出的风险点一一制定了控制措施，明确了具体执行岗位和控制证据。京能财务内部控制体系共识别出公司层面风险 39 项、风险事件库事项 182 项、共建立了 181 项管理流程、控制措施 955 项。

以“风险监测管理流程”为例（见图 2）：

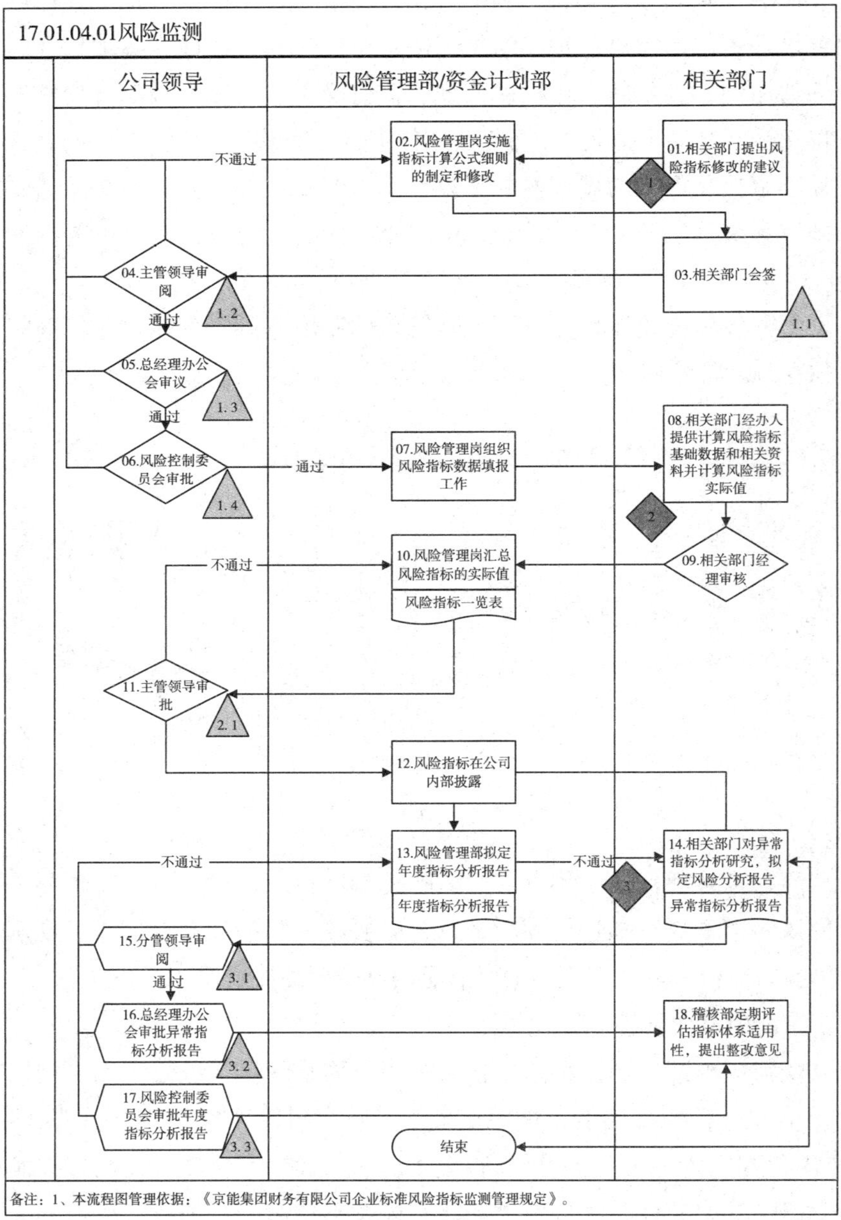

图 2

京能财务内部控制管理体系经过 2013 年 –2015 年的实施，其中 2013 年、

2014年2次内控检查分别得分92.47分和97.31分，内部控制评价结果为一级有效。

3. 京能财务后督管理体系的实践

京能财务后督管理体系是建立在对外部风险环境、公司管理风险、公司业务风险分析基础上，使用可证明的、规范的方法和方法论开展工作，独立、客观发表评价意见的稽核体系。财务公司风险导向型后督管理体系的职能是“监督、控制、服务”；目标是使公司管理达到“经济性、效率性、效果性”的统一。

组织架构：董事会为京能财务后督工作的最高决策机构，审计委员会依据董事会的要求组织开展稽核后督工作，总经理办公会在日常经营活动中落实稽核整改要求。京能财务设置稽核部室，行使稽核职能，直属董事会，保证了其独立性。

体系内容：（1）内部稽核管理，以京能财务面临的风险和业务环节风险为基础，以重点业务、高风险业务以及新业务为主，日常稽核与专项稽核结合，覆盖公司所有部门和管理活动。（2）外部审计管理，重点在于财务状况分析、经济责任认定和金融风险分析，突破内部后督体系的局限性。包括年终决算审计、汇算清缴鉴证、经济责任审计、验资、集团专项审计等工作。（3）专项检查管理，重点在于集团公司、监管部门、纪检监察部门、公司高管层等提出的检查工作，其检查目标、实施主体与内部稽核管理目标不同，形成对内部稽核管理的有益补充。专项检查管理包括纪检监察和其他专项检查，其他专项检查又包括常规性专项检查和非常规性专项检查。

创新整改跟踪机制：为解决内、外部管理要求的不断增加，整改事项多头管理，公司将风险评级整改、专项稽核整改、内控体系建设整改及标准化整改等整改建议统一管理，加强公司内整改工作的日常跟踪，每半年在公司层面对整改情况进行通报。整改库体系的建立实现了各个PDCA循环间的连接，切实将各项管理要求和整改事项落地。自2014年建立整改库管理体系以来，共实施整改库跟踪检查4次，第一次整改完成率仅21.69%，到2014年12月整改完成率提升到87.57%；截至2015年底，公司年度内整改完成率已达100%。

（二）各司其职，实际执行强化统筹协作

根据京能财务全面风险管理“三道防线”职能划分，各部门在各自职能范围内均承担着相应的风险管理职责。如，资金计划部对流动性风险的管理；业务发展部对信用风险的管理；各部门对操作风险的管理；风险管理部作为二道防线的风险识别、评估、监测等等。京能财务各部门在全面风险管理的实践中，均建立了行之有效的风险管控机制和措施，下面就以流动性风险、信用风险、操作风险管理实践、风险流程化管理实践为例进行说明。

1. 流动性风险管理实践

（1）“信用池”平衡集团资金链循环

京能集团成员单位资金需求各异，资金短缺和资金充裕在不同类型企业间差异较大，在同一企业基建期和运营期差异明显，资金需求的不平衡性对集团资金链的安全提出了挑战。

作为集团内部银行，京能财务创新“信用池”管理模式，提出由集团层面统一使用各成员单位的银行授信额度，通过集团统一授信管理和财务公司授信调剂，平衡资金来源、保障集团资金链安全（见图3）。

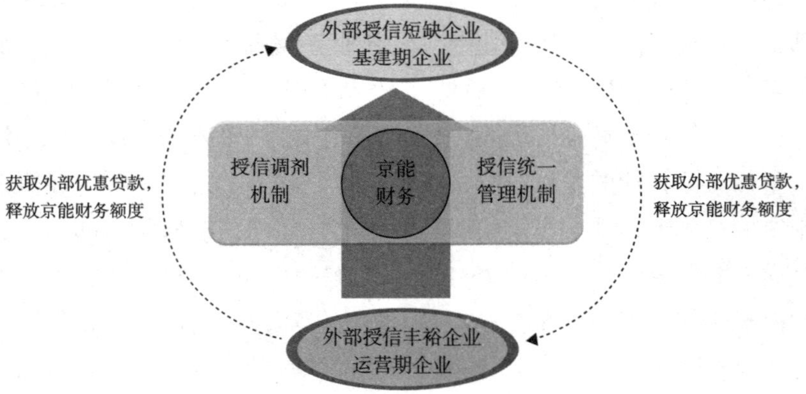

图3 京能财务“信用池”管理模式

（2）内外源融资协调，平衡公司资金链状态

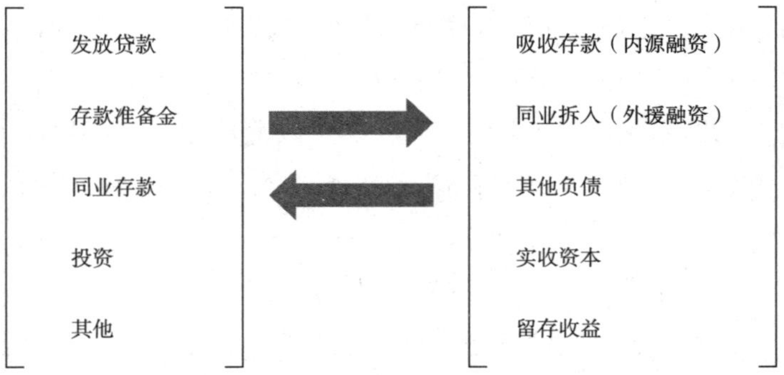

图4 资金来源与资金运用平衡图

京能财务流动性风险管理的核心是资金来源与资金运用的动态平衡。根据资金来源或资金占用情况划分业务活动形成的资金，管理的目标是平衡来源与运用各个要素项目不断变化过程中的实时状态（见图 4）。

京能财务资金平衡工作机制通过每周召开资金平衡工作会实现，及时传达政策信息，评估和预测其影响；汇报本周资金计划执行情况；预测下周资金状况，提出资金平衡计划；审议下周资金运用方案。

关注指标表现，以监管标准作为公司的流动性风险承受能力标准；通过流动性比例法、缺口分析法、压力测试（情景分析）等指标对风险进行计量；定期评估公司流动性风险水平等。

2. 信用风险管理实践

（1）建立授信评级体系

京能财务业务部门评级授信体系具有信用评级和总量授信相结合、定量分析和定性分析相结合、静态指标和动态调整相结合的特点。构建了 AAA 级、AA 级、A 级、B 级、C 级的五级信用等级，A 级以上信用等级企业属于授信目标群体，A 级以下则属于偿债风险较高等级，不属于授信目标群体。

信用测评指标的定量指标通过财务指标分析，对客户的偿债能力、盈利能力、资金周转能力和发展能力 4 个方面进行测评。定性指标通过对经营管理水平、市场竞争力及发展前景、执行集团资金管理政策、与财务公司业务往来等方面的分析进行测评。最终以信用测评为基础，设定信用等级区间，制订对客户的总量授信管理方案（见表 2）。

表 2　生产类企业五级信用等级

信用级别	含义
AAA	客户的生产经营达到经济规模，管理水平很高，市场竞争力很强，有很好的发展前景，流动性很好，具有很强的偿债能力，严格执行了集团资金管理规定。
AA	客户的生产经营达到一定规模，管理水平高，市场竞争力很强，有很好的发展前景，流动性好，具有较强的偿债能力，较好执行集团资金管理的相关规定。
A	客户管理水平较高，市场竞争力较强，有较好的发展前景，流动性较好，具有较强的偿债能力，执行集团资金管理的相关规定。
B	客户管理水平一般，市场竞争力一般，发展前景一般，企业存在需要关注的问题，流动性一般，偿债能力一般，具有一定风险，执行集团资金管理的规定。
C	客户管理水平一般，市场竞争力较差，发展前景不乐观，企业存在较多需要关注的问题，偿债能力较差，具有较大风险，执行集团资金管理的部分规定。

（2）执行信贷资产定价机制

京能财务的贷款客户虽然都是集团内部成员单位，但作为金融机构，也同样面临不良贷款急剧上升带来的系统性风险。由于财务公司客户集中于集团系统内，使得信用风险高度集中在财务公司，一旦出现逾期贷款，容易产生示范效应，从而引发整个集团系统的信用风险和流动性风险。

京能财务通过利率价格的市场化调节向成员单位传递资金预警信号，督促成员单位主动筹划资金。京能财务制定了《信贷资产定价管理办法》，实时监测资金市场价格变化，定期出具《定价指导报告》，通过官方渠道向成员单位公示，根据不同时点的风险承受能力执行上浮利率。

3. 操作风险管理实践

京能财务通过搭建机制、强化技术，在软、硬件环境方面建立起信息共享的管理渠道，将经营管理信息尽可能透明化，从而规避决策与执行中的信息不对称，以及其带来的执行错误、沟通成本高等问题。

（1）搭建计划与会议体系

京能财务通过搭建计划与会议体系，实现软环境方面的信息共享。计划体系由五年规划、年度工作计划、月计划、周计划、日计划组成；会议体系由务虚会、年度工作会、季度经营分析会、周办公会、部门例会组成。会议体系，是对计划体系的补充，使得公司内部能够零距离沟通。京能财务计划与会议体系实现了信息传递、信息交流、决策分解、执行分析、操作到位等管理目标。将宏观计划与微观计划、长期规划与短期计划相结合，通过不同计划与会议的功能划分，实现战略目标在不同层级的落实与分解，同时保证全员在目标认知上的一致性、执行与决策的一致性。

（2）建设信息系统平台

京能财务通过不断完善的信息化建设，用技术手段实现了信息公开、共享、保存。

京能财务信息系统架构包括：一个一体化信息门户平台，实现公司上下信息通畅和数据共享；基础网络环境、数据中心两个业务保障体系；核心业务系统、财务管理系统、协同办公系统、人力资源系统、风险管理系统、决策支持系统六个业务系统（见图 5）。

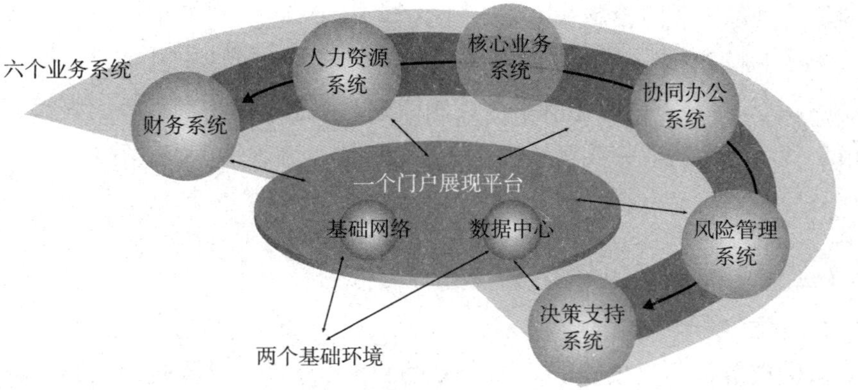

图 5　信息系统架构

信息系统平台固化了京能财务业务流程和管理流程操作，实现了为风险点设置相应的控制措施和控制岗位的功能，降低了操作风险。同时为各个层级人员提供了基础数据统计和调取功能，为决策需求、风险管理指标监测、分析提供了技术协助，并且实现管理流程和业务流程的及时流转。

4. 流程化风险管理实践

京能财务风险管理流程为风险识别、风险评估、风险计量、风险监测与报告、风险控制。以新业务风险管理流程为例。

（1）风险识别与评估。京能财务开展新业务前，需要提前制订相关管理标准、流程图，识别必要的风险点，初步制订相应的风险控制措施。同时，由风险管理部门组织相关人员对该业务涉及的风险进行风险识别与评估。重点关注风险诱因、风险性质、后果、风险识别的方法及效果。得出对所涉及风险的高、中、低级别划分，以及相应的布防策略，形成风险评估报告。

（2）风险计量。京能财务根据法律、法规、监管要求，综合业务性质、复杂程度、风险评估结果，对新业务中不同类别风险选择适当的计量方法。例如：资本充足率 = 资本净额 /（风险加权资产 +12.5 倍市场风险资本）×100% 等。

（3）风险监测。纳入风险指标的监控体系，包括各部门根据职责划分按时统计并按月、季、半年、年度频率提交的《风险预警指标一览表》；由风险管理部门发起，根据非现场监管报表底层数据定期统计的《风险指标监测表》；业务合规底稿设计；以及季度《资产分类报告》等。

（4）风险报告。风险报告路径具体为：经办岗位→部门负责人→经营层和风险管理部→风险控制委员会→董事会。

（5）风险控制。风险控制措施贯穿于公司各个管理工具中，如标准中的“风险控制”章节，内控矩阵中的控制措施，信息系统中的审核、审阅、审批环节，资金平台对业务要素的刚性、柔性控制，合规性审查等等。

（三）未雨绸缪，保障层面提升防控措施

1. 应急体系保障

京能财务以本质安全为目标，遵循 PDCA 原则，以预防为核心，以求在面对突发事件时能快速、有效、科学地处理并控制事态发展，建立了“动态应急管理体系”。包含“应急识别体系、应急预防体系、应急保障体系、危机管理体系、应急恢复体系”五大子体系。体系特征主要是：一是运动性，五大子体系自身保持动态持续管理、子体系之间信息联动，整体上的动态循环，危机管理和应急恢复及时快速；二是预防性，防患于未然，应急预案是整个应急体系的关键，应急识别、应急保障为强化风险预防效果服务。以“危机管理子体系”为例：

京能财务通过建立、执行、改进危机管理体系，提升公司应对危机事件的能力。以流动性危机管理实践为例。对于京能财务来说，集团主业各成员单位资金使用规律成趋同的特点，以及部分成员单位上下游关系的特点，使得流动性风险具有联动传导作用；京能财务资金运作及头寸管理的准确性受成员单位计划性影响较大。京能财务流动性风险应急管理利用内源融资、同业拆入、信贷资产转让、票据转贴现、国债回购等头寸管理手段，使得资金来源组合适度分散；通过严格的日、周、月资金计划管理，避免紧急套现；同时明确了两个预警提示级别（见表 3)：

2013 年“钱荒”事件是京能财务危机管理一次较好的实战经验。2013 年 6 月 20 日，银行间隔夜拆放利率和回购利率均罕见地超过 13%，隔夜回购利率高达 30%，较常态 3% 以下的利率高出数倍。此种情况一直持续至 7 月 5 日 shibor 利率才回归。京能财务迅速启动流动性风险应急管理程序，通过流动性风险识别，活期备付率有可能降低至 11%，按照内控预警体系，进入二级承受度，进行了红色预警。采取的应急措施有：降低拆放、债券、票据资金的持有量，保证资金支付；适时开展同业拆借业务；尽可能收回已发放贷款；结算部加强资金归集；收回现有投资款。通过以上措施，京能财务平稳

度过了本次危机事件，并确保了资金头寸的充裕，同时利用 shibor 利率高企开展同业业务，获取了利润。

表 3

<table>
<tr><th>级别</th><th>预警提示</th><th>应变措施及跟进工作</th><th>牵头部门和机构</th><th>配合部门</th></tr>
<tr><td rowspan="8">第二级</td><td rowspan="8">1. 备付金比率小于等于 15%；
2. 流动性比例小于等于 25%；
3. 存贷比大于等于 140%；
4. 日均存贷比大于等于 120%；
5. 拆入资金比例大于等于 100%；
6. 流动性缺口率小于等于 -300%</td><td>1. 降低拆放、债券、票据资金的持有量，保证资金支付</td><td rowspan="8">资金计划部</td><td rowspan="8">结算部、业务发展部、投资部、风险管理部</td></tr>
<tr><td>2. 适时开展同业拆借业务</td></tr>
<tr><td>3. 适时开展回购型信贷资产转让业务</td></tr>
<tr><td>4. 收回贷款</td></tr>
<tr><td>5. 适时开展票据转贴现和再贴现</td></tr>
<tr><td>6. 适时开展卖断型信贷资产转让业务</td></tr>
<tr><td>7. 增加成员单位存款、匡算成员单位未来款项收付</td></tr>
<tr><td>8. 收回投资款</td></tr>
<tr><td rowspan="4">第一级</td><td rowspan="4">1. 预见恐慌性的资金支出情况出现；
2. 同业授信额度基本用完，同业市场融资能力下降</td><td>1. 严格控制计划外资金支出，加强资金回笼</td><td rowspan="4">风险控制委员会</td><td rowspan="4">资金计划部、业务发展部、结算部、风险管理部、投资部</td></tr>
<tr><td>2. 通过资本市场筹集资金</td></tr>
<tr><td>3. 请求股东方融资支持</td></tr>
<tr><td>4. 动用法定存款准备金</td></tr>
</table>

2. 人文保障

京能财务全面风险管理体系的构建不单依靠技术和理论手段，风险管理是全员性的管理活动，京能财务高层始终致力于通过风险文化的“内化于心、外化于行”，培养全员的风险意识提升。并在公司文化理念中着重凝练出了“合规”“稳健”“全面”“科学”的企业风险管理文化。

例如，公司对风险管理部门人员要求必须具备风险管理资格（银行业从业资格），且接受过风险管理方面的培训；各部门人员均落实岗位 A、B 角制度，避免人员的缺岗带来的风险；严格实施轮岗、强制休假等制度；聘请外部专家进行防灾培训等。

为提升公司全面风险管理水平，“培养公司自己的内控人才”，公司由各部门抽调骨干力量组建了“风控小组”，通过开展内外部培训、研讨、实践活动对组员锻炼和培养，依托风控小组，推进风险防控意识全员化进程。

3. 信息系统保障

京能财务大力建设信息化系统，鼓励各部门提出信息化需求，并成立“信息科技委员会”为信息化项目做技术把关。对现有信息系统建立了应急演练机制，保障了业务连续性。以“网银系统应急演练”实践为例：

除系统故障等无法使用资金管理系统和网银系统而网络未断的情况时：结算部进行事件报告，并及时联系集团成员单位；集团成员单位将《转账凭证》传真至结算部；结算部直接登录银行网银向银行提交交易指令。出现断网、断电等情况而无法接收指令的：结算部进行事件报告，并及时联系集团成员单位；集团成员单位将《转账凭证》传真至结算部；结算部通过支票形式向合作银行提交交易指令。

四、全面风险管理实施效果

（一）拓展融资资源，确保集团资金链安全

近年来，金融政策风云变化，京能财务在全面风险管理的强大后台保障下，不断拓展融资资源，与十余家金融机构办理了融资授信，充分发挥“资金平台”和“金融平台”作用，加强了集团资金链的安全性。融资品种多元化，包括同业拆借、信贷资产转让、票据转贴现、票据再贴现、债券质押式回购等。

（二）风险指标合格率 100%，监管评价结果良好

京能财务十年风险管理建设和实践，风险指标全部达标，自开业来未发生风险事件。监管评级中均取得了较好的成绩，固化了京能财务在监管印象中严谨治司的良好形象。并获得了多项监管好评：2015 年 6 月，京能财务“加强内部管控遏制违规经营和违法犯罪”组织及整改工作得到北京银监局通报表扬；2015 年 3 月北京银监局对公司 2014 年度案件防控工作评价结果为最高等级——“绿牌”。

体现了公司风险管理工作扎实有效，公司经营发展根基稳健（见表 4）。

表 4

序号	监控指标名称	标准	2015.12.31	2014.12.31	2013.12.31	备注
1	资本充足率	≥ 10%	23.11%	25.05%	21.67%	执行 BIII 标准
2	不良资产率	≤ 4%	0	0	0	
3	不良贷款率	≤ 5%	0	0	0	

续表

4	资产损失准备充足率	≥ 100%	590.90%	618.07%	606.20%	
5	贷款损失准备充足率	≥ 100%	590.90%	618.07%	606.20%	
6	流动性比例	≥ 25%	40.85%	48.03%	40.80%	
7	自有固定资产比例	≤ 20%	0.16%	0.23%	0.52%	
8	短期证券投资比例	≤ 40%	0	0	0	
9	长期投资比例	≤ 30%	/	/	/	业务资格待核准
10	拆入资金比例	≤ 100%	0	0	0	
11	担保比例	≤ 100%	0	0	0	

（三）成员单位服务满意度高

京能财务在拓展业务、加强风险管理水平的同时，也在不断提升客户服务水平。重视各类风险所引发的声誉风险防范，在历年客户满意度调查中，满意度持续提升，进一步强化了京能财务在集团系统中的金融服务功能。

作者简介：

侯莉娟，女，1981 年出生，中级经济师、中级审计师，京能集团财务有限公司风险管理部经理助理，研究风险管理、内控管理、内部审计方向。

论企业合同管理中的风险及防控措施

李　杨

摘　要：企业合同管理，是企业通过建立、健全合同管理规章制度，对企业在生产经营过程所涉及的各类合同的签订、履行、纠纷处理等活动及相关流程进行规范化管理，以期预防合同风险、化解合同纠纷，维护企业的合法权益，保护企业的经济利益。

关键词：企业，合同管理，风险

由于合同是各类市场主体之间的进行自由交易主要手段和方式，作为市场经济的最重要参加者和主要主体之一的企业，只要进行生产经营活动，就不得不和各种合同打交道；加之由于我国市场经济体制尚不完善，诚信意识普遍缺失，合同风险愈来愈成为企业面临的主要风险之一。企业合同风险控制能力的低下，轻则会蒙受不必要的经济损失，重则甚至会使企业面临灭顶之灾。这绝不是危言耸听！在此现实背景中，合同风险控制能力是企业及其管理人员的一门“必修课”，也是衡量一个企业管理水平的重要指标。

严格意义上的合同管理，应当包括对合同的签订、履行、变更与解除、纠纷处理、合同档案管理等环节全过程的管理。通俗地讲，就是对合同“从生到死”的全过程管理。

一、合同管理的内容

合同管理应该是全过程的、全方位的，合同管理应包括以下五个方面的具体内容。

1. 合同管理人员的培训教育。企业应加强法制队伍的建设，负责合同管理的人员应该具备良好的法律知识，最好是法律专业人才或者法务从业人员，如实际条件无法实现，也要加强合同管理人员的培训和学习。

2. 履行监督和结算管理。为了保证合同及时有效履行，防止发生违约行为，要做好合同签订后的监督工作。其次，合同结算也非常重要，需要财务部门与业务部门密切配合，做好合同结算管理。

3. 规章制度的建立。企业应该建立适用实际需求的合同管理制度，明确合同签订的范围、职责、流程，建立科学有效的管理模式。

4. 合同的谈判与签订。应当包括对交易对象资信情况的调查、交易背景和价格的调查、交易的可行性调查、交易模式的设定、交易涉及法律和政策规定的评价、谈判方案的确定、交易谈判、合同文本的起草和审查、签约等内容及流程的管理。

5. 违约纠纷的处理。完善合同纠纷的预警、防范及纠纷处理流程，及时发现、预防、处理可能发生和已经发生的合同纠纷。

二、合同管理中存在的风险

企业合同风险有以下几方面：

1. 不签订正式的书面合同。现代社会中，签订书面合同是合同双方约定的重要凭证，具有极其重要的意义。原则上签订合同需采用书面的形式，签订正式的合同。合同必须由双方有权人签订，盖双方有效印鉴方可生效，合同签订后必须取得合同原件并进行有效保管。

2. 合同文本存在大量缺陷。一般而言企业常规业务合同应建立制式合同模板，以保护己方利益为前提，充分考虑公司的业务行为可能面临的法律问题和风险，避免己方可能发生的损失。其次，企业制定制式合同模板，不仅可以减少交易风险，还能节省交易成本，避免以后可能出现的纠纷。在起草制式合同时，要认真考虑每一条款的内容，斟酌措辞，避免错漏。

3. 对于合同履行情况的监控不够。现代社会许多企业缺少合同履行情况的监控措施，没有建立合同管控的部门和制度，不能有效规范企业的签约行为，无法在合同履约过程中起到良好的监督作用。

4. 缺少可行性分析。企业在签约前要对签约方进行尽职调查，包括企业的背景资料、资信情况、履约能力等等，如在签订合同前不进行以上调查和分析，则有可能造成企业的经济损失和法律纠纷。

5. 没有统一的合同管理制度。企业应该建立自己的合同管理制度，科学构建合同管理体系。企业如不能建立有效的合同管理制度，将不能科学有效的防范合同风险，一旦发生合同纠纷有可能造成不必要的损失。

三、合同管理中的风险防范和控制措施

（一）建立完善的合同管理机制，明确合同管理的任务

要想做好合同的管理工作，有效地防范风险，在合同的管理过程中，就必须要明确划分各部门的责任，各部门通力合作，有效的防范合同风险。

督促各相关的业务部门落实自身工作，通力合作，共同防范合同风险的发生。一方面，企业要加强法律专业团队的建设，并配备具有专业知识的工作人员，使之承担起合同管理的任务，同时还要明确部门的具体职责。另一方面，业务部门也需要配合法务部门开展工作。各部门承担好自己的职责，通力合作，积极配合，才能有效地建立合同风险防范机制。

（二）制定合同格式文本，掌握文本选择的主动权

企业自己制定合同范本，主要是为了节约交易成本，提高经济效率，避免日后可能会出现的争议，即使出现争议，也可以掌握主动权。此外，争取合同的起草权，也能够在合同中优先考虑己方利益，对企业做到更好的保护。对于企业生产经营过程中的常用合同，企业应制定标准的合同格式文本。对于其他合同，一般应由合同业务部门起草，企业法律部门再配合修改；重大合同最好由企业法律部门牵头，会同合同业务部门及其他相关职能部门共同起草。

（三）完善合同管理制度体系，使企业的合同管理做到有规可依

企业应该在充分调研的基础上，针对自身的行业特点制定合适的合同管理制度，明确各部门职责、处理合同的流程和方式方法。另外，要注意合同专用章的使用和保管，避免合同专用章的滥用。企业对外签订合同一定要有严格的授权和审批，防范合同风险的发生。

（四）重视重大合同的可行性研究

对于重大合同，在对合同文本审查的同时，也要对合同背景进行调查。由企业法律部门牵头，组织由企业高管人员、专业技术人员、法律人员、财务人员组成的专业团队，对合作方的主体资格、资信、履约能力等方面进行实地的调查，做出风险的总体评估。这种审查不是形式上的审查，而是要确认对方是一个合法的法律主体，具备相关从业资格、完整的履约能力、技术条件是否过关等等。如果是特别重大合同，可以考虑聘请专业的机构进行尽职调查，由其出具尽职调查报告。对于工程项目和重大采购合同，在必要的条件和要求下，要运用“招投标”过程，明确项目的核心内容和要求，来避免合同中出现重大缺陷，否则一旦合同签订，后期的合同管理无法纠正合同

文本的关键性缺陷和问题。

（五）严把合同审核关，重视合同订立和履行的监督和管理

合同签订前，首先要争取合同文本的起草权，合同文本起草完成后，须由合同归口管理部门提交给企业法律顾问或专业律师，法律顾问或律师对合同草案进行审查后，提出修改意见并反馈给合同管理人员。合同管理人员应严格按照法律意见进行相应的修改。尤其要注意的是，对于格式文本合同，不能接受合同内容中有明显倾向对方的条款。对依法签订生效的合同，合同执行部门要严格根据合同条款履行合同，不得单方面擅自变更或修改，凡经双方同意的改动内容，必须签订书面补充协议，作为合同附件进行管理。合同管理部门应做好合同履行的检查工作，监督合同履行情况，对不能够按时完成的合同，及时反馈给责任领导，并要求立即采取补救措施，防止合同违约。

四、结论

总之，在企业经营管理活动中，各个环节都与合同相关。有效的合同管理可以给企业带来财富，不良的合同管理也可能造成亏损。对于合同的管理绝不能等闲视之，大意麻痹。企业要想有效地防范合同风险，就要建立专业的法律管理部门和有效的合同管理制度，在各部门高效配合的基础上共同做好合同管理的把关工作，降低合同损失的可能性，实现企业利益的最大化。

参考文献

[1] 程先民. 加强合同管理规避经营风险［J］. 财会研究，2011（9）.
[2] 朱江伟. 企业合同管理中的风险防范问题探讨［J］. 中国外资，2014（1）.

作者简介：

李杨，女，1983年出生，京能集团财务有限公司风险管理部主管，研究金融、法务。

企业集团财务公司融资服务管理的创新与实践

于　波

摘　要：现阶段，财务公司涉及的金融业务领域相对狭窄，仍以信贷资产为主，同业资产为辅的资产分配格局。以信贷作为主要业务，符合财务公司的定位并有效发挥金融机构的功能。本文通过创新融资服务管理，充分发挥了财务公司的金融纽带作用，通过为企业集团及成员单位及时提供资金支持，保证企业集团及成员单位生产经营的正常运转和在建项目的顺利进行。同时，财务公司通过向集团及成员单位提供融资服务，充分发挥集团整体优势，助推企业集团战略目标的实现。

关键词：财务公司，融资服务，创新

一、财务公司融资服务创新的必要性

（一）财务公司作为集团内部金融服务平台的职责所在

财务公司作为集团内部金融服务平台，将“立足集团，服务集团”作为首要目标，充分发挥财务公司的职能和作用，创新金融服务手段，拓展金融服务领域，提高金融服务水平，不断壮大自身金融实力，并将其转化为集团的发展动力，在促进集团发展的同时，实现财务公司的自身目标。

（二）传统金融服务业务面临加速“金融脱媒”的现实问题

随着资本市场的发展，金融脱媒成为一种趋势，我国商业银行及像财务公司这样的非银行金融机构都会由此受到巨大挑战，一方面其资金来源的总量受到影响，负债结构呈现出短期化趋势；另一方面优质客户的不断分流，贷款规模被资本市场挤压，传统金融业务面临被替换和取代的风险。

（三）商业银行金融服务产品日益创新的紧迫需求

能够成立财务公司的企业集团都是资金状况相对较好，往往被视作优质

客户而被各家金融机构竞相争夺的资源，其成立的财务公司只能生存在商业银行和证券公司的夹缝中，并面临外资金融机构大规模进入的压力，局限于传统业务必然没有出路。因此加强创新，开拓新业务是当前财务公司的发展方向。

（四）财务公司先天性客户资源有限的客观瓶颈

财务公司的服务范围仅限于集团内成员单位，在业务开展过程中，财务公司的资金主要来源和资金运用都以集团内成员单位为主，财务公司的经营发展与集团公司及成员单位具有很强的依附性，相对于商业银行而言财务公司的客户资源的局限性较大。

（五）金融资产结构平衡与资产质量提升的管理要求

目前财务公司仍以信贷资产为主，同业资产为辅的资产分配格局。财务公司以信贷作为主要业务，符合财务公司的定位，有效发挥金融机构的功能。平衡配置金融资产的同时注重资产质量的提升充分保证增强财务公司盈利能力及资金安全。

二、财务公司融资服务创新的关键点

1. 授信管理是融资服务的前提

授信管理是指，在融资业务开展前，对企业集团成员单位开展定量和定性分析，对企业的信用状况做出客观公正的综合评判结果并划分信用等级，再依据评价主体的信用评级，确定其授信产品价格的上浮与下浮区间，以评级结果指导授信产品价格。因此，京能财务通过建立全面、客观的融资授信管理体系，既是实现科学管理机制的重要组成部分，也是决策层衡量客户风险高低、开展融资服务的重要前提和依据。

2. 产品创新是融资服务的核心

财务公司作为集团内部融资平台，通过不断进行产品创新，满足成员单位各种金融需求，实现集团资金的有效运用，为集团主业发展服务。京能财务立足集团及成员单位实际，以产品创新作为融资服务的核心，为客户提供更为多元的融资服务产品，满足不同类型的客户以及客户不同阶段的融资服务需求，构建便捷的融资渠道，提高企业集团的资金使用效率，降低企业集团融资成本。

3. 风险控制是融资服务的保障

保证融资服务业务持续健康发展，从公司治理、内部控制、风险文化三个方面为融资服务提供有力保障，通过设置风险识别、计量、监测、控制、报告、监督流程，构筑风险管理的三道防线，为企业集团的融资服务提供可靠保障。

4. 客户服务是融资服务的纽带

财务公司融资服务应以满足客户的需要为着眼点，京能财务的融资服务业务从无到有，从小到大。尤其在公司成立之初，由于财务公司人员较少，出现了客户业务需求旺盛和客户服务管理之间不匹配的矛盾，主要表现在：客户金融服务要求较高与客户服务相对粗放的矛盾；业务规模扩张较快与客服人员相对少的矛盾；业务部门管理职责明确与客户服务岗位职责不清的矛盾。为尽快解决上述矛盾，京能财务通过构建客户服务管理体系，组建服务机构，明确职责，提升客户服务质量，满足客户需求，实现财企和谐发展的目标。

5. 信息技术是融资服务的支撑

当今，金融领域的竞争无外乎产品、服务和技术三个方面的竞争，而信息技术水平的高低，又直接影响前两项的实现。信息技术作为融资服务的支撑，能直接帮助财务公司突破发展瓶颈、高度整合资源、规范工作流程、提升运营效率、控制运营成本、防范资金风险，提高财务公司资金管理能力。京能财务一直以来致力于资金管理信息系统的开发和创新，通过建立信息化平台促进融资服务开展与产品创新，保证融资服务的效率提升。

三、京能财务融资服务创新中的实践

京能集团财务有限公司（以下简称“京能财务”）于2006年5月成立，始终致力于财务公司融资服务的创新与实践，研究并实施了多项融资业务新举措，进一步提升了专业化融资服务的水平，促进了京能财务各项业务的科学发展。

（一）建立五级授信体系，实现授信额度统一管理

京能财务信贷客户群中90%为电力能源企业，针对电力能源企业特点，设计了“5+2+2”的管理体系，即：在五级信用等级框架基础下，以两种类别和两套指标体系为评价核心，以总量动态调整为手段的融资授信管理体系。将财务公司作为集团资金管理中心的特殊职能纳入评价要素，既体现了财务公司融资授信体系的通用性，也体现了内部银行的特殊性。

（二）以产品创新为核心，提升资金使用效率

京能财务作为京能集团的金融平台，从最初的资金归集管理逐步发展到

资金运用管理阶段。京能财务始终坚持“金融业务服务实体经济”这一产融结合理念，使“产业+财务公司”模式通过功能强大的资金管理中心，立足于集团内部金融业务，为资金充裕方和资金需求方搭建桥梁，降低了金融交易成本，有力地促进了集团实体经济的发展。

（三）以保障资产质量为目标，建立全面的风险内控机制

融资服务是京能财务服务于企业集团的核心业务，为保障京能财务的资产质量，促进融资服务的健康发展，建立全面风险内控机制在京能财务开展融资服务风险控制方面发挥着重要作用。通过搭建组织构架、建立内控制度、优化业务流程，加强客户贷后管理等手段，可有效防范信用风险、流动性风险、市场风险、法律风险以及操作风险等。

（四）打造专业团队，实现客户服务专业化和品牌化

随着京能财务的业务日趋成熟，为了更好地满足客户需求，京能财务以前台业务部门（结算部和业务发展部）为基础，在实体部门与管理层之间建立了客户服务中心，将客户服务工作走上系统化管理之路。京能财务主管业务的高层领导担任客户服务中心的主管领导，前台主管客户服务的部门经理担任中心主任，在前台业务岗人员中选拔客户经理，形成职责清晰、分工明确的组织体系。

（五）加强信息化建设，推动业务信息技术不断完善升级

京能财务搭建了具有自主知识产权的资金业务管理平台，即资金管理信息系统，实现了网络化资金管理手段。资金管理信息系统集成各个主营业务功能，扩展供应链融资的业务产品接口，实现与网上银行系统的无缝对接与集成，使得各个成员单位之间、成员单位和京能财务之间、京能财务与合作银行之间在主营业务处理、远程提交业务申请和与其他系统进行信息传递和交互等方面更加便捷，实现了融资服务的主营业务全程线上操作。

参考文献：

[1] 李晓锐．财务公司实施企业集团融资管理的实践思路浅议 [D]．深圳能源集团，2016.
[2] 刘月．我国企业集团擦五公司管理模式创新及应用研究 [J]．中国经贸，2016（06）.

作者简介：

于波，男，1977 年出生，毕业于北京交通大学本科专业，现任京能集团财务有限公司业务发展部经理.

浅谈财务公司外汇业务风险管理

张毅瑞

摘　要：随着全球经济一体化进程的加快，我国与世界各国之间的经济贸易往来也越来越频繁，在这种环境下，外汇业务也受到了高度的关注。财务公司外汇业务作为非银行金融机构外汇业务的重要组成部分，对企业的发展发挥着重要的作用。然而在汇率市场不断完善的市场环境下，财务公司外汇业务承受的风险也越来也大，企业成本和收益难以把握，进而威胁到企业的发展。因此，在发展外汇业务的过程中，财务公司必须做好风险管理工作。本文就财务公司外汇业务风险管理进行了相关的分析。

关键词：财务公司，外汇业务，风险管理

一、引言

自加入 WTO 以来，我国涉外经济发展也越来越迅猛，财务公司外汇业务增长速度越来越快。对于财务公司外汇业务而言，由于是跨境业务，外汇业务过程中必然会涉及到汇率问题，而现阶段来看，国家采取的是浮动汇率制，这种汇率制加剧了汇率波动，使得财务公司在发展外汇业务的过程中存在较大的不确定性，而这些不确定性的存在增加了财务公司外汇业务风险，不利于企业自身的发展。面对这个竞争日益激烈的国际化市场，我国财务公司要想稳定地发展下去，在发展外汇业务的过程中就必须积极做好风险管理工作，为外汇业务的发展营造一个良好的环境。

二、财务公司外汇业务风险管理的重要性

财务公司作为我国市场主体之一，入世以来，我国财务公司开始走向世界，参与国际竞争，越来越多的财务公司已在办理吸收外币存款、发放外币贷款、委托贷款和结售汇等外汇业务。财务公司外汇业务的持续增长有效地推动了我国经济的发展。但是对财务公司而言，在发展外汇业务的过程中深受汇率的影响[1]。自 1973 年布雷顿森林体系瓦解后，浮动汇率制的实行导

致汇率波动明显加剧，而汇率的波动起伏会给财务公司在发展外汇业务带来诸多不确定性因素，使得财务公司外汇业务风险较大，一旦财务公司外汇业务出现风险，就会影响到财务公司的发展，进而威胁到我国经济的增长，在这种情况下，做好风险管理工作格外重要。财务公司在发展外汇业务的过程中只有积极做好风险管理工作，才能更好地规避外汇业务风险，保证财务公司外汇业务的持续增长，从而获得更好的经济效益[2]。

三、财务公司外汇业务风险分析

（一）法律风险

所谓法律风险是指财务公司在发展外汇业务的过程中因违反国家法律、国际法律要求而产生的法律纠纷。如外汇业务的一方没有按照合同要求来履行其责任和义务而引起的经济损失。

（二）操作风险

操作风险就是由于操作不当而引起的风险。对于财务公司外汇业务而言，由于是跨境业务，这对相关工作人员要求比较高，不仅要求工作人员要熟悉财务公司相关制度、文化，同时还得熟悉他国公司相关要求、外汇业务相关知识、国际惯例等[3]，由于工作人员业务能力有限，在业务操作过程中就会增加业务风险，影响到财务公司外汇业务效益。

（三）市场风险

财务公司外汇业务作为一种经济活动，这种经济活动深受市场环境的影响，使得财务公司外汇业务面临着较大的市场风险，主要体现在利率风险和汇率风险。就我国现阶段来看，货币政策实行的是弹性汇率机制，而财务公司在办理外汇业务的过程中会受汇率的影响而蒙受损失。

（四）运营风险

对于财务公司而言，外汇业务需要财务公司去经营和管理，脱离了管理的外汇业务必然难以取得应有的效果，但是在国际化市场环境下，财务公司在办理外汇业务的过程中，受主观因素和客观因素的影响，导致外汇业务达不到预期的效果，从而造成经济损失。

四、财务公司外汇业务风险管理措施

（一）强化风险管理意识

财务公司外汇业务作为一种经济活动，在竞争激烈的市场环境下，会面临着较大的风险，而要想规避风险，强化风险管理意识十分必要。财务公司应当加大风险管理的宣传，提高工作人员对外汇业务风险的认识，从而不断提高他们的风险管理意识，更好地开展外汇业务，降低外汇风险的发生几率。

（二）加强外部沟通交流

加强外部沟通交流的目的就是及时了解国家政策、法律法规的变动和要求，从而按照相关要求来办理外汇业务。作为财务公司，应当加强外部沟通交流，要定期组织相关工作人员进行法律知识学习，全面了解国家相关政策、法律法规以及国际惯例要求，多与外汇管理部沟通，与外汇管理局保持密切联系，从外汇管理局获取最新政策及法律法规[4]。

（三）完善相关规章制度

财务公司外汇业务的发展离不开制度，健全、完善的规章制度可以为财务公司外汇业务的开展提供依据，确保外汇业务的有序开展。作为财务公司，应当结合当前外汇业务以及国家外汇管理的相关法规、规章制度来完善相关管理制度，积极加强外汇业务内控，尤其是对国际结算、结售汇、外汇账户等各项外汇业务的内控，确保各项工作有章可循、有据可查。另外，相关部门还必须完善外汇业务相关法律法规，在不断的实践过程中纠正当前法律法规、规章制度的不足，要及时淘汰那些过时的规章制度，从而为财务公司外汇业务的开展提供保障[5]。

（四）完善外汇业务办理流程

不完善的外汇业务办理流程是引起财务公司外汇业务风险的一个重要因素，由于外汇业务办理流程不科学、不完善，工作人员在操作过程中就很容易出错。为了降低外汇业务风险的发生，财务公司应当结合当前外汇业务实际情况完善外汇业务办理流程以及操作程序，从而更好地规范工作人员的行为，让工作人员按照相应的操作流程来办理业务。如国家要求资本项下的资金与经常项下的资金不能混用，财务公司可以根据企业外汇业务以及外汇资金的特点，让工作人员按照财务公司制定的《境内外汇账户管理办法》[6]来办理业务，从而将经常性外汇资金和资本性外汇资金分开处理，避免混淆。

（五）加强专业外汇业务工作人员的培养

外汇业务对工作人员要求较高，如果工作人员业务能力不足、职业素质不高，就会影响到外汇业务工作的开展，增加外汇业务风险[7]。因此，财务公司应当加强外汇业务工作人员的教育，既要强化国际业务培训，同时也要强化专业知识以及操作技能的培训，要全面提高外汇业务工作的能力和素质，要强化外汇业务工作人员的风险意识教育，提高他们的风险意识，从而为财务公司外汇业务风险管理工作培养一支业务能力强、综合素质高的队伍。

（六）强化市场风险控制

首先，财务公司应当结合当前外汇业务发展情况建立完善的盯盘制度，全面关注外汇市场动向，按日记录外汇市场的表现，并结合外汇市场，做好市场风险评估工作；其次，要做好结售汇综合头寸零余额管理，尽量减少结售汇综合头寸；再者，要加强资产负债结构管理，要建立价格预测机制、预警机制，对外汇资金进行科学管理，要善于利用资金重定价缺口等有效的利率风险管理工具，从而有效地规避外汇业务风险[8]。另外，财务公司要将外汇业务市场风险管理工作提上日程，建立健全的市场风险管理体制，全面展开外汇业务风险管理工作，运用现代化的管理手段，做好风险管理工作，从而减少外汇业务风险的发生。

五、结语

综上，在财务公司外汇业务中，风险管理是一项重要的工作，它关系到财务公司外汇业务是否能够收到良好的效益，因此，必须做好外汇业务风险管理工作。财务公司外汇业务中，常见的风险有法律风险、操作风险、市场风险以及经营风险，这些风险的存在严重影响到了财务公司的经济效益。面对这个快速发展的市场环境，财务公司要想稳定地发展下去，就必须结合我国当前外汇业务形势来做好风险管理工作，要依靠健全的法律法规来为外汇业务营造良好的环境，同时要加强外汇业务的管理，从而确保外汇业务的顺利、高效办理。

参考文献

[1] 黄邦定. 跨国公司外汇风险管理研究［J］. 全国商情（经济理论研究），2016（03）：80–82.

[2] 张洁，李楠. 亟待加强的财务公司外汇管理制度［J］. 中国外汇，2015（07）：67–68.

[3] 车晓宁，沈继伦. 浅议人民币汇率改革与跨国公司外汇财务风险管理［J］. 时代金融，2013（21）：325+336.

[4] 魏静. 公司财务风险中的外汇风险管理［D］. 复旦大学，2013.

[5] 何迎新. 财务公司外汇管理政策存在的问题及政策建议［J］. 金融会计，2012（07）：74–76.

[6] 林桂云. 财务公司外汇业务风险管理 [J]. 冶金财会，2012（01）：31-32.
[7] 常剑. 上市公司外汇风险管理财务视角分析 [J]. 合作经济与科技，2010（18）：86-87.
[8] 毛付根，胡奕明. 跨国公司财务管理讲座（二）——外汇风险管理 [J]. 对外经贸财会，1996（03）：42-44.

作者简介：

张毅瑞，女，1990年出生，金融专业，中级经济师，现任京能财务结算部结算主管。

浅谈合规风险与操作风险管理措施

侯莉娟

摘　要：合规风险是金融机构持续稳健经营的前提，操作风险是金融机构三大传统风险中最容易发生的一类风险。两类风险既有区别，也存在着紧密的联系，本文在分析两类风险内在联系的基础上，提出了相应的通用的风险管理措施。

关键词：合规风险，操作风险，管理措施

金融机构传统的三大风险包括信用风险、市场风险、操作风险。而作为更基础的合规风险，是金融机构能够持续运营的前提。较之信用风险和市场风险的被动性，合规风险和操作风险在管理方法和控制措施方面有着千丝万缕的联系。

一、认识合规风险和操作风险

1. 什么是合规风险。根据新巴塞尔协议的定义，“合规风险”指的是：银行因未能遵循法律法规、监管要求、规则、自律性组织制定的有关准则、已经适用于银行自身业务活动的行为准则，而可能遭受法律制裁或监管处罚、重大财务损失或声誉损失的风险。

合规风险广泛存在于金融机构业务和管理的各个方面，较其他风险更具有主观、主导等内生性特点，合规风险事件一旦发生，其后果更为严重。

2. 什么是操作风险。操作风险是指由不完善或失灵的内部程序、人员和系统或外部事件导致损失的风险。

操作风险较分散，金融机构运营的任何方面都可能出现操作风险，且主体多样，可以由内部工作人员操作不当、管理流程设计缺陷、系统设计缺陷等引发，并多由于内部原因引起。

二、合规风险和操作风险的联系

1. 合规风险可以诱发操作风险

合规风险往往是操作风险存在和发生的重要起因，或是因为对合规风险的不重视、未能及时掌握政策法规要求而触发了操作风险，或是明知不合规却由于外部刺激、利益驱使、侥幸心理等因素而引发了操作风险。金融机构“合规文化”的缺失，合规风险意识的淡漠，必将通过操作风险等形式暴露。

2. 操作风险可以导致合规风险

操作风险是金融机构日常经营活动中最容易发生或数量最大的风险。操作风险可能是由于主观上的疏忽，也可能由于相对客观的原因给操作风险的发生提供了可能性。无论主观与否，操作风险发生的前提都与合规风险管理不到位有关。操作人员未能按照合规要求操作，设计人员和管理人员未能按合规要求执行或设置相应控制措施等等，最终往往导致合规风险的产生。

3. 操作风险使合规风险管理难度增加

简单地理解合规风险，主要指金融机构做了违法、违规的事，而招致的风险或损失，其动机主要受机构主观性的行为影响。而由于操作风险的存在，其分散性的特点，动机的不确定性，使得风险发生的点更加错综复杂。从而由操作风险可能引起一系列连锁反应，包括引发其他类风险而最终导致合规风险事件，为合规风险管理增加了难度，使得合规风险管理与操作风险管理不能割裂地进行。

4. 内部控制中的关联性

虽然合规风险与操作风险有诸如以上的这些联系，但仍然不可以把两种风险的管理等同起来，尤其不能仅以操作风险管理措施替代合规风险管理。因为操作风险往往针对具体操作人员或者流程的具体环节而言，而合规风险往往发生在已经过管理层、决策层审批的流程中不合规的设计基础上。这就意味着合规风险更多体现了制度设计层面、合规意识层面的缺陷，而操作风险更多体现了具体执行中风险发生的可能性。但在内部控制方面两者也有较大的关联性，一方面，合规风险与操作风险在控制目标、控制措施设计上可以联动考虑，增强风险管理的力度。另一方面，要明确控制措施所面对的主体，使得风险管控措施更具针对性。

三、合规风险与操作风险的管理措施

合规风险与操作风险的内在联系，使得两者在风险管控手段上有着许多的共通的地方，具体如下：

1. 培育良好“合规文化”

合规风险和操作风险的发生常常由观念意识的不够端正引起，所以培育

“合规文化”，是金融机构合规风险和操作风险管理的基础。合规文化包含诚信守法、自主自觉、团队意识、廉洁自律、坚守道德底线等诸多层面。要做到高管带头、员工主动，在运营管理的环节上坚持将“合规”作为决策标准之一；员工在实际操作时时刻不忘进行合规性审查，树立主动合规意识，克服被动心理、侥幸心理，并能够主动发现所负责业务和管理活动中的不足，及时改进风险管理措施。

通过培训、宣传等方式，解读最新政策法规要求、分析真实案例，强化全员的风险管理意识、约束员工违规行为。

良好的合规文化虽然不能完全杜绝合规风险和操作风险事故的发生，但却能在萌芽阶段大大降低两类风险发生的概率。

2. 建立健全制度、流程

合规风险和操作风险管理要通过制定一整套合理合规的制度和流程作为管理的依据和支撑。

以标准化管理下的制度体系来说，主要包括技术标准体系、管理标准体系、工作标准体系。其中管理标准中明确了法人治理机构、各层级、职能部室、岗位的职责，业务操作和管理活动各环节的具体要求等。工作标准中针对各个岗位的主要职责、工作内容、关键业绩指标、岗位资格要求做了详细的规定。制度体系建设涉及金融机构底层设计层面的架构设置，是风险管理的前提，要以风险为导向，由各职能部室负责编制，指定部门统筹管理。

业务流程和管理流程设计将操作规范化，流程是建立在制度建设和合规风险管理基础上的程式化体现。细化的流程、合理的岗位配置、明确的风险点、有效的控制点设置都是防控操作风险较好的手段。

制度和流程都需要定期进行执行情况的检查和评价，建立更新、修编、审批机制，弥补缺陷、完善措施，确保制度和流程的合规性，避免违规事件的发生，纠正已发生的违规事件。

3. 建立合规管理机制

合规风险和操作风险管理不能被动迫于外部的监管压力和法律强制性要求，金融机构要建立适合自身发展的合规管理机制。

合规管理部门应当根据外部法律环境和监管环境等的发展变化，分析政策指导文件对本机构的影响程度及工作完善方向，根据分析结果向经营层提出管理建议，并对业务部门和岗位进行合规风险提示，参与内部规章制度等的及时更新修订，为公司内部各个层面提供合规咨询。

合规管理部门要运用先进方法识别和评估风险，定期对操作风险等重要风险敞口实施监测。通过信息技术手段实现对风险的实时监测和预警。建立合规风险的识别、监测、评估与报告机制，及时发现、制定风险缓释和转移策略，及时制止由此造成的损失。

4. 确保合规部门独立性

设置独立的合规部门是合规风险和操作风险管理的重要保障，它可以协助经营层做好合规风险和操作风险的统筹管理。

首先，将合规部门独立于其他职能部门，直接隶属于董事会，有直接向董事会汇报的畅通渠道，确保合规部门的独立性不受干扰。其次，构建合规风险管理机制，要让合规人员充分地参与到组织架构和制度流程的设计过程中，使依法合规经营原则渗透到制度流程的每一个环节中。最后，明确职责，具体执行部门仍然对合规风险和操作风险负有直接责任，合规部门的工作是否到位不能作为各业务部门能否履行风险管理责任的借口。

5. 完善信息系统建设

信息系统建设是提高合规风险和操作风险管理质量和效率的最有力支持，更是加强防范基层机构人员操作风险的保障。信息系统建立在既定的逻辑关系下，对业务操作、管理流程起到了刚性的控制作用，使得合规风险可信息化管理的部分得到了控制，将操作风险控制在一定可预计的范围内。同时，统计分析的优势得以体现，提高了风险实时监测的可能性，风险预警的及时性，以及实现信息的共享，风险报告和风险提示功能。

6. 建立问责与考核机制

合规风险和操作风险的问责与考核机制明晰了风险责任，充分体现金融机构倡导合规经营和惩处违规的价值观念。同时，对触碰红线的行为起到警示作用。风险责任包括经办责任、审查责任、管理责任和领导责任等。将合规风险与操作风险指标纳入对机构、员工等级评定的体系，如果发现了合规风险和操作风险，一旦被内审部门或外部监管查实，相关责任人员将受到相应的惩罚。

作者简介：

侯莉娟，女，1981 年出生，中级经济师、中级审计师，京能集团财务有限公司经理助理，研究风险管理、内控管理、内部审计方向。

浅谈企业财务公司结算会计凭证档案整理

康翔宇

摘　要：会计凭证档案整理是困扰各企业财务公司多年的顽疾。尽管业内各公司在近年来多次优化凭证整理流程，在解决“业务单据短缺”和“单据跨部门传递”等突出问题上取得了明显的成效，但同时也增加了凭证经手人员的工作量。这使得原本就因为近年结算业务量激增而导致的会计凭证档案管理在收集、整理与归档各方面的问题与现有客观条件不匹配所产生的矛盾更加突出。本文就如何在符合《会计档案管理办法》及《会计基础规范》的基础上，提升财务公司结算会计凭证档案管理的效率与质量，并合理降低工作量做出探究。

关键词：财务公司，会计凭证，档案整理

一、会计凭证的整理及保管期限

会计凭证是会计档案中最早形成的原始材料，是会计账簿、会计报表形成的基础，也是会计工作的原始依据。按照2016年1月1日起施行的最新《会计档案管理办法》的规定，会计凭证类档案的保管期限是30年。会计凭证包括：自制原始凭证、外来原始凭证、记账凭证（收款凭证、付款凭证和转账凭证）、银行对账单以及银行余额调节表等。

由于结算的业务性质，结算相关的会计凭证每天都在大量产生。一般来讲，结算部的经办和会计人员会将当天经手的凭证进行初步整理，内容包括凭证及附件，附件一般指相关的票据、文件等，然后每月进行装订，并将装订好的凭证按时间妥善保管归档。

二、会计凭证档案整理管理中存在的问题

企业财务公司结算部会计凭证档案管理主要包括原始资料收集、整理及归档三个环节，其中凭证的收集和整理两个环节是当前结算部会计档案管理工作中矛盾最为突出的两点。这不仅影响着结算凭证档案管理的质量和效

率，也经常由此引发一些不必要的摩擦，在无形中增加了结算部的管理成本。矛盾具体体现在以下两个方面：

（一）凭证的收集环节：信贷单据原件传递滞后，使得结算会计凭证难以做到及时、完整的装订

以某企业财务公司为例，该公司贷款业务的放款、还款按照档案管理规定是要以加盖成员单位预留印鉴的纸质凭证作为附件。但成员单位遍布全国，地理的因素使得凭证的传递与网银指令处理无法同步执行。但在业务优先的原则下，经办人员只能先暂时以凭证的传真或扫描件代替，之后再根据业务部门补送的无顺序原始单据原件中反复查找，并替换扫描件。这种操作方法不仅增加了凭证整理经手人员的工作量，同时也增大了凭证错放、漏放与遗失的风险。并且，跨部门反复催要、交接凭证时也容易发生不必要的摩擦与口角。

（二）凭证的整理环节：结算业务量大，原始凭证附件多

以某财务公司为例，该财务公司去年全年发生业务交易笔数 79,829 笔，其中 27,647 笔需要落地处理。一般需落地处理的指令形成的，达到可装订状态的会计档案包括以下六个部分。

1. 会计记账凭证（使用 SAP 系统打印出的记账凭证）。

2. 当天的交易记录明细账（该企业资金系统生成的汇总当天所有联动账户处理的交易信息，其中包含交易编号和 SAP 会计凭证编号等信息的核心记录）。

3. 网银汇总指令审批单（付款、通知存款和定期存款等业务的汇总，体现制度规定的审批流的载体）。

4. 电子转账凭证（由该财务公司资金系统自动生成的，经手人员打印的，只在该财务公司保管的交易记录）。

5. 银行回单（企业通过银行发生业务往来和款项收支的单据）。

6. 业务单据（包括成员单位借款、还款单据和内部转账凭证等）。

业务量大加上每笔业务产生的单据多，使得这些会计凭证的纸张合计数在 6 万张左右。数量巨大的单据使得这些凭证不仅在签字、打印、粘贴、核对、整理及保管阶段需要耗费大量的人力物力与时间。并且，当任何一个环节出现问题或者需要查阅某一笔记录时，都要经手人员从大量的凭证中翻阅查找、替换，这既降低了工作效率，也增加了管理成本。

三、结算会计凭证管理的建议

（一）能以电子档案形式保存的会计档案尽量以电子档案形式保存。

根据财政部2014年下发的《企业会计信息化工作规范》的规定和2016年1月1日起实施的新修订的《会计档案管理办法》第八条明确规定："同时满足下列条件的，单位内部形成的属于归档范围的电子会计资料可仅以电子形式保存，形成会计档案：

1.形成的电子会计资料来源真实有效，由计算机等电子设备形成和传输；

2.使用的会计核算系统能够准确、完整、有效接收和读取电子会计资料，能够输出符合国家标准归档格式的会计凭证、会计账簿、财务会计报表等会计资料，设定了经办、审核、审批等必要的审签程序；

3.使用的电子档案管理系统能够有效接收、管理、利用电子会计档案，符合电子档案的长期保管要求，并建立了电子会计档案与相关联的其他纸质会计档案的检索关系；

4.采取有效措施，防止电子会计档案被篡改；

5.建立电子会计档案备份制度，能够有效防范自然灾害、意外事故和人为破坏的影响；

6.形成的电子会计资料不属于具有永久保存价值或者其他重要保存价值的会计档案。

因此，能以电子档案形式保存的会计档案尽量以电子档案形式保存是符合相关监管规定的。如果各企业财务公司可以做到这点，将极大减轻结算部门凭证整理的工作负担。这具体体现在：将可以不单独打印出的电子转账凭证转为电子档案管理，不仅可以节约大量的工作时间，而且可以降低管理成本。优点具体体现在以下两点：一是绿色环保，这样做不仅可以节省大量打印纸张，而且可以大幅减少凭证保管占用的空间；二是省时省力，经手人员不需要再将单独打印出的凭证一一粘贴核对，而转为电子档案保存的凭证在存储时也不再费时费力，在查找时也降低了因凭证抽阅、查找、后续审批等程序导致的时间耗费。

（二）信贷业务凭证以打印的经线上审批形成的收、发凭证作为会计档案装订，同时将成员单位寄回的加盖预留印鉴的放款、还款通知单妥善保存，但不再作为凭证附件装订。

从合规角度讲，根据《会计基础工作规范》的精神，结算部门自主打印以业务部门提交，并经各级领导审批通过的加盖财务公司电子专用章的凭证作为会计原始凭证是符合相关规定的。并且，业内也有少数公司开始采用这种方法。

以经线上审批自主打印的凭证作为原始凭证，不仅可以有效降低工作量，还可以降低相应的风险，这具体表现在：

1. 减少重复工作：因为凭证传递的时效性问题，在原先的模式下，相关经手人员经常需要将凭证中的扫描件替换为延时传递过来的原件。在新模式下，相关经手人员不再需要将已经整理过的凭证再进行原件的替换。这样做不仅节约了凭证整理的时间，也降低了凭证错放、漏放的风险。

2. 避免单据遗失：结算部门以经线上审批自主打印的凭证作为原始单据，两部门以唯一的凭证编号作为连接，这样不仅可以减少在凭证交接过程中可能出现的责任不清，相互推诿等现象，而且可以使得两部门各自的凭证管理形成闭环，有利于加强管理，降低风险。

当前，企业财务公司结算部门会计档案整理工作是结算部占用时间最多，成效最不明显的工作之一。在电子信息高度发达的当今时代，如何在合规的前提下利用电子信息手段代替传统手段进行结算会计凭证整理，将是接下来的一个重要课题。

作者简介：

康翔宇，男，1992年出生，华北电力大学会计专业，美国Adelphi大学MBA会计硕士，现任京能集团财务有限公司结算主管。

浅谈企业信息化管理

张国会

摘　要：21世纪，信息化已经发展成为当今社会发展的标志，企业信息化已经成为一个企业竞争力的标志。在当今信息化爆炸的时代，信息化已经成为人们生活和工作中必不可少的一部分，而企业信息化是时代的需要，同时也是企业发展的需要，企业通过信息化技术建立适合自身发展的信息管理系统，企业信息管理系统的使用，完善了企业的规章制度，规范了企业的管理流程，提高了企业员工的工作效率，提高了企业的质量管理和水平，为企业创造更多的经济效率提供保障，本文就信息化管理在企业中的应用进行了简单的论述。

关键词：信息化，信息化管理，信息化发展

一、信息化的含义和发展

（一）信息化的含义

信息化是指将以计算机为主的智能工具培养、发展成为新的生产力，并且造福于人类的历史过程。与智能工具相匹配的生产力，我们称之为信息化生产力。旧生产力中的生产工具与智能化生产工具的区别是，智能化生产工具不是一件孤立分散的东西，智能化生产工具是一个具有组织的信息网络体系。这种网络性质的生产工具将会改变人们的生活方式和工作方式，使人类社会发生极具影响力的变化。

信息化可以是一种技术，是以计算机、网络和数据库技术为基础架构，对所要研究对象的各要素汇总并归集至数据库，提供给一部分人们生活、工作、学习等和人类紧密相关的各种行为相结合的一种技术。使用信息化技术后，可以极大地提高工作和生活的效率，从而为推动社会的进步提供强大的技术支持。

（二）信息化的发展

信息化可以简单地描述为计算机、现代通信和网络技术的现代化，信息化的发展同样也可以描述为计算机、现代通信和网络技术的发展。

二、企业信息化管理

（一）企业信息化管理的范畴

企业信息化管理是对企业的信息数据集成的管理，其内容大致包括信息化的战略规划、信息化项目的实施和信息化技术产品等，其核心工作是建设数据的平台和挖掘数据的深度，通过各种信息管理系统把企业的各个环节（例如设计、采购、生产、财务、经营、管理等）都集成在一起。信息化管理的目的在于信息和资源的共享，同时利用先进的技术手段来寻找适合自己的潜在客户。信息化管理还能有效地支撑企业的决策系统，达到提高生产效率和质量的目的，从而增强企业之间的竞争力。

目前社会上信息化管理的应用系统层出不穷、各式各样，例如我公司在用的 ERP 系统、SAP 系统、OA 协同系统、报销系统、资金管理系统等，这些管理系统已经成为我们日常工作过程中不可或缺的应用系统。在这些信息化管理系统中，ERP 系统在各大企业应用的范围最为广泛。我公司目前在用的 ERP 管理系统是北京英贝思有限公司开发的管理系统。集团及其下属公司均使用该 ERP 管理系统，该系统通过灵活的组织结构技术，为集团及其下属公司构建了安全的一体化信息管理平台。系统由大大小小几十个子模块组成，包含了财务模块、人资模块、物料模块、销售模块、质量管理模块等，在满足日常业务的前提下，实现了公司管理价值的最大化。

（二）企业信息化管理的实施

一个企业的发展前景如何，关键在于这个企业对信息化管理的重视程度。企业如果能够意识到信息化的发展能够加速企业的发展，企业会加大对信息化管理的资金投入，资金投入保障的前提下，企业信息化管理才能得以成功实施。个人认为，企业信息化管理的实施主要在于组织实施，把企业已经立项的信息化项目进行管理，针对信息化立项进行开发、实施、部署，构建适合自己企业的信息化基础设施和信息安全架构。信息化实施是信息化管理的前提，基于信息化实施来说，信息化管理的核心工作是项目的管理、基础架构的管理等。

信息化管理离不开日常的运行维护，信息化管理是指对已经建设完成并投入使用的信息系统进行日常的运行管理，及时处理系统的故障，及时的发现问题并解决问题，为信息管理系统的安全、稳定、正常运行提供了可靠保障。同时，信息化管理也离不开信息化绩效指标，主要是指将信息化目标指标化，然后形成信息化绩效指标。通过对信息化绩效指标的监控，分析信息化相关的问题，从中吸取经验和教训，为提升信息化管理提供必要的支撑性的决策分析信息。

（三）企业信息化管理的发展趋势

企业信息化管理的发展大致分为三个阶段：第一阶段是企业刚刚接触信息化，在这个阶段，企业是处于物质经济环境，信息化对于企业来说是可有可无的；第二个阶段是企业接受了信息化，并且认可了信息化，为了信息化的实施进行资本投入，机房的建设、信息化安全设备的搭建、信息管理系统的开发等；第三阶段是信息化的管理阶段，在这个阶段，企业对于已经开发的信息管理系统进行管理、完善和升级，对于网络安全架构进行评估测评，以实现信息化的安全稳定运行，在这个阶段，企业是处于以网络为媒介，客户为中心的信息经济环境。

信息化管理带动企业管理的转变、转型，对企业的发展有着极大的影响，它将会改变企业固有的经营理念和经营模式，通过信息化来实现各种技术创新和产品创新，进而达到促进企业成长的效果。企业的成长阶段也可以看成是企业与信息化工具有机结合的阶段，企业不应该局限于为了销售某种产品而进行交付活动，而是放眼于客户的长远需求，放眼于客户对这种有机结合所衍生的多样性的需求。

企业的成长路径会随着企业组织规模和环境的变化而不断变化，同时也会受到企业业务模式的影响，随着业务量的不断增加，原有的信息管理系统已经不能满足现有业务的需求，进而导致对信息管理系统进行不断的优化和升级，而对于使用年限较长、优化工作繁重的信息管理系统，企业则会考虑更新换代。不管对信息管理系统进行优化、升级或更新换代，都体现了企业的信息化管理由浅入深、由简单到复杂的需求变化。

信息化管理能够增进企业和各供应商之间的沟通交流，供应商也不局限于为了单一一个项目与企业进行合作，而是能够达成长期合作的共识，签署长远的战略框架协议，进而提高了企业的绩效管理，增强了企业的核心竞争力，因此需要时时刻刻都关注它的发展趋势。

三、企业信息化管理的意义

（一）完善企业管理制度

企业信息化管理是以企业的规章管理制度作为支撑性依据的，在信息化管理的过程中，企业的管理制度也相应地进行了完善和补充，使得企业的内控管理得以保障。

（二）提高企业管理的规范化

企业信息化的建设，其根本目的是促进企业的发展。信息化是各种数据的集合体，数据格式都有固定的规范要求，按照一定的规范进行数据的录入和存储，从根本上解决了人工干预过程中由于不规范操作导致错误等问题。因此，信息化管理促进了企业管理基础工作的规范化，使企业的管理工作得到保障。

（三）提高企业管理的工作效率

提高企业信息化管理的过程，不仅是对各种业务流程进行梳理和优化的过程，也是改善和解决传统的以职能为核心的管理模式下所产生的各种繁琐问题的过程。业务流程的梳理和优化，对于企业的管理有一定的促进作用，可以说，信息化管理提高了企业员工的工作效率，进而提高了企业管理的效率，为企业创造更多的经济价值奠定了稳定的基础。

（四）提高企业财务质量管理和水平

企业信息管理系统的建设，推动着企业的发展，同时为企业的财务工作提供了安全、高效的保障机制。

财务管理系统的应用，消除了传统模式下人工录入、核对大量数据信息的现象，改善了财务工作被动滞后的现象，财务管理系统是依托于信息化技术来实现的，保证了财务数据的精确性和完整性，保证了业务数据和业务信息的及时性和准确性，提高了企业的财务质量管理和水平。

（五）降低了企业成本

信息化的快速发展促进了企业的发展，企业的发展决定于企业的效益，企业的效益又取决于企业的成本投入和企业收益。信息化的应用，出现了各式各样的采购供应系统，从而改变了传统的采购模式。新型采购供应系统的投入使用，减少了传统采购模式下的不确定因素，企业的采购环节相对以往比较透明，各供应商之间竞争激烈，进而降低了企业生产活动所需要的各种材料成本。企业信息化管理使得企业的采购环节、生产环节和销售环节都趋于合理化，从根本上降低了企业的总成本，进而提高了企业适应市场和适应社会的应变能力。

总之，信息化是社会进步的产物，企业信息化是企业适应社会所必备的技术和手段，企业信息化管理是企业将这种适应社会的技术和手段进行规范化的过程。企业通过信息化技术建立适合自身发展的信息管理系统，企业信息管理系统的使用，完善了企业的规章制度，规范了企业的管理流程，提高了企业员工的工作效率，提高了企业的质量管理和水平，为企业创造更多的经济效率提供保障。

参考文献

[1] 袁清文. 企业信息化管理与应用 [M]. 北京：机械工业出版社，2012.
[2] 冯兰晓. 如何进行企业信息化管理 [M]. 北京：北京大学出版社，2004.

作者简介：
张国会，男，1984 年出生，现任京能集团财务有限公司信息化主管。

浅谈做好财务公司结算支付工作的几点体会

周　楠

摘　要：财务公司作为非银行金融机构，资金结算是其职能中的重要一项，也是各项业务运作的基础。财务公司作为集团资金集中管理和统一结算的平台，通过搭建资金结算平台，充分发挥统一结算功能，以结算服务推动集团资金集约管理和高效运转。近些年来，随着经济的快速发展，财务公司结算业务在不断发展，但其中也存在着诸多问题。本文针对财务公司结算业务进行研究，并根据问题提出相关改进措施。

关键词：财务公司，结算支付，工作，体会

银行结算是指通过银行账户的资金转移所实现收付的行为，即银行接受客户委托代收代付，从付款单位存款账户划出款项，转入收款单位存款账户，以此完成经济之间债权债务的清算或资金的调拨。银行结算是社会经济活动中资金清算的中介，也是社会商品交换的媒介。

财务公司与银行同为金融机构，其结算业务有一定相似之处，但是财务公司作为企业内部银行，财务公司结算是指集团成员单位在财务公司开立结算账户，财务公司作为企业内部银行履行金融职责，为客户进行日常资金的划拨和清算工作；同时，财务公司在一家或多家商业银行开立集团账户，建立银企直联，财务公司通过通讯专线与直联银行进行连接，以此建起“资金池”，实现了财务公司的资金归集、资金划出、内部转账、代理支付等功能。另外，财务公司要按照集团对成员单位的资金管理需求，配合集团进行资金的归集和运用，努力降低资金使用成本，协调资金周转，提高资金效益，切实做好对集团本部、全资及控股企业的金融支持和金融服务。

结算是财务公司的基础业务，是其他各项业务开展的基础，如何进一步优化资金结算业务流程和账户管理水平，保证日常结算支付，在确保安全性

的前提下，提升结算业务处理能力和结算服务水平，实现财务公司结算工作的进步，是每一位财务公司结算业务从业者都需要面对的课题。简单来说，做好结算支付工作需要做好以下几方面。

一、强化风险意识，加强内控管理

随着财务公司的不断发展壮大，有效地控制和防范风险是保障财务公司高速发展的前提。防范结算风险，提升结算效率和结算业务处理能力，是财务公司结算工作的重要内容。结算风险一旦转化成损失，财务公司、成员单位乃至整个集团公司的生产经营秩序和资金的安全都将受到影响。

风险意识是防控结算风险的灵魂，也是检验风险管理工作的关键。首先，结算部门要强化部门员工的风险意识，引导各岗位人员建立风险管理认同感，思想上不松懈。其次，在实际工作中加强内控管理，要在国家、地方和集团单位的规章制度基础上，起草拟定符合本单位需要和特点的管理办法和规章制度，并根据业务需要及时更新、补充和完善，始终保持管理制度的权威性。同时，要通过切实有效的管理手段保证规章制度和流程的执行力，促使员工形成学习和研究管理制度的习惯。再次，可以总结归纳岗位工作经验，编写“结算业务操作详解”等工作手册类文件，将业务操作方法和流程统一和固化，既便于新老员工交接，也便于日常学习。

二、充实结算业务人员，提高在岗员工素质

对于企业来说，人才是核心竞争力，员工素质的高低直接影响到企业的生存与发展。就结算工作来说，结算经办、复核、核算、审批等岗位职务应完全分离，以起到相互掣肘、相互制约、查错纠弊、堵塞漏洞等作用，这也就促成了结算部可能是全公司员工最多的一个部门。结算业务人员素质的高低同样影响整个部门，甚至整个公司的发展方面，结算业务人员配备不足不仅限制着结算服务质量的提高，也使结算风险发生的可能性无形之间被提高。

结算业务素质可以随着工作时间的加长而逐渐提高，也需要外力推动其提升和加强。首先，增加岗位学习和培训机会，定期组织岗位培训可以强化业务操作人员对业务的理解能力、行为准则和解决问题的能力，也可以增加他们对风险的敏感度，使他们更自如的面对工作。其次，作为结算部门的专业岗位员工，要积极取得相应的职业资格证书，职业资格证书的获得过程，可以强化自身的业务基础知识，帮助理解实际业务。再次，部门需要根据岗

位职责和人员素质科学分工，优化岗位人员结构，将每一项任务落实到具体的岗位和人员，使全体员工了解自身岗位工作职责要求，熟练掌握业务知识，提升工作效率和工作质量

三、注重基础管理工作

结算部的职能包含三方面，总体职责、资金结算职责和账户管理职责，其中总体职责是指执行构建集团金融平台结算体系，制定公司结算业务发展规划和操作规程，负责各类结算业务的具体实施和流程管理；资金结算职能是指办理成员单位资金归集支付、内部转账、账户对账等企业类结算业务，办理各类自营业务的资金结算和会计核算；账户管理职能是指负责成员单位财务公司账户及相应银行账户管理，负责财务公司银行账户管理。

在财务公司的职能中，账户管理是财务公司资金结算工作的节点，也是重要的风险监控点。结算业务的开展都是基于账户进行铺开的，账户管理是一项基础但重要的工作。财务公司应在中国人民银行于 2003 年 4 月 10 日颁布实施的《人民币银行结算账户管理办法》的基础上，起草本公司的账户管理制度，并随之更新完善。在实际工作中，应严格按照公司管理办法进行账户管理工作。首先，在办理成员单位开户过程中，应向成员单位提供清晰明确的开户材料说明，严格审查成员单位填制的开户申请表和提交上来的开户材料，对不完整的材料或者不符合规定的开户资料要及时与相关单位沟通，并作出相应处理；办理开户业务的人员要严格执行审批手续，成员单位开户申请要经过各级业务人员和主管人员进行审批核准，保证开户资料完整、准确。其次，要根据成员单位的开户资料及时提醒对方进行资料变更工作，保证开户资料的效力，同时在日常业务操作中，随时关注重点账户的大额进出情况，每天进行对账，及时发现账户异常并按照流程进行处理。再次，在办理成员单位销户过程中，要确认成员单位的账户无异常，销户资料完整、准确。最后，要对各成员单位的开户资料、销户资料进行妥善保管，分门别类，完整安全的保存，在有条件的情况下，及时进行资料电子化处理。

四、发展信息技术，减少操作风险

近年来，信息技术的发展不断地刷新人们对于生活的认知，也对金融行业产生了巨大的影响，但财务公司作为集团内部银行，市场化程度较低，部分企业作业方式仍处于人工落地操作的传统阶段，不能满足现阶段企业战略

转型所需的资金管理水平；其次，财务公司的信息化建设与管理过分依赖外部供应商的支持，缺乏企业内部完善的信息化管理团队、信息化管理思路和信息化处理能力，造成了科技人才的缺失和信息技术的落后，阻碍财务公司信息化发展的脚步。在大数据时代的背景下，信息化建设水平落后、数据管理能力不足会成为财务公司业务发展和功能升级的拖累。

首先，财务公司要积极转变观念，充分利用计算机技术的发展，实现结算支付的自动化，升级资金管理平台，提高结算工作的效率，并降低业务操作风险。其次，财务公司的电子支付结算系统不仅要满足自身业务发展的需要，还需考虑与集团本部管理系统、成员单位、直联商业银行和各级监管机构相应系统的对接，系统开发要在总体规划指导下，分阶段逐步开发建设，确保开发内容与实际需求相符，实施内容满足开发需求。再次，要及时建立灾难备份系统，因为资金结算支付平台一旦发生故障，可以马上启动灾难备份系统，维持财务公司业务的正常运转，不至于造成太多干扰和损失。

五、坚持学习发展，加强同业交流

首先，可以借助财务公司协会等行业平台，向同行业优秀公司和人员进行学习和交流，自 1987 年 5 月我国第一家企业集团财务公司成立以来，财务公司经历了数十年的发展，截至 2015 年末，全国共有财务公司 224 家，作为财务公司的结算人员，有很大的学习空间，了解各财务公司在结算方面的模式、管理方法等问题，取长补短，提高自身结算水平，更好为集团服务。其次，财务公司和银行相比许多业务还处于空白和摸索的状态，许多管理模式也相对宽松，可以结合自身的实际情况，向银行等金融机构进行学习，获取最新的业务信息，更标准的业务操作规范，加深对于结算工作的理解与认知，增强结算风险防控意识。

参考文献

[1] 张戈，钱婷婷，李斯仪. 对比商业银行谈财务公司的结算业务风险［J］. 会计之友，2013（10）：87-88.
[2] 王越. 论企业集团财务公司结算风险管理［J］. 企业导报，2013（7）：55-56.
[3] 杨同胜. 财务公司结算模式升级探究［J］. 会计师，2017（1）43-44.
[4] 陈静心. 浅析互联网金融引发财务公司的深思［J］. 现代国企研究，2017（1）.
[5] 银行结算. 百度百科［EB/OL］.https：//baike.baidu.com/item/https：//baike.baidu.com/item

/%E9%93%B6%E8%A1%8C%E7%BB%93%E7%AE%97/455858?fr=aladdin

作者简介：

周楠，女，1991 年出生，2017 年曾任结算部结算主管。

做好企业后勤管理的几点体会

贾　彬

摘　要：企业的后勤工作是企业管理工作中极为重要的组成部分，它可以确保企业的正常稳定运行。在我国市场经济的日益完善下，社会对企业的各方面要求也越来越高，因此在当前的新形势下，如何做好企业的后勤管理工作是值得研讨的新课题。在文章中，笔者将以企业后勤管理工作的特点为根本，浅谈几点做好企业后勤管理的内心体会，目的是为了让企业在未来的市场经济发展中实现可持续发展。

关键词：企业后勤，管理工作，体会

一、企业后勤管理工作的特点

（一）服务性

企业后勤管理工作虽然在名称上属于管理，但是它的真正内涵却不仅仅是管理，而是建立在服务基础之上的管理，后勤管理实际上是服务的一种手段，为企业、为业务服务才是后勤管理工作的主要出发点。

（二）社会性

后勤管理的工作很宽泛，它包括企业的物资、人力、设备等等，这些都与社会的发展有着紧密联系，在市场经济的发展进程中，要想做好后勤管理工作，就必须要转变管理方式，把后勤管理工作与社会融合在一起，从而更好地为本企业服务。

（三）琐碎性

后勤管理部门在整个企业中起着承接上下、沟通内外的作用，工作性质较为复杂、琐碎。为企业采购保管办公用品、维护企业的内外环境、对企业库房的日常管理、对企业临时性事物的通知、对企业车辆的管理、负责验收相关手续办理、负责和各部门办理无形资产交接相关手续等等。正是由于企

业后勤管理工作的这一特点，才使得后勤管理工作具有复杂性。

二、如何做好企业的后勤管理工作

（一）关爱员工意识

对于企业后勤管理工作来说，只有具备良好的服务意识，才能做好相应的服务工作。服务意识主要是以满足服务对象的需求为根本，自始至终为服务对象提供一种优质服务的意识。这种服务意识是发自内心的一种心理活动。在企业中关爱员工的意识并不是一时就能够建立的，它需要长期不断的教育和培养，让后勤中的管理人员和员工在思想和行动上自觉的增添为员工服务的责任感，在大家的反馈中寻找服务中所存在的差距，运用各种方式了解企业员工都可以提高自己的服务意识，并树立典型，使全体后勤员工都可以提高自己的服务意识。除此之外，还要认真维护好企业的内部和外部环境，为企业员工营造良好舒适的办公环境。

（二）以人为本，强化制度

第一，要关心员工家属的生活。员工的家属是企业正常运转的后背力量，企业员工的日常生活都需要这些家属来料理，所以，做好企业员工家属的工作，就给企业的员工解除了许多后顾之忧，让他们可以把所有精力都投入到企业工作中。作为企业中的后勤管理人员，要尽可能地满足他们的生活需要，把提高员工的生活质量作为后勤工作的主要出发点，另外还要建立相应的社区服务网络，尽可能地解决员工及家属在生活中的各种问题。把家政、卫生、娱乐等资源整合在一起，不断提高企业后勤管理工作的服务质量。第二，构建服务保障体系。近几年，随着我国社会经济的不断发展，人们的生活水平也得到了较大程度的提高，不过因各种因素的影响，社区中还有许多老幼病残等无业人员存在，这些人的生活质量同时体现了社会的文明发展程度，因此，关心并关爱这些人群也是当前我国社会精神文明的要求。而作为企业中的后勤管理部门中的一员，关爱他们也是我们义不容辞的责任。所以在日常生活中，要给予他们更加特殊的照顾。第三，关心下岗失业人员。企业中下岗失业人员绝大多数都是本企业的老员工，他们在企业的发展进程中也为企业做过许多贡献，在企业的艰难发展阶段，为企业流汗、吃苦，为提高企业的经济效益做出了较大牺牲。所以，对于企业后勤管理部门来说，要尽可能地为他们解决再就业等问题，确保他们在生活上有一定保障。第四，加强离退休人员的管理。企业后勤管理部门要充分利用离退休人员的专长，并在社区的建设中发挥一定的作用。在这些离退休人员中成立相应的调解委员会等组织，让他们积极参与到社区建设中，在社区中形成良好的社会服务风尚。

（三）建立服务反馈机制

为企业员工提供服务是企业后勤管理部门的主要工作之一，实时关注并了解企业员工对后勤管理部门的反馈和满意程度，是提高后勤服务工作的重要驱动力。企业后勤管理部门首先要建立各种不同模式的征集意见渠道，比如开展座谈会、设置意见箱等等，让企业员工可以直接把服务工作的意见反馈到后勤管理部门，这样既减少了中间不必要的环节，又能使问题得到有效解决。其次，分析并整理企业员工的各类意见，针对较容易解决的问题，要尽可能地在短时间内见到成效，而针对短时间内无法解决的问题，企业后勤管理部门要做好解释工作，并尽快落实好相应的改善措施。第三，在实施与员工息息相关的新举措时，要在实施前听取员工的意见，并作出必要的调整，最大限度地落实好企业中的每一件事务。

（四）做好后勤相关工作

加强职工对有关防火、防灾、防盗和食堂食品安全等业务知识的学习，依据有关规章制度，规范队伍管理，提高队伍的凝聚力和战斗力，维护学校稳定安全。开展安全教育活动。主要活动内容包括：制订安全教育活动方案、宣传发动、建立制度、安全自查；整改消除安全隐患、保证无事故发生。进一步加强对食堂卫生工作的领导，严把职工上岗关。坚持对食堂有关设施、工具进行及时消毒，并做好消毒记录。为加强车辆管理，保证工作和生活用车需要，实现安全、正点、低耗、高效、优质的交通服务宗旨。

三、结语

后勤工作是企业做好各项工作的基础，在市场经济环境下，为了让企业可以进一步实现可持续发展，企业后勤管理人员一定要遵循以人为本，以服务为宗旨的原则，尽自己的所有努力不断开创企业后勤管理工作的新局面，在日常工作中，要根据企业的实际发展特点，运用科学的手段，不断完善企业后勤工作中的管理系统，并提高后勤管理工作的服务质量，在企业的未来发展中发挥更大的作用。

参考文献

[1] 柯睿. 新时代企业后勤管理工作的新模式 [J]. 中外企业家，2016 (05).
[2] 吴宏霞. 企业后勤管理工作的新探索 [J]. 企业改革与管理，2015 (06).
[3] 杨得馨. 科研院所后勤管理工作信息化的研究 [J]. 中国管理信息化，2012 (05).

作者简介：

贾彬，男，1979 年生，交通大学人力资源管理专业，京能集团财务有限公司综合管理部后勤主管。

图书在版编目（CIP）数据

践行产融之路／张伟主编．-- 北京：经济日报出版社，2018.6

ISBN 978-7-5196-0358-8

Ⅰ．①践… Ⅱ．①张… Ⅲ．①企业集团-企业管理-研究-中国 Ⅳ．①F279.244

中国版本图书馆 CIP 数据核字（2018）第 106463 号

践行产融之路

作　　者	张　伟
责任编辑	林　珏
策划编辑	肖小琴　陈莎莎
出版发行	经济日报出版社
社　　址	北京市西城区白纸坊东街 2 号 A 座综合楼 710
邮政编码	100054
电　　话	010-63584556（编辑部）
	010-63538621　63567692（发行部）
网　　址	www.edpbook.com.cn
E - mail	edpbook@sina.com
经　　销	全国新华书店
印　　刷	北京文昌阁彩色印刷有限责任公司
开　　本	710×1000 mm　1/16
印　　张	19.75
字　　数	335 千字
版　　次	2018 年 6 月第一版
印　　次	2018 年 6 月第一次印刷
书　　号	ISBN 978-7-5196-0358-8
定　　价	68.00 元